本书的出版得到了国防科技大学国际关系学院
外国语言文学博士后流动站的支持

On Value Co-creation
Business
Models of ACGN
Industry

基于价值共创的
二次元产业
商业模式研究

邓祯 著

中国社会科学出版社

图书在版编目（CIP）数据

基于价值共创的二次元产业商业模式研究/邓祯著. —北京：中国社会科学出版社，2024.1
ISBN 978-7-5227-3101-8

Ⅰ.①基… Ⅱ.①邓… Ⅲ.①文化产业—商业模式—研究—中国 Ⅳ.①G124

中国国家版本馆 CIP 数据核字（2024）第 038077 号

出 版 人	赵剑英
责任编辑	任睿明　刘晓红
责任校对	周晓东
责任印制	戴　宽

出　　版	中国社会科学出版社
社　　址	北京鼓楼西大街甲 158 号
邮　　编	100720
网　　址	http://www.csspw.cn
发 行 部	010-84083685
门 市 部	010-84029450
经　　销	新华书店及其他书店
印　　刷	北京君升印刷有限公司
装　　订	廊坊市广阳区广增装订厂
版　　次	2024 年 1 月第 1 版
印　　次	2024 年 1 月第 1 次印刷
开　　本	710×1000　1/16
印　　张	16
字　　数	240 千字
定　　价	89.00 元

凡购买中国社会科学出版社图书，如有质量问题请与本社营销中心联系调换
电话：010-84083683
版权所有　侵权必究

自　序

　　二次元产业是业界对动画、漫画、游戏、轻小说及其周边行业的统称，尽管并未获得权威组织或机构的界定，但伴随着二次元文化的壮大，二次元文化产品生产的规模也由小而大，二次元产业这一概念也由默默无闻到广为人知。在经历了报纸杂志时代、广播时代、电视时代，二次元商业文明步入了网络时代，并加速了"互联网+"的进程，随之而来的是顾客与二次元市场主体在商业活动中互动成本的降低，顾客参与热情的增强，同时参与形式呈现出多样化态势。得益于互联网的红利以及"90""00"后互联网"原住民"渐成消费主体，近年来二次元产业步入规模扩张期。二次元产业如何发展？如何跳出传统价值创造的视角，开始构建全新的商业模式？有何经验借鉴？这些问题，都需要得到学术观照。

　　本书聚焦于基于价值共创的二次元产业商业模式理论体系的构建这一"谜题"，从跨学科的视角，着重分析了中国二次元产业为何要发展基于价值共创的商业模式、何为基于价值共创的二次元产业商业模式、这一商业模式如何运行、这一商业模式理论如何运用、如何提升这一商业模式等问题，为二次元市场主体分析、管理、建构商业模式提供理论支撑，为主管部门引导二次元产业商业模式的发展、实现文化治理提供理论参考，同时也为基于价值共创的二次元产业商业模式的发展提供建议。

邓　祯

2022 年 10 月 12 日于长沙岳麓山下

摘　　要

二次元产业是业界对动画、漫画、游戏、轻小说及其周边行业的统称，作为我国近年迅速崛起、市场体量达千亿级、用户规模超四亿的"新兴"文化产业形态，其商业模式的研究对我国文化产业的稳步成长，对产业结构的优化升级、国家文化软实力的提升及二次元文化的治理都具有特别重要的意义。当前，二次元市场竞争加剧，媒介技术的发展正改变着中国二次元产业的传统商业模式，二次元产业商业模式的优化升级势在必行。价值共创凭借着将价值创造观从焦点企业转向焦点企业外部，逐渐成为突破中国二次元市场主体商业模式运营效率低下、市场失灵、文化效应失灵等问题的创新思维。

在此背景下，本书聚焦于基于价值共创的二次元产业商业模式理论体系的构建这一"谜题"，在系统梳理和归纳相关文献的基础上，沿着"中国二次元产业为何要发展基于价值共创的商业模式——何为基于价值共创的二次元产业商业模式——这一商业模式如何运行——相关理论如何运用——如何提升这一商业模式"的思路开展研究。

首先，探讨二次元产业商业模式的形成与演化。通过对中国二次元消费文化的溯源，从历时性角度，厘清二次元产业商业模式的形成与演进的脉络，发现二次元产业商业模式是在市场、政策、技术多重动因的交互作用下逐渐形成的，而基于价值共创的二次元产业商业模式是二次元产业商业模式发展的高级阶段。其次，回答基于价值共创的二次元产业商业模式"是什么""怎么样"的问题。将二次元市场主体划分为内容、平台、线下活动、周边衍生四种业务策略类别，然后，运用扎根理论分析方法对各类别中代表性案例企业进行归纳式分析，构建基于价值共创的二次元产业商业模式要素体系。在此基础上，本书围绕价值共创这个核心，运用博弈模型、GERT 网络理论重点分析了基于价值共创的二次元产业商业模式的三个核心机制的运行。再次，基于本书的分析方法、分析框架及相关成果，在回顾其发展历程的基础上，对案例企业的商业模式进行定性分析，并借助 e^3-value 计算仿真工具对其商业模式进行定量分析，以图使前文的研究成果得以应用并指导二次元产业商业模式的管理实践。尽管基于价值共创的二次元产业商业模式展示了蓬勃的生命力，但其在现实市场环境中也呈现出一些局限。比如，从五界面的结构维度观出发，发现其存在企业认知的差异性、顾客参与的风险性、中间活动协同的不确定性、产品体验的双向性以及渠道管理的困难性等局限。最后，针对这些局限，本书力图对基于价值共创的二次元产业商业模式的优化提出建议，为正在寻求突破的中国二次元企业建立并优化商业模式寻找到有效对策。

　　本书从文化产业学、文化社会学、传播学多学科交叉的视角，在国内学界关注很少的二次元产业领域开展研究，厘清了二次元产业概念并梳理其流脉，构建了基于价值共创的二次元产业商业模式的理论框架，具有一定的前瞻性和创新性。本书是在扎根理论分析的基础上首次提出的，在结构维度上，基于价值共创的二次元产业商业模式由企业顶层架构界面、中间活动支持界面、产品流及共创绩效变现界面、顾客情景参与界面和渠道通路界面五个界面构成；在价值功能维度上，由价值主张、价值创造、价值传递三个核心运行机制构成。此外，本书在凸显文化效益与经济效益的双重目标情境下，揭开了基于价值共创的二次元产业商业模式运行机制的"黑箱"，创新性的利用博弈模型分析了其价值主张机制，发现其价值主张是一种"共创"的价值主张，它产生于政府、企业、二次元顾客的相互影响、制衡中。这些研究结论在同类研究中具有一定的创新性，对丰富二次元产业理论，推动我国的二次元产业商业模式理论的发展具有一定的理论意义；对指导正在经历变局的中国二次元企业的商业运营实践，引导二次元企业调整商业模式中各成员的关

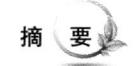

系，提升政府的二次元文化治理效率，推进二次元产业供给侧结构性优化具有一定的现实意义。

关键词：二次元产业；价值共创；商业模式构建；运行机制；博弈

目 录

第一章 绪论 ·· 1
    第一节 研究背景及研究问题的提出 ··· 1
    第二节 研究目的与意义 ·· 5
    第三节 研究思路与主要内容 ··· 8
    第四节 研究方法及技术路线 ··· 10

第二章 相关概念及研究综述 ·· 12
    第一节 二次元及二次元产业的概念及研究综述 ·························· 12
    第二节 价值共创的概念及研究综述 ··· 23
    第三节 基于价值共创的商业模式的研究综述 ···························· 29
    第四节 相关研究评析 ·· 35
    第五节 本章小结 ··· 38

第三章 二次元产业商业模式的形成与演进 ······························ 39
    第一节 当代二次元消费文化的兴起及二次元产业
            发展现状 ·· 39
    第二节 二次元产业商业模式及其形成的动因 ···························· 49
    第三节 二次元产业商业模式的演进 ·· 55
    第四节 本章小结 ··· 60

第四章 基于价值共创的二次元产业商业模式的构建 ·············· 62
    第一节 二次元产业商业模式业务策略的理论分析 ···················· 62
    第二节 扎根理论分析方法的研究设计 ······································· 80
    第三节 构成要素的多案例扎根理论资料收集 ···························· 82

第四节　构成要素的多案例扎根理论资料分析……………… 85
第五节　二次元产业商业模式的要素体系……………………… 94
第六节　本章小结……………………………………………… 100

第五章　基于价值共创的二次元产业商业模式的运行机制研究…… 101
第一节　二次元产业商业模式的价值主张机制………………… 102
第二节　二次元产业商业模式的价值创造机制………………… 124
第三节　二次元产业商业模式的价值传递机制………………… 135
第四节　本章小结……………………………………………… 146

第六章　案例分析与优化仿真分析………………………………… 148
第一节　K公司商业模式的案例分析…………………………… 148
第二节　K公司商业模式优化的仿真分析……………………… 159
第三节　研究发现……………………………………………… 195
第四节　本章小结……………………………………………… 197

第七章　基于价值共创的二次元产业商业模式的优化建议……… 198
第一节　二次元产业商业模式的局限…………………………… 198
第二节　二次元产业商业模式的界面优化……………………… 201
第三节　本章小结……………………………………………… 210

第八章　研究结论与展望…………………………………………… 211
第一节　研究结论……………………………………………… 211
第二节　研究的创新点………………………………………… 214
第三节　研究的局限…………………………………………… 216
第四节　研究的展望…………………………………………… 216

附　录……………………………………………………………… 218

参考文献…………………………………………………………… 222

后　记……………………………………………………………… 245

第一章

绪 论

第一节 研究背景及研究问题的提出

近年来，中国动画、漫画、游戏、轻小说及其周边行业的融合发展达到了前所未有的高度，其行业的边界逐渐模糊，市场参与者跨越行业细分的商业联系日益频繁，于是业界用二次元产业作为对这些行业的统称。目前，在二次元产业领域，涉足动画、漫画、游戏、轻小说及其周边领域的二次元内容创意商、平台业务提供者、服务提供商、二次元周边产品生产商在顾客的参与下正在逐渐形成一个价值共创的系统，中国二次元市场主体的价值创造从企业内部向企业外部转移，多主体共创成为价值创造的引爆点。价值共创重新定义了二次元产业商业模式中企业与企业、企业与顾客的角色，影响着二次元企业的战略制定、价值创造手段的选择、企业合作的形式及产品的营销策略等，对二次元产业的商业模式的构建产生深远的影响，同时也为研究二次元产业的商业模式提供了一种新的方法与思路。

一 研究背景

(一) 中国二次元经济的迅速壮大与发展之困

在互联网所催生的宅文化的影响下，近年来中国二次元经济发展迅猛，二次元用户规模持续扩大，二次元产业逐渐成为泛娱乐市场的风口。据报告显示，2016年中国动漫产业产值达1320亿元，同比增长16.6%，2017年突破1500亿元大关（比达咨询数据中心，2021）；而据工信部《2017年中国泛娱乐产业白皮书》显示，2016年中国游戏市场实现实际销售收入达到1655.7亿元，同比增长17.7%（伽马数据，2021），据另一份报告显示，2010—2015年，中国游戏产业五年复合增速高达33.3%（中国文化娱乐行业协会，2021）。据荷兰市场研究公司Newzoo的统计，中国游戏市场收入达到了323亿美元，占据了全球游戏市场的三分之一。据艾瑞咨询预测，2020年中国二次元产业的整体市场规模达1000亿户，年增速达到32.7%，中国的二次元用户规模不断扩大，2021年已达到4.6亿户（艾瑞网，2022）。在我国，二次元市场容量的扩大吸引了资本的目光，二次元产业已成为泛娱乐产业中资本的活跃地带，近年来二次元产业投融资金额不断增长，其中2014年约为1.62亿元、2015年约为14.46亿元、2016年约为24.5亿元（199it网，2021）。在资本的不断激励下，国内二次元经济活动的互动逐渐增多，二次元产业细分门类动画、漫画、游戏、轻小说等之间的相互渗透、融合发展逐渐成为时代趋势。

目前中国二次元产业已形成了以动画、游戏、漫画为主体，涵盖轻小说、Cosplay、手办、声优、虚拟偶像演出、二次元文化虚拟社区、二次元广告等业态形式，然而不少市场主体尚未形成清晰和完善的商业运营体系。商业模式是影响二次元经济健康发展的核心要素之一，管理大师彼得·德鲁克认为，"最高的竞争形态是商业模式之间的竞争"（唐东方和冉斌，2009）。二次元产业商业模式的不完善导致了我国二次元企业市场竞争力不足，使得国内二次元文化市场对日本二次元产业生态的严重依赖，这不利于我国二次元产业的健康发展及国家对二次元文化的治理。据一项调查显示，经常消费日本动画、漫画、游戏的中国二次元用户比例分别高达82.2%、66.1%和27.1%，仅有19.7%和13.7%的二次元用户经常看国产漫画和动画（艾瑞咨询，2018）。在Cosplay领域，扮演日本二次元作品中的人物依然非常流行，时至今日，只有少数中国二次元作品中的人物形象成为二次元用户 Cosplay 的对象。此外，不少二次元爱好者非常喜欢日本声优①及其配音，一些"重度"二次元用户甚至对国语配音的二次元动画有明显的"违和感"。

在市场主体商业运营体系不清晰的另外一面是中国学者的二次元产业商业模式研究视角的缺陷。目前，在商业模式研究上，大多中国学者仍然将二次元产业内部各细分行业作为彼此独立、相互分离的研究领域，缺乏从系统性角度、二次元产业融合发展的角度来探索其商业模式，这已经不能适应于二次元产业的发展实践。在邻国日本，漫画产业、动画产业、游戏产业等被纳入一个系统来讨论（温潇，2012）。日本称这个庞大的产业系统为"御宅产业"②，并围绕二次元轻小说、漫画、游戏制作与销售，打造一条辐射手办、玩偶、Cosplay、声优等御宅周边产品的生产与运营的产业体系和健全的人才系统。而我国正处于二次元产业的快速成长期，围绕动二次元文化产品和服务的各个市场环节正在逐步融合成长中，为了更好地推动二次元经济的融合发展，有必要将研究视角从针对动画、漫画、游戏、轻小说等二次元细分行业转向针对整个二次元产业这个宏观领域来探讨二次元产业商业模式的问题。

（二）价值共创时代的到来与二次元市场的变局

在经历了报纸杂志时代、广播时代、电视时代，二次元商业文明步入了网络时代，并加速了"互联网+"的进程，随之而来的是顾客与二次元市场主体在商业活动中互动成本的降低，顾客参与热情的增强，同时参与形式也呈现出多样化态势。媒介技术赋予了消费者参与企业更多的商业活动的权利，二次元文化消费者在市场中已不再是被

---

① "声优"在日本原指隐于动画幕后的"配音演员"，后泛指在动画、影视、OVA、广播剧、广播剧、游戏中仅以声音演出的演员，因此也被称为 Voice Actor，参见雷佳《打造市场化新媒体行业的全能明星——中国配音行业借鉴日本声优行业的基本路径》，《今传媒》2012 年第 11 期。

② "御宅"在日文中本意是第二或第三人称敬称，后演化指代沉溺、热衷动画、漫画、游戏，"有着自己坚定喜欢的对象""有着高深的造诣来创造，并进行着信息收集活动、创作活动"的人群。参见野村综合研究所《オタク市场の研究》，东京东洋经济新报社 2005 年版。

动的角色。与此同时，随着二次元产业链向周边行业的延伸，二次元IP运营已不再局限于某一企业，越来越多的二次元产品需要在不同类型企业的联合开发中生成、在联合运营中传播。伴随着企业与顾客间、企业与企业间联系日益紧密，传统价值创造的逻辑被打破，企业作为价值唯一创造者的传统商业模式逻辑呈现出颠覆性的变化。罗珉和李亮宇（2015）认为"价值链"被"柔性价值网"所取代。未来价值创造更强调企业、顾客、合作伙伴、利益相关者等多方互动，价值创造转化成为主体交互协作创造价值的过程（陈衍泰等，2015），价值共创时代悄然到来。

在这一背景下，二次元企业若仅仅依靠扩大生产规模、增加资本投入已经不能在市场竞争中取胜。越来越多的企业逐渐跳出传统价值创造的视角，开始构建全新的商业模式。它们从专注于提升自身的价值创造能力来获取竞争优势，转向与顾客、周边企业开展合作，对产品和服务进行共同设计和生产进而创造商业价值。例如，在全球二次元产业领域，美国的漫威通过顾客间、顾客与企业间、企业与企业间围绕二次元IP的"共创"孵化具有影响力的IP；又如日本的Niconico建立并运营虚拟社区，引导二次元用户进行内容生产，Niconico在帮助顾客创造体验价值时，获得了可以吸引用户付费的内容。当前，我国的二次元行业仍处于商业模式的发展阶段。面对替代性产品层出不穷、用户需求不断多元化、市场竞争日益激烈化的二次元消费市场，中国二次元市场主体能否合理地组织商业运营活动以适应泛娱乐商业环境下市场竞争的需要，二次元市场主体能否通过商业模式的创新实现与顾客共创价值，二次元市场主体能否建构新的商业模式以协调产品、市场、技术、贸易、资本、人力等因素，解决产品同质化严重、用户体验差、细分用户需求无法得到满足、变现模式不清晰等问题，对中国二次元产业的可持续、健康、良性发展至关重要。这对二次元产业商业模式的理论研究提出了更高的要求。

二　研究问题的提出

在中国二次元经济不断壮大及的背景下，中国的二次元企业如何

第一章 绪 论

在价值共创时代分析、建设、调整与发展商业模式？中国的二次元企业如何从基于价值共创的二次元产业商业模式中获得管理启示，以服务于企业自身的商业模式建设？政府如何引导二次元产业商业模式的发展，实现社会价值与市场价值的共创？这是正在经历变局的中国二次元企业需要突破的问题。要突破这些问题，我们首先需要回答"为何要发展"这一基础性问题，然后在此基础上探索基于价值共创的二次元产业商业模式"是什么""怎么样（价值共创）"这些本质性问题，最后探讨"如何运用""如何优化"这些拓展性问题。

"为何要发展"是一个历时性问题，这个抽象的问题可以通过对二次元产业商业模式的形成与演化这个具体问题的讨论来解答。"是什么"是个共时性、"静态"的问题，主要聚焦于基于价值共创的二次元产业商业模式的理论构建，其核心在于探索出一套能涵盖其典型要素的理论体系，而回答这个问题需要对基于价值共创的二次元产业商业模式中的典型案例进行扎根理论分析、归纳其共性。"怎么样（价值共创）"是个共时性、"动态"的问题，主要聚焦于对基于价值共创的二次元产业商业模式的运行机制的系统研究。"（理论）如何应用""如何优化"是对"是什么""怎么样"等问题的延伸，是对基于价值共创的二次元产业商业模式理论的应用与拓展。

然而，目前学术界、企业界还缺乏对这些问题的探索。因此，从价值共创视角，研究二次元产业的商业模式是一个具有丰富现实意义和理论价值的话题，因为它不仅回应了这个时代中国二次元产业发展的诉求，而且形成了对当前国内的二次元产业商业模式理论研究的有效补充。

第二节 研究目的与意义

一 研究目的

本书研究的核心目的在于，探讨基于价值共创的二次元产业商业模式的构建和运行机制问题，建立起分析范式，为基于价值共创的二次元产业商业模式提出发展建议，以实现对正在经历发展变局的中国二次元企业的商业运营的指导，让二次元企业以正确的方式调整自身与其他参与主体的关系，为二次元企业建构、优化基于价值共创的二次元产业商业模式提供借鉴和参考。本书研究的目的还在于，在宏观层面上，通过本书研究的开展，将二次元产业作为一个系统开展研究，加深社会及学界对二次元产业及其商业模式的认知，同时为政府优化二次元产业引导策略，更好地发挥文化治理效应提供一些意见参考。

二 研究意义

二次元产业商业模式还是一个新兴的话题，相关理论研究非常少。从价值共创角度对二次元产业商业模式开展研究，具有两个层面的意义。

（一）理论层面的意义

第一，从系统性视角探索二次元产业领域，丰富了二次元产业理论研究的视角。尽管学者很早就对动漫、游戏等二次元产业相关话题开展研究，然而研究视角主要集中于文化研究、文艺研究的视角，从经济和市场领域关注二次元问题的学者还不多。二次元产业的理论研究滞后于产业发展实践的问题还很突出。那些从经济和市场领域探索二次元问题的学者，他们主要通过将二次元产业拆解为漫画、动画、游戏、虚拟社区等细分领域的方式来开展研究。这种拆解性的研究方法，忽视了二次元细分行业间的联系，无法适应文化产业融合发展的时代背景。本书研究从系统性视角，将二次元产业作为一个系统进行整体性的研究，有效地规避了分割性研究的不足，具有丰富理论研究视角的意义。

第二，丰富了二次元产业商业模式的理论研究。商业模式研究是产业管理的重要问题与理论研究范畴，当前在国内，将价值共创理论引入商业模式研究领域的研究者还不多。在此背景下，本选题着眼于产业层面，基于价值共创理论，深入探讨二次元产业商业模式，构建基于价值共创的二次元商业模式体系，分析其运行机制，审视二次元产业商业模式中的价值活动，探索二次元产业商业模式的建设和管理路径，不仅丰富了价值共创理论、二次元产业理论，而且将商业模式理论应用到新兴的文化产业领域，因此，在研究内容上，本书研究形成了对二次元产业商业模式理论研究体系的补充。

（二）实践层面的意义

第一，为中国二次元市场主体分析、管理、建构商业模式提供理论支撑。在传统价值创造视角下，二次元企业被视为价值的唯一创造者。二次元企业往往通过优化内部组织流程、扩大生产规模、压缩生产成本、实现资源独有化等手段来巩固竞争优势，这导致了市场主体组织臃肿、二次元IP运营效率低下等问题。本书通过开展基于价值共创的二次元产业商业模式的理论研究，分析商业模式的运行机制，为二次元市场主体调整自身与利益相关者的价值关系，重构价值主张机制，分析、优化现有的商业模式，建构基于价值共创的二次元产业商业模式，引导顾客参与价值创造提供了思路。

第二，为政府引导二次元产业商业模式的发展、实现文化治理提供理论参考。二次元文化产品的受众主要为价值形态还在形成中的青少年群体。二次元产业商业模式影响着先进文化的传播与青少年的文化教育，进而能对政府的文化治理工作产生影响。本书对二次元产业商业模式的运行机制开展深入研究，随着本书研究的开展，还能为政府如何把握二次元产业相关引导政策的力度，如何高效介入二次元产业商业模式的管理，如何引导二次元产业商业模式的健康发展提供了思路和理论支持。

第三，为基于价值共创的二次元产业商业模式的发展提供建议。通过对基于价值共创的二次元产业商业模式的系统研究及对二次元"成功"商业模式的运行进行仿真分析，可以深入了解基于价值共创的二次元产业商业模式的系统特征，有利于对其运行规律的掌握。随着本书研究的推进，能为二次元市场主体商业模式的发展提供参考意见，从而推动中国二次元产业的进一步发展。

第三节 研究思路与主要内容

一 研究思路

本书选择从价值共创视角,对二次元产业商业模式进行研究,逻辑主线遵循从文献分析到理论建构最后到理论应用。

第一,进行文献分析,提炼本书研究的理论基础。第二,通过厘清二次元产业商业模式形成与演化的脉络,分析二次元产业商业模式兴起的动因,探讨基于价值共创的二次元产业商业模式来自哪儿、位于二次元产业发展的何种位置等问题。第三,构建基于价值共创的二次元产业商业模式,分析其价值共创机制,以回答"是什么""怎么样"的问题。第四,从研究成果"如何用"的角度,选取二次元领域具有代表性意义的企业集团作为研究对象,运用本书的理论研究成果对这家企业集团的商业模式进行学理性分析,将本书所构建理论运用于实践,与此同时,本书还引入 e^3-value 分析工具,探索其商业模式的优化方式。第五,针对当前基于价值共创的二次元产业商业模式中的缺陷,提出切实有效的发展建议,为二次元企业规避二次元产业商业模式运营中的风险、解决当前二次元产业商业模式的问题、优化、建构基于价值共创的二次元产业商业模式提供意见参考提供思路。

二 研究内容

本书共八章,分为四个部分:

第一部分包括第一章绪论和第二章相关概念及研究综述两个章节,该部分是本书的前沿与基础性研究部分。在绪论部分中,采用目的导入的思路,阐述本书研究的选题背景及研究问题的提出、目的与意义,研究思路,主要内容,研究方法与技术路线等基本性问题。第二章,厘清二次元、二次元产业、价值共创、商业模式的基本概念,并拟通过对最近几十年来有关二次元及二次元产业、价值共创、商业模式等相关研究成果的梳理,发现现有研究的不足并寻找到对本书研究具有启发性的研究成果，进而明确本书研究的着力点，从而为后续的研究打下理论基础。

第二部分包括本书第三章、第四章和第五章。第三章从历时性的角度，对二次元商业模式的演化与发展进行宏观性的梳理，以回答基于价值共创的二次元产业商业模式宏观产业背景是什么，它位于二次元产业发展的何种位置，是商业模式发展的何种阶段等问题。首先，从当代中国二次元消费文化的兴起与发展的过程，探讨当前二次元产业的发展的宏观背景，然后对中国当前二次元产业的发展现状进行了分析。其次，对二次元商业模式形成的动因进行甄别，分析这些因素在二次元商业模式形成过程中的作用。最后，探讨了二次元商业模式的演进历程，以思考基于价值共创的二次元产业商业模式在商业模式演化过程历程中所处的位置。

第四章和第五章是本书的核心部分。第四章首先划分了基于价值共创的二次元产业商业模式的业务策略并对其进行了分析，这为抽象和归纳基于价值共创的二次产业商业模式的要素体系打下了基础。其次，借助扎根理论分析法对四个类别中的典型案例进行归纳式分析，抽象出基于价值共创的二次产业商业模式的要素体系。第五章在扎根理论分析基础上，探讨了价值功能视角下的基于价值共创的二次元产业商业模式，探究了价值共创视角下二次元商业模式价值共创机制。

第三部分包括第六章和第七章。该部分为本书理论应用和延伸。在第六章中，笔者以二次元文化虚拟社区 K 公司为例，进行了基于价值共创的商业模式的案例研究。首先，基于第三部分的理论研究、模型分析，对 K 公司商业模式开展定性分析，以实现对前文相关理论成果的验证。其次，引入计算仿真工具 e^3-value，对 K 公司商业模式进行定量分析，以模拟 K 公司商业运营绩效，分析其运营特征，探寻 K 公司基于价值共创的商业模式的提升策略。在本书的第七章，针对基于价值共创的商业模式所展现的问题，探讨优化二次元产业商业模式中可能会遇到的不利因素，探寻二次元产业商业模式的优化路径。

第四部分即第八章，为本书的结论部分。在这一部分，对本书的研究成果进行了总结，分析了本书研究的局限，并对今后如何在本书研究基础上进行研究拓展、进一步开展新的研究的问题进行了展望。

第四节 研究方法及技术路线

一 主要研究方法

第一，文献研究法。收集与本课题相关的国内外著作、期刊、网络资料等，通过综合运用文献分析、史料佐证、计量可视化分析的方法对已有研究成果和资料进行归纳与总结，整理有关数据和材料，把握价值共创和商业模式的理论逻辑，提炼学术界、企业界、政界、媒体界有关价值共创、二次元产业、商业模式的观点，从而为构建一个完整的研究体系提供学理支持。

第二，模型分析法。基于价值共创的相关理论，采用管理学中的模型分析法，构造相关模型对研究对象进行分析，探索研究对象的内部机理。如引入了博弈模型，探讨基于价值共创的二次元产业商业模式中的价值主张机制，引入随机网络模型，探讨并分析价值传递机制，借助 e^3-value 工具建立 K 公司商业模式的仿真模型，对其收益情况进行了仿真。

第三，专家咨询法。采用口头和访谈征询的方式，对二次元企业经营者、政策制定者和研究者进行面对面的交流与咨询，总结从业者对基于价值共创的商业模式的看法，以获取专家的专业经验、知识的支持及专家的预测性信息。

第四，案例研究法。选取国内具有代表性的二次元领域的企业作为研究对象，对企业进行调研，收集与论题相关的信息、数据。然后采取比较法、归纳法、统计法、访谈法、建模仿真分析等对目标案例的资料进行全面、系统、深入的分析、研究和阐释。

二 技术路线

本书的具体技术路线如图 1-1 所示。

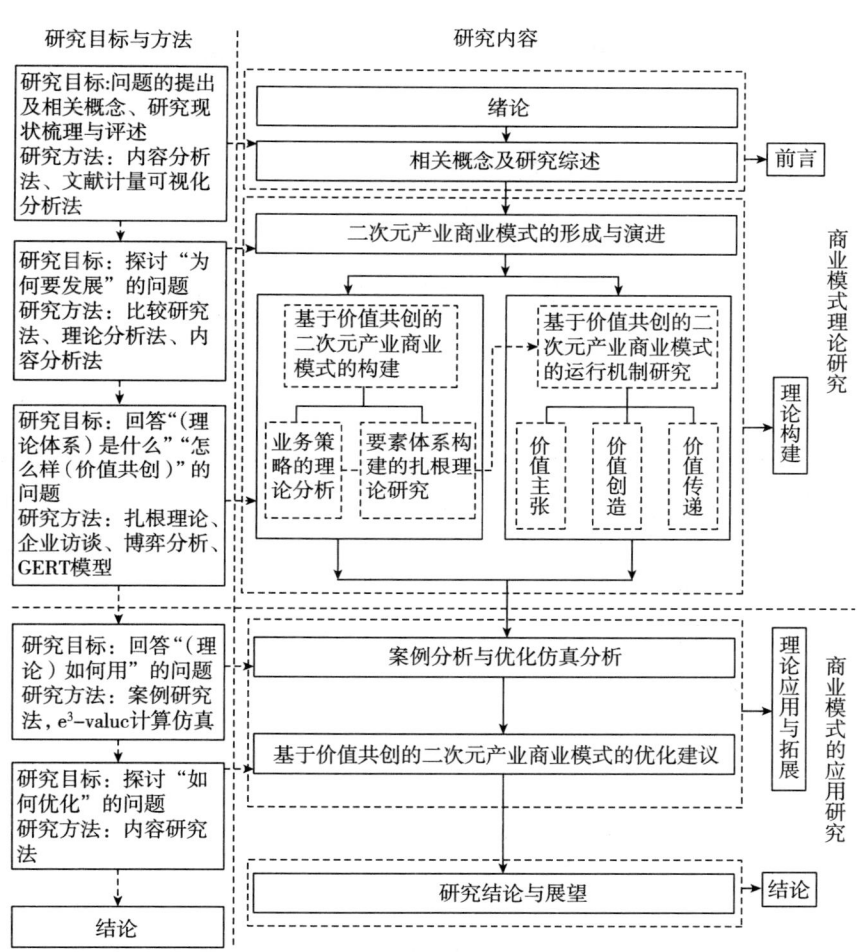

图1-1 本书研究技术路线

第二章

相关概念及研究综述

本部分围绕这样的逻辑展开：二次元及二次元产业是一个年轻又模糊的概念，因此，界定这些概念并回顾相关文献是研究的前提。价值共创是本书研究的理论基础，接下来本书对价值共创的相关文献进行综述。商业模式是本书研究的议题，在此基础上，探讨了基于价值共创的商业模式这个议题的研究现状，并从文献研究中发现理论缺口，为后续研究的开展提供依据。

第一节 二次元及二次元产业的概念及研究综述

一 二次元及二次元产业的概念

二次元是个"年轻的"概念，最初作为一个亚文化概念流行于动漫、游戏爱好者间。随着二次元文化和市场经济共同所孕育的二次元产业在中国蓬勃发展，2015年后，二次元及二次元产业的概念开始受到中国媒体及业界间的关注。然而不少学者对于其定义还很模糊，业界、媒体对于这些概念还没有形成统一的认识。

（一）二次元的概念

"次元"（dimension）一词常用于数学领域，指代维度或者独立空间，"二次元"即"二维空间"。早期，动画、漫画、游戏大多以二维形式来呈现，故而受众以"二次元"指代在纸面或屏幕等平面上所呈现的漫画、动画、游戏等平面媒介产品。在二次元文化圈，"二次元"不单单指媒介产品，也可以代表某种价值观或文化理念。文化层面的"二次元"用于指代以动画、漫画、游戏为代表的媒介产品所营造的虚拟世界及其所承载的独特价值观与文化理念。

"二次元"概念形成与动漫游戏文化的传播有关。20世纪80年代，日本、美国动漫游戏产品进入中国，深刻影响了中国的青少年，并由此催生了一种基于"动漫游文化"的趣缘文化。在进入我国文化语境的早期阶段，这种基于"动漫游文化"的趣缘文化仅仅是一个亚文化概念，具有明显的圈子性、非主流性和亚文化性，主要隐匿于爱好动画、漫画、游戏的特殊群体中。1995年，中国台湾爱好动漫游的青年人才开始用"ACG"（Animation动画、Comic漫画、Game游戏，首字母的缩写）一词用来指代由动画、漫画、游戏等文化产品及其所衍生出的青年亚文化形态。中国大陆的一些青少年引入"御宅"的概念用以指代沉溺、热衷或博精于动漫游文化的群体。由于"御宅文化"是日本的"舶来品"，并隐含有消极的文化意义，因此，无论是"ACG"还是"御宅"都无法准确表达中国文化语境下动漫游产品及其所孕育的文化形态。因此，在后来的发展过程中，出现了"二次元"这个概念"用以替代'御宅'"和ACG，成为相关学术研究的核心概念（何威，2018）。"二次元"于2015年后逐渐在学界获得关注。与此同时，经历了业界的励精图治，"二次元"的商业潜能在文化产业机制下不断被激活，"二次元"这一概念引发了国内资本和媒体的广泛关注，并逐渐在业界、媒体和学界中开始流行。随着产业开发的深入与媒介技术进步，二次元文化消费逐渐流行化，并开始融入人们的日常生活当中。伴随着二次元文化消费从低龄的少年向更广泛的年龄层群体蔓延及消费规模的扩大，"二次元"除了存在并流行于狂热的二次元群体外，其概念也开始被普通大众所接受，其意义也逐渐泛化。

目前，动画、漫画、游戏、轻小说及其相关衍生品所塑造的文化意义空间及其审美品位也被纳入二次元的概念范畴。本书中的"二次元"是文化层面的二次元，同时是一个泛化的概念，用以指代建立在漫画、动画、游戏、轻小说、虚拟偶像以及相关周边衍生产品等文化形式的消费和审美基础上的有别于现实指向的"架空""虚构""幻想"的文化体系。

（二）二次元产业的概念

随着二次元消费的持续高速增长，二次元背后的产业与经济现象也开始为人们所关注。最初，二次元产业为人们划分为漫画、动画、游戏、轻小说等门类来讨论，然而，随着二次元文化经济的不断融合发展，二次元市场体量不断扩大，动画、漫画、游戏及同人及周边衍生品行业之间的产业关联及互动日益密切，相关消费群体的重合度越来越高，这种割裂式的研究方法已经不能适应产业发展的需要。一些国家开始将生产二次元文化产品、提供二次元文化活动服务的行业统一纳为一个门类来讨论。

在日本，漫画、动画片、游戏、Cosplay 等被认为是"御宅族文化"形式（押野武志，2008），"御宅族"是动漫游等产品的核心消费者（张根强，2009），日本一些机构将"御宅产业"或"MAG 产业"（日式漫画 Manga、日式动画 Anime、游戏 Game 首字母的缩写）作为二次元产业的一种别称。从这个意义上来理解，二次元产业是一个包含漫画、动画、游戏及其周边衍生品行业的产业概念。在日本和美国，动漫、游戏及其相关产业的市场规模巨大。据 2001 年的一项调查显示，在日本 20 岁至 49 岁的妇女、81% 的少女定期阅读漫画（陶东风，2009）。根据野村综合研究所的调查，2004 年的日本"御宅市场"涉及 12 个领域、172 万人共 4110 亿日元的消费，其中与动漫御宅族直接关联的 ACG 领域（动画、漫画、游戏）"就有 62 万人 1240 亿日元"（潘妮妮，2016）。2005 年，泛 ACG 产业的总值占日本国内生产总值的 11.3%，是农林水产业总值的 5 倍多（景宏，2006）。据 2008 年日本机构发布的《御宅产业白皮书》显示，2007 年日本的核心御宅产业的市值超过 1868 亿日元（Media Create 株式会社网，2021）。据不完全统计，目前日本泛二次元产业的市场规模突破 2 万亿日元，日本每年出版的二次元漫画期刊和单行本达 21 亿册，占出版物总量的 30% 以上（陈子萍，2021）。美国的二次元动漫业曾连续多年超过好莱坞电影业成为美国市场规模最大的娱乐产业（华谊兄弟研究院，2021）。

我国的二次元文化起步较晚，使得二次元文化及其产业受到学界的关注有限，早期学者在定义二次元产业时，沿用了日本"御宅产业"的概念，然而他们在描述二次元产业时，并未使用流行于日本的"MAG"的别称，而是沿用了源起于中国台湾的"ACG"的别称。学者用"ACG产业"（也有学者使用AGC产业）来定义或指代二次元产业。例如，任国强和靳卫杰（2010）指出，AGC在日本用以描述动画、游戏和漫画所组成的经济整体。叶凯（2012）指出ACG产业是一种"以漫画、动画、游戏及周边商品为核心的"产业，目前在欧洲、美国、日本等国家地区已成为它们的支柱产业，然而，在我国御宅文化对市场经济、社会文化的影响力远远未得到重视。陈文敏（2012）对ACG的门类进行了细化，指出"传统动画、三维全息动画、手机游戏、网络游戏等诸多动漫形式"均属于这个门类（二次元产业）。也有研究者直接引入日本御宅产业的概念描述"二次元产业"，例如韩若冰（2013）认为"御宅经济"涉及的领域"包括动画书籍、杂志、CD、DVD、电影、游戏、动画道具及其他关联物品等"。庞冲（2016）、任国强和靳卫杰（2010）的观点相似，认为在日本动画、漫画和电子游戏（ACG）"被视为一个经济整体"，随着与之关联的轻小说以及电影的相继加入，ACG产业的概念演化成了"ACGNM产业"。

2015年后，随着中国二次元市场的爆发，二次元从小众亚文化变成市场与资本关注的大众热点，业界对这一领域的关注与日俱增。尽管在国家部委层面并未明确提出"二次元产业"的概念，然而，二次元产业作为一个新兴的产业概念已经在媒体、业界普及开来。其中主流媒体对二次元产业的接纳，加速了这个概念的流行化。例如，2016年1月，中央电视台新闻频道《朝闻天下》推出名为"进击的二次元"的报道，在长达近15分钟的报道中，指出"二次元"是"漫画、动画、游戏、轻小说组成的世界"，目前中国的"资本布局泛二次元产业链""二次元市场向1000亿美元迈进"。2017年，《中国青年报》推出"二次元的世界，你可以懂"的专题，其中学者陈一（2017）指出，随着国内"二次元产业"的蓬勃发展，"一个以正版引进、周边外设、本土IP开发等为特征的国产二次元经济正在逐渐兴起"。2018年1月18日，《南方日报》刊文称，中国的"二次元产业呈现爆发式增长"，二次元文化在部分年轻群体中蔓延，并占据举足轻重的位置。同年8月25日，《中国文化报》推出题为"抓住二次元产业的'脉动'"的报道。2018—2020年，光明网相继刊发《抓住二次元产业的"脉动"》《二次元产业全产业链"遇冷"疫情或致行业"洗牌"》等文。

在业界，腾讯集团副总裁于"腾讯动漫2015年行业合作大会"上做了题为《与二次元经济一起飞》的演讲，提出"二次元经济"的概念，演讲中提到，二次元经济属于"泛娱乐"经济的范畴，主要描述文化企业基于互联网，围绕精品动漫IP的孵化与运营所形成文化经济形态，其涵盖动漫、游戏、影视、文学及其周边衍生等经济领域。在易观智库咨询公司的《中国二次元产业及二次元内容消费专题研究报告2015》《二次元产业专题研究报告（2015—2016年）》及中金国际的《二次元风起：新生代的审美与消费变迁》、艾瑞咨询的《2021年中国二次元产业研究报告》中都使用了"二次元产业"的概念。易观智库将二次元动画、二次元漫画、二次元游戏、二次元轻小说、二次元音乐等纳入二次元产业系统中进行统筹研究（易观智库，2021）。知名互联网咨询公司艾瑞咨询发布将动画片（非低幼）、漫画、游戏、轻小说及衍生内容如动漫周边、Cosplay及声优纳入二次元行业体系中（艾瑞咨询，2021）。前瞻产业研究院在2019年发布的报告中指出，二次元是"御宅"概念形态的"中国化"，目前中国的二次元文化圈由核心文化圈、内容传播圈与衍生文化圈组成（见图2-1），其中核心文化包括动画、漫画、游戏与小说四个领域，内容传播圈即涵盖电视、影院、出版社等传统二次元内容传播媒体，也涵盖社交平台、网络播放平台、动漫阅读平台等新媒体，此外还包括了同人展、演唱会等下线活动。中国的二次元产业覆盖漫画、动画、轻小说、IP授权、二次元漫画平台、二次元社群、漫展、漫画杂志、二次元游戏、衍生品等领域（前瞻研究院，2021）。

总之，尽管二次元产业作为一种产业形态在中国早就存在，但二次元产业作为一个产业概念在中国却是一个"新鲜""年轻"的概念。它始于二次元文化产品的跨文化传播，在融入中国语境的过程中被中国的学者、二次元爱好者所关注，并在中国媒体、资本市场的追逐下被国内业界、媒介和社会所接纳与认可，并逐渐被国内学界关注。当前，二次元产业作为文化创意产业的重要组成部分，具有典型的跨行业、跨领域的特征。本书所研究的二次元产业是以动画、漫画、游戏、轻小说为核心，以二次元IP培育和运营为重要内容，涵盖手办、Cosplay、二次元虚拟社区、二次元虚拟偶像、二次元声优及相关周边衍生品行业，贯穿二次元文化产品的创意开发、流通、衍生、销售等环节，辐射网络文学、影视、舞台剧等行业的"泛娱乐产业"门类。

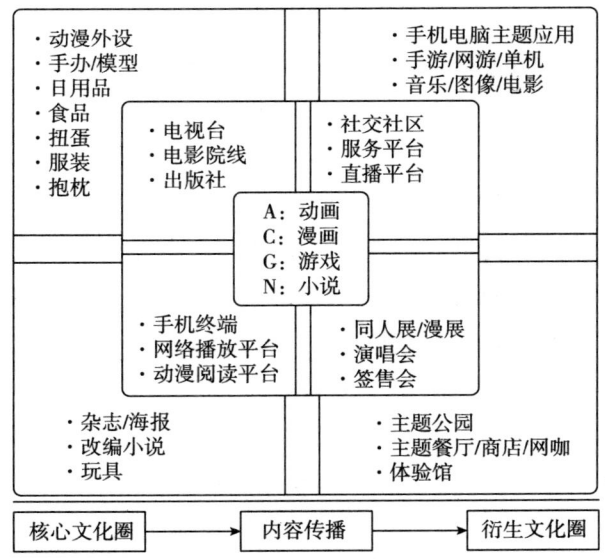

图 2-1　二次元文化圈

资料来源：前瞻产业研究院：《2019年二次元产业全景图谱》。

17

二 二次元产业的研究综述

二次元产业理论研究滞后于产业实践是一个不争的事实，二次元文化产品诞生至今已超过一百年，但当二次元形象菲利克斯猫（Felix the Cat）赢得利润、米老鼠风靡全球时，相关理论研究却长期空白（李涛，2007）。直到最近30年，二次元产业的相关研究才逐渐兴起。

（一）国外关于二次元产业的研究综述

由于美日二次元产业的起步早，美日学界对二次元产业的研究也相对丰富。通过对相关文献的梳理，国外对二次元产业的研究可以划分为以下两个大的门类。

第一，对二次元产业的文化性研究。二次元产业的文化与产业二重性是学者考察的重点。通过对文献的梳理发现，国外学者主要从三个角度对二次元产业开展研究。一是二次元产品的文化传播效应研究。在这一领域，学者对日本二次元产品的文化传播效应特别关注。Ogi 等（2019）认为日本漫画产业是一种创造文化身份和认同的产业，东京借助 ACG 产业实现了日本书化的全球推广（M. OÓHAGAN，2007）。Marc Steinberg（2012）认为日式二次元动漫超越了普通产品的范畴而成为一种引领日本的"媒介融合"和西方的文化交融的独特文化生产和消费形式。二是二次元产品的文化接受研究。Casey E. Brienza（2009）借助皮埃尔·布迪厄的文化场域的形成理论分析了日本动漫的传播，认为日本二次元产品在美国文化场域传播时，延用"MAG"一个日式的称谓，由于美国出版公司将日本漫画作为一项有别于本国漫画的文化类别来进行图书出版与发行，这强化了日本动漫在美国消费者心中的外来性形象。Tai Wei Lim（2016）从东南亚 ACG 粉丝的接受视角考察日本的流行文化，认为日本二次元产业在全球具有巨大影响力并形成了规模巨大的粉丝团体。三是二次元文化消费下个体或群体的文化行为研究。在这一研究领域，既有学者从宏观的文化学考察，也有从微观的量化分析。Galuszak 等（2018）关注二次元文化消费对家庭的影响，认为二次元文化消费会引发父母与孩子的潜在文化冲突。清谷信一（2009）在《法国的御宅》（《ル・オタクフランスおたく事情》）一书中对法国的动漫迷、宅男文化现象进行了社会学的阐释。ErikoYamato（2015）从自治权、相关性、能力等影响个人发展的基本心理需求动机入手，对马来西亚参与 ACG 活动超过五年的粉丝参与活动的状况进行量化研究。

第二，对二次元产业的产业性研究。国外不少学者从市场角度对二次元产业进行研究，其研究内容主要集中在三个方面。首先，对二次元产业体系下某细分行业的运营研究。如《漫画！漫画！日本动漫世界》（*Manga! Manga!: The World of Japanese Comics*）是早期探索日本二次元漫画产业的英文作品。在这部著作中，Frederik L. Schodt（1986）翻译及引用了 Osamu Tezuka、Keiji Nakazaw、Riyoko Ikeda 等多人的观点，探索了日本二次元漫画产业对日本动画产业及美国动画产业的影响，讨论了动漫产业的收益、出版等问题。作为该书的姊妹篇，Frederik L. Schodt（1996）在《漫画！漫画！梦幻之地日本：当代漫画论》（*Manga! Manga!, Dreamland Japan: Writings on Modern Manga*）中指出，1995 年，日本漫画期刊销量占日本期刊总销量的 40%，销售额达 23 亿美元，平均每个日本人每年花费 15 美元用于漫画书的购买，日本二次元漫画出版产业的年产值接近 70 亿—90 亿美元。其次，对知名二次元文化企业的运营研究。如美国的珍妮特·瓦斯科（2015）撰写了《理解迪士尼：梦工场》一书，从政治、经济和文化现象出发，探讨了迪士尼公司的演化、组织结构、国际投资与市场、产品推广与营销等问题，并批判性地分析了迪士尼产品、卡通人物和各类受众对迪士尼卡通衍生品的接受情况。Derek Johnson（2012）对漫威的动漫、影视生产进行了研究，认为 2005—2009 年漫威工作室的独立制片体系从对漫画版权的利用转向内容的创意，漫威通过引入动漫经纪人，重构了影视制片文化。最后，对二次元产业与周边产业的互动情况的研究。Hiro Izushi 和 Yuko Aoyama（2008）分析了日本、美国、英国三国的电子游戏产业，阐释了技术进步与工业技能演进的互动关系，指出与美国的电子游戏产业不同的是，日本的动漫、游戏行业间存在密切的关联，电子游戏产业的发展得益于其与 ACG 其他产业门类如日本漫画产业、动画产业的互动。美国跨媒介制片人、作家 Tyler Weaver（2012）指出二次元的动漫、电子游戏与三次元的影视存在密切的互动，二次元漫画是当今社会文化融合的关键因素，优秀漫画作品之所以能长盛不衰，是因为它广泛地使用刺激的神话故事作为内容题材。

总之，近年来国外学者对二次元产业的研究非常重视，一些学者将二次元细分行业作为一个系统来开展研究，其研究涉及文化学、经济学、传播学、社会学、管理学、政治学等多个领域。在研究方法上，研究者选用了案例分析、文献分析、受众分析、文本分析等多种方法。国外研究者从多元化的研究角度，借助多样化的方法，揭示二次元产业的文化与产业的双重属性。由于日本的二次元享誉全球，国外学者对日本二次元产业的相关研究也相对丰富。

（二）国内关于二次元产业的研究综述

国内对二次元产业的研究起步较晚，相关研究尚处于成长阶段，成果数量有限。在中国知网以"二次元产业"或者"ACG产业"为主题词进行文献的"模糊"检索，对这些论文进行可视化分析，发现2015年起二次元产业这个概念才逐渐为国内学者所关注（中国知网论文数据库，2021）。

设置出现频次为3，整理获得关键词聚类结果，发现二次元产业与二次元、二次元文化、ACG、文化产业的共现率较高（见图2-2）。这些文章大多刊发在非核心期刊上，属于基础研究领域（中国知网论文数据库，2021）。此外，国内一些互联网咨询公司基于对二次元产业相关大数据的分析，发布了一些研究报告。经整理，这些论文、报告的研究内容可以分为三大类：

第一，对二次元产业的发展及运行的研究。这类研究主要集中于细分行业领域。蔡易伽（2016）基于当前国内Cosplay的发展状况，追溯了Cosplay产生、发展的历史，阐述了Cosplay对ACG产业的积极及消极影响，探析了当前国内Cosplay发展存在的问题，并提出应客观看待Cosplay文化、努力提高Cosplay的艺术性以促进Cosplay产业化、品牌化发展。陈少峰（2009）从动漫产业链的视角论述了"ACGMN"（动画、漫画、游戏、电影和小说）互动关系，指出版权是互动的基础和保障、创意是互动的核心，通过二次元产业内的互

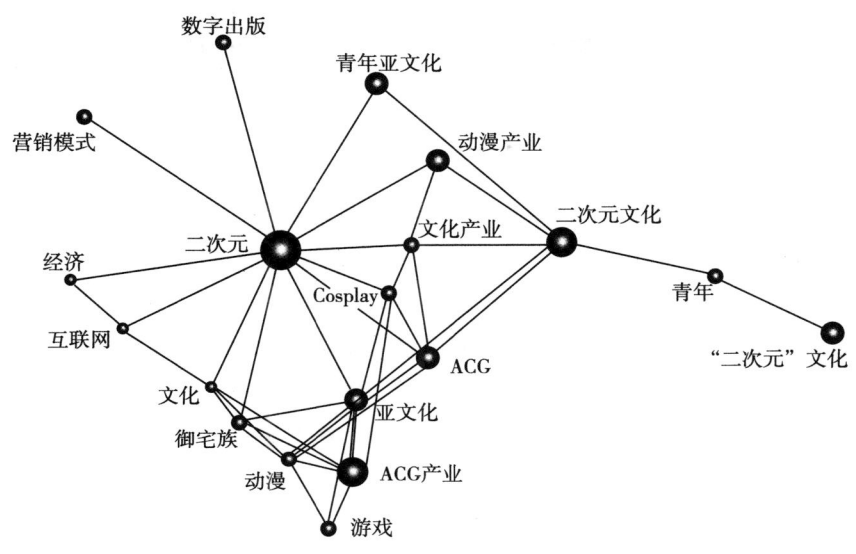

图 2-2 国内二次元产业相关文献关键词共现网络

资料来源：笔者利用知网文献可视化分析工具制作。

动，可以降低内容开发成本，节省营销费用，增加产业链的整体效益。由于日本的二次元产业的世界影响力较大，不少研究者从日本二次元产业中探索发展经验。例如，韩若冰（2013）论述了日本"轻小说"的发展及社会影响，指出轻小说为萧条的日本出版产业注入了活力，轻小说与动画、漫画以及游戏创作的密切地互动，促进了日本大众文化的传播，开创了"ACGN"融合发展的新局面。李彬和熊文靓（2015）基于耗散结构理论解读日本"二次元"动漫产业系统，发现其具有远离平衡态、非线性、突变性和涨落等耗散结构特点。

第二，对二次元文化产品的文化美学研究。相里金子（2015）分析了二次元影视动画中美术、音乐及电影语言元素，探索了不同民族文化下二次元动画艺术产品的审美特点。林品（2016）认为二次元文化与主流文化间存在一种"次元之壁"，这种壁垒将二次元文化世界与其他文化营造的世界区分开来，但随着二次元文化的主流化及官方的意识形态部门的积极介入，"次元之壁"逐渐破解。于菁竹

（2016）借鉴迷因理论，总结经典视觉迷因的成功模式，指出我国二次元作品呈现出缺乏独立风格、缺少的典型视觉形象、文化内涵单薄、民族审美理念不突出等问题，为此，她探索了二次文化产品风格化、个性化之路。齐伟（2018）认为二次元文化存在以"宅""萌""腐"审美为代表的语言习惯和审美取向，这些取向重新释义并解构了影视作品。

第三，对二次元文化的研究。一些学者对二次元产业背后的御宅文化进行了溯源和分析。例如韩若冰和韩英（2011）认为日本"御宅族"产生于20世纪80年代，"御宅族"作为一个以物质社会为父，以资讯社会为母的社会群体，深受动漫文化影响，"御宅族"对动漫的消费促进了市场的繁荣。易前良和王凌菲（2012）认为，御宅文化的缘起可以追溯到日本漫画的诞生，作为一种群体文化，它与二次元文化产品消费、交换、模仿和生产等文化实践密不可分，与耽美与游戏的文化相联通，而ACG作为一种多媒介融合下的文化艺术形式为受众提供了一条即刻通往理想国的通道。学者们普遍认为御宅族动漫消费文化的助力者。例如，蔡骐（2016）认为，御宅族"是动漫产业的推动者"，二次元文化与御宅族的风格在商业逻辑中"会演变成一种新式的消费品"。在大量学者对二次元文化大唱赞歌的同时，高越（2017）指出，二次元文化具有叛逆与反抗的特点，它无法远离主流文化的整合，随着二次元商业化脚步的加快，二次元文化被日益收编入主流文化中。何威（2018）从文化演进的角度对，分析了二次元文化与御宅文化之间的关联，指出总体上当前的研究"不足因应现实之复杂"。

第四，对二次元行业年度发展的研究。由于二次元产业发展迅速，2015年起越来越多的咨询研究公司及金融企业开始关注二次元领域，它们发布了一系列的报告，其中具有代表性的有艾瑞咨询的《中国二次元行业报告（2015）》、《中国二次元手游报告（2016）》、《中国二次元产业研究报告（2021）》，易观国际的《二次元产业专题研究报告（2015—2016）》及《二次元内容消费专题研究报告（2015—2016）》，中国国际金融有限公司2017年发布的《二次元风起：新生代的审美与消费变迁》，速途研究院的《Q1中国二次元产业研究报告（2018）》等。这些报告分析了中国二次元行业的年度发展状况，预测了二次元行业未来的发展趋势。报告中的一些数据被媒体疯狂转载，因此这些报告在企业界形成了一定的影响力。

国内学界研究视角相比国外学界存在局限。目前国内学者主要从文化研究的视角对二次元产业开展研究，学者对二次元文化产品的文化美学、日本的御宅文化等问题进行了探讨，然而对孕育二次元产业的中国二次元消费文化却未给予足够的关注。目前，国内学术界存在重视二次元产业文化性研究轻视产业性研究的趋向，无论在研究成果的质量上还是研究者的层次上都与国外存在明显差距。尽管国内业界已逐渐将动画、漫画、游戏、轻小说等周边行业作为一个系统来开展研究，然而，学界却未能积极跟进。

第二节 价值共创的概念及研究综述

目前价值共创的相关研究很丰富，但缺乏一定的系统性和连贯性。学者对价值共创的定义莫衷一是，本节结合前沿的研究成果及本书论题的特征对本书中的"价值共创"进行界定，并从国内外学者的研究脉络中寻找到本书的理论支点。

一 价值共创的概念

价值共创是一种将顾客与可操作性资源共同纳入整个价值创造过程活动的产业经济学理论（杨学成等，2016），其思想最早可以追溯到19世纪（Normann，Ramirez，1993）。早期的价值共创研究者认为，消费者是生产者的合作者，并具有一定的生产性，消费者以特定的方式参与到生产活动中，并对服务效率和价值创造产生影响。Richard Normann 和 Rafael Ramirez（1993）首次使用"共同生产"（co-production）描述价值创造的过程，指出供应商、合伙人、消费者共同生产价值。20世纪，美国学者 Prahalad 和 Ramaswamy 提出基于"消费者主导逻辑"（customer dominant logic）的价值共创理论。数年后，学者 Vargo 和 Lusch 提出基于"服务主导逻辑"（service dominant logic）的价值共创理论，进一步丰富了价值共创理论的内容。

有关价值共创的研究一直在积极推进中，但国内外学者对价值共创的争论一直没有停止过。消费者主导逻辑与服务主导逻辑所基于的研究视角不同，对价值共创内涵的侧重有明显的差异。但两种价值共创逻辑都表达了，企业和消费者都是资源的拥有者并且他们都参与价值共创的观点（武文珍等，2012），都摒弃了传统的价值创造视野下，生产者是唯一的价值创造者、消费者作为纯粹的价值消耗者的落后的思想。从集合性和主体间性维度，价值共创有广义和狭义之分，胡观景等（2017）认为，广义的价值共创不仅包括企业与顾客的直接交互过程中的价值共创，也包括顾客与企业、企业在生产、流通、消费等全过程中直接或间接的交互过程中的价值共同创造；而狭义的价值共创主要发生在企业与顾客的直接互动过程中。

本书的研究对象是二次元产业的商业模式，由于商业模式是一种"创造价值机制""生意模式"（程愚等，2013），其关注的是"如何为客户创造价值并获得利润"（Slywotzky，1999），正如 Gummersson 和 Mele（2010）所指出的那样，商品主导逻辑注重的交换价值（value-in-exchange）和服务主导逻辑注重的使用价值（value-in-use）都不能涵盖价值共创的全部内涵。武柏宇和彭本红（2018）认为而随着顾客成为企业价值创造的引爆点，企业转化成"价值集成者"，他们将内与外部新生成的价值共同"纳入自身的'价值创造网络体系'"。故本书研究中的价值共创是一种广义的价值共创，本书中的"价值共创"指二次元企业将顾客作为一种"可操纵性资源"直接或间接纳入产品或服务的设计、生产、流动和消费等过程中，与顾客、其他市场主体共同创造价值的价值创造形式。

需要指出的是，大量学者对价值共创的理论价值及现实应用价值大为称赞的同时，一些学者指出，盲目应用价值共创理论也可能会带来诸多问题。例如，武文珍和陈启杰（2012）认为"服务主导逻辑"下的价值共创只针对使用和消费的特定阶段，忽视了价值生成阶段中的价值共创行为。李文秀等（2016）认为产品与服务品的明确区分往往容易导致"服务化悖论",单纯地追求高端要素会导致"商业模式创新失灵"。万骁乐（2017）认为价值共创理论正由狭义向广义适用主体拓展。因此,郝新军等（2017）学者指出价值共创研究应该"以更加广阔的价值星系、价值网络及价值创造活动为出发点"。而价值共创理论的知名研究者Vargo和Lusch（2016）在最近的研究论文中指出,"价值共创正发展为资源整合、互惠服务提供方之间的共同创造价值"。基于此,本书研究在强调企业必须以从"以企业为中心"的一维范式向"企业与顾客合作"的交互、多维范式转变（Patrick et al.，2015）的同时,并未忽略现实中的企业与利益相关者等价值创造主体的价值共创活动。因此,本书所讨论的价值共创指二次元企业、顾客及利益相关者围绕二次元产品和服务的设计方案、二次元创意、IP影响力、营销力等价值载体相互交互、共同参与的价值创造活动的总和。

二 价值共创的研究综述

通过对价值共创研究的梳理发现,国外对价值共创的研究已取得巨大突破,国内正积极跟进中。国内外学者多角度的研究,丰富了价值共创的研究成果,拓展了研究的范围,但总体而言,价值共创的理论研究比较分散,缺乏系统性。

（一）国外关于价值共创的研究综述

目前,根据价值共创发生的领域、阶段,价值共创中生产者和消费者的关系等,可以将国外学者关于价值共创的研究概括为以下几个方向。

第一,生产管理视角下的价值共创。企业必须调动各类资源实现其价值创造,将消费者引入这一过程便是实现价值创造的良好方式。基于对这一现象的思考,密西根商学院教授Prahalad和Ramaswamy（2000）在创新和发展传统价值创造理论的基础上指出,生产者与消费者合作、互动共同创造价值正日益成为价值创造的核心方式,并将价值共创界定为企业与顾客联合创造价值的活动。他们在汲取Normann和Ramirez的部分观点的基础上,对生产者视角的价值共创进行了更细致的描述,指出在价值创造活动中生产和消费过程相互融合,作为生产者的企业则通过提出价值主张、与消费者互动等方式加入价值创造系统。而对于顾客如何参与共创的问题，学者也给出了自己的答案，Fang（2004）认为，顾客参与供应商的生产过程，扮演着资源共同生产者和竞争者的角色。

为强调价值共创理论的客观性、普遍性、可证性和可操作性，一些学者借助调研和案例分析探索价值共创在生产领域的应用及管理问题，以此来建立起价值共创的组织、管理框架。例如，Prahalad 和 Ramaswamy（2004）为了探讨价值共创对企业经营绩效的影响以及探索企业实现价值共创的重要因素和过程，从战略管理的角度，构建了 DART 模型，指出企业应建立与消费者的联系，以增强消费者的共创参与。Lambert 等（2012）在对多家 B2K 公司的经理进行了访谈和对相关公司的财务收益进行分析的基础上，发现顾客及其他一切利益相关者均在体验环境或体验平台中参与企业组织的价值共创活动。

此外，不少学者对企业如何促进价值共创的问题进行了讨论。Jaworski 和 Kohli（2006）认为，互动和相互学习是企业和消费者价值共创的必备条件，只有当企业和消费者在对话前就参与规则达成一系列共识时，消费者才会全心投入价值共创活动中，因此，企业应重视顾客的参与。Auh 等（2007）认为顾客忠诚度会影响价值共创，因此，企业应该让顾客在与企业的互动中获取多种价值体验。Grönroos（2008）认为，企业应动员顾客从自己提供的产品和服务中创造价值，企业应通过为顾客提供信息、技术、技能等参与消费领域的价值共创。Wayne（2010）在对新产品开发中消费者价值共创的考察中发现，价值共创受到透明度、基于知识产权捕捉能力及顾客的投入都会影响价值共创。

第二，服务视角下的价值共创研究。在整合了管理学、服务学、营销学和认知学在内的多学科知识后，一些学者将价值共创整合到服务的概念下，思考生产者和消费者之间、其他供应和价值链协作者之间的价值创造等问题。学者 Vargo 和 Lusch（2004）刊文指出，"服务是一切经济交换的根本基础"，认为消费者是"操纵性资源的拥有者"和价值共同创造者，在价值创造过程中，消费者将知识、技能、经验等操纵性资源投入其中参与价值共创。在 Vargo 和 Lusch 理论的基础上，学者基于服务视角探索了价值共创中企业和消费者的关系问题。Grönroos（2008）认为企业是服务提供者，企业的活动会影响消费者的价值实现，因此，企业应该支持消费者的消费活动，重视与消费者在消费领域的价值共同创造。Payne 等（2008）综合了服务研究、消费者价值、关系市场等理论，构建了一个新的基于过程阶段的框架，形成了理解和管理价值共创的概念模型，并以实证分析的方式研究了消费者参与价值共创的过程，认为消费者和企业在价值共创中具有同等重要的地位。一些学者对服务视角下的价值共创研究进行了更深入的研究，并探讨了价值共创的流程。Lanier 和 Hampton（2008）研究了美国的文艺复兴节中消费者的价值共创过程，发现他们经历了"共同选择、共同生产、共同创造、衰退和返回起点"等过程，认为企业和消费者的价值共创效果与这些过程紧密联系。Schau 等（2009）认为，品牌社区的价值共创发生在消费领域，有赖于消费者的参与。那么，如何促进服务视角下的价值共创呢？Mukherjee 和 Venkatesh Alladi（2008）提出通过设定动态目标、掌握限度、建立互文性联系三种策略来提升消费者在游戏消费中的价值共创。

服务视角下的价值共创是否就不关心顾客参与企业生产这个问题了呢？显然不是。大量学者认为，价值共创贯穿于生产和消费两个领域。在生产领域，企业是价值主张的提供者，消费者在接受企业的价值主张后与企业进行资源互换和互动，进而共同创造价值。而在消费领域，消费者对产品和服务的消费过程其实也是价值共创的过程。在消费过程中，售后服务人员与消费者之间的良性互动是创造顾客体验的重要方式，企业通过改善消费环境可以给顾客带来独特的体验。

（二）国内关于价值共创的研究综述

价值共创的研究始于西方，我国学者对价值共创的研究起步相对较晚。目前国内学者对价值共创的研究日益重视，相关研究成果呈现出逐年增多的趋势。笔者以主题词"价值共创"在知网数据库进行模糊匹配，获得文献超过千篇（中国知网论文数据库，2021）。

通过知网数据库检索，发现价值共创的研究分布在工商管理、商业经济、工业经济、新闻传播、公共管理、农业经济等多个领域，其中工商管理学科领域的学者对该话题尤其关注。活跃于该研究领域的学者有华南理工大学的简兆权、中南大学的周文辉、德州学院的李朝辉、东北大学的马钦海、北京邮电大学的杨学成、上海财经大学的王新新等。通过对相关文献的梳理，发现国内关于价值共创研究有两大特点。

第一，数字媒介环境下企业的价值共创是当下的热点。周文辉等（2015）选取淘宝网作为案例，探讨其价值共创对网络效应的作用机制，阐释了平台在淘宝创业期、成长期、成熟期发挥的作用。简兆权和肖霄（2015）通过对"携程旅行网"研究发现，独特的价值共创与服务创新理念对数字媒介环境下企业的运营具有积极意义。由于小米公司运营具有一定的典型性，多个学者对小米的价值共创开展了研究。例如杨学成和陶晓波（2015）认为小米公司的共创是数字媒介环境下"社会化价值共创"，张燚等（2017）学者认为增进交流互动、将顾客培育成粉丝群体、引导顾客参与价值共创是小米品牌成长壮大的关键。学者对在数字媒介环境下虚拟社区的价值共创问题特别关注。刘跃等（2017）聚焦于国内知名虚拟品牌社区，构建了虚拟品牌社区与品牌价值的关系模型，指出节点数、连接数、自发价值共创对品牌满意和品牌忠诚具有积极作用。邓祯（2020）指出 Web2.0 技术给二次元出版带来了更便捷的渠道，让二次元内容由单向扩散转向双向互动，降低了用户参与价值共创的门槛。

第二，价值共创的理论研究依然热度不减。由于国内对价值共创的研究起步较晚，因此借助国外理论体系梳理价值共创的概念，探索价值共创的内涵成为国内研究的热点，其中影响力较大的成果来自武文珍、陈启杰、简兆权等学者。武文珍和陈启杰（2012）在梳理国外研究成果的基础上，指出价值创造包含生产者单独创造、消费者单独创造、生产者与消费者共同创造三种方式。简兆权等（2016）指出价值共创早期思想源于共同生产的行为，价值共创的实质是价值创造主体通过服务交换和资源整合而共同创造价值，随着网络时代的到来及互联网经济的兴起，价值共创经历着从企业和顾客的二元互动向多个参与者的动态化、网络化的互动的转变，未来应该探索服务生态系统价值共创的机制、价值共同破坏问题及基于数字网络环境开展相关研究。王潇等（2014）在梳理和分析了西方近40年服务范式理论后指出，利用"顾客参与的价值共创"来研究服务是服务范式研究的越界及范式理论发展的结果。

总之，尽管国内学界重视价值共创的理论研究，但并不存在国外生产管理视角与服务视角下的价值共创的理论争论。目前国内学者借助价值共创讨论数字媒介环境下的企业问题，然而这些研究大多集中在新型科技企业领域，在新场景下的价值共创研究仍然具有巨大拓展空间。

第三节 基于价值共创的商业模式的研究综述

一 商业模式的两个研究维度

1957年"商业模式"作为一个概念被正式提出，然而，直到20世纪90年代中期互联网的流行，商业模式才引发国外学者的广泛关注。近年来，技术进步带来了商业模式的快速演进，商业模式的更新日益频繁，其结构也日益复杂化，目前商业模式存在企业与产业（或行业）两个研究维度。

（一）企业维度的商业模式研究

企业维度的商业模式是国外学者关注较多的研究领域。无论是新公司还是久经沙场的成熟企业，优秀的商业模式对每一个成功的企业都至关重要，因此，每个想谋求进一步发展的企业都需要不断创新自己的商业模式（Magretta，2002）。企业维度的商业模式研究有以下几个特点：一是聚焦于企业的价值问题和运营模式。商业模式是一个包含企业、顾客、产品、活动、组织、资源及市场互动等因素的运营体系（Hedman and Kalling，2013），应围绕价值问题和运营模式两大部分来进行（Lindgardt，2009）。Amit和Zott（2001，2010）认为商业模式包含内容、结构、交易的控制三个要素，是企业及其合作伙伴共同创造并分享价值的动态系统。Johnson 等（2008）认为，商业模式创新应该围绕顾客价值主张、利润关系、关系资源、关系流程四个要素来进行，对于企业而言要想实现商业模式的成功创新，就必须坦然面对初期的失败，并逐渐修正错误，在这一过程中，企业的执行力和调整适应力同样重要。二是重视对企业运营绩效的评价。从评价研究的类型来看，国外学者的研究主要包括前置型评价法和后置型评价法。前置型评价法的知名研究者包括 Hamel、Morris 等。Hamel（2000）认为在采用商业模式前需要对商业的预期绩效进行评价研究，这种评价可以基于利润潜力的视角从效率、匹配性、独特性和盈利性等方面来进行。Morris 等（2003）从商业模式与环境匹配的角度，对商业模式评价的方式进行了分析，认为商业模式内部的自我匹配性与商业模式外部环境的互动匹配性是评价商业模式的关键。后置型评价法的知名研究者包括 Dubosson、Gordijin 等。Dubosson 等（2010）利用平衡计分卡的方法从品牌、资源、活动过程、合作网络、收入、开销、盈利等方面对企业实施商业模式后的绩效进行了评价，并建构了评价模型。Gordijin（2002）认为商业模式评价可以使用 e^3-value 的方式，指出通过评价商业模式的可行性可以预测参与者是否能够通过应用某种商业模式增加利润。

（二）产业（或行业）维度的商业模式研究

将商业模式的研究视线从企业转向产业或行业是近十余年国外商业模式研究的一个重要变化。例如 Casero-Ripollé 和 Izquierdo-Castillo（2016）对数字融合背景下西班牙新闻出版行业的在线商业模式进行了研究，Kandampully（2006）、Langvinienė 和 Daunoravičiutė（2015）对服务行业的商业模式进行了研究。Langenus 等（2018）从产业层面基于经济、社会与生态三重维度提出了港口业可持续发展的商业模式。与企业维度的商业模式研究不同，产业或行业维度的商业模式研究一般将商业模式置于产业或行业发展的情境中开展研究，重视对商业模式与产业发展影响的思考。例如，McPhillips 等（2008）在媒介融合的时代背景中考量媒介商业模式的演化，发现媒介产业正在积极拥抱媒介融合，媒介融合带来了媒介商业模式的快速发展，给市场主体创造了更多商机。Walters（2004）立足于新经济的发展实践提出了包含现金流驱动、关注投资回报、具有分布式（杠杆化）资产或低资本密集度的功能、具有单一的核心资产和独特的能力、通过在行业价值链中的相关定位来发展竞争优势五个特征的"新经济商业模式"。当然，产业或行业维度的商业模式研究并非完全脱离企业而进行，而是从企业发展与产业发展的双重角度来探讨商业模式问题，例如Gehrke和Andig（2002）针对音乐产业盗版泛滥的情况，对音乐产业中的企业提出了基于点对点的商业模式。近来年，随着全球各行业商业模式加速变化，行业和产业层面的商业模式研究得到持续补充，但相比火热的企业商业模式研究，国外产业层面的商业模式研究相对冷清。

在国内存在类似的状况，笔者以"商业模式"为主题在知网检索CSSCI、CSCD、核心期刊，共检索到中文论文近6000篇（中国知网论文数据库，2021）。2012年，国内商业模式的研究进入加速期，在2016年达到了一个高峰之后开始回落，2018年商业模式的研究呈现出上升的趋势。

尽管商业模式的研究涉及多个领域，但梳理这些文献发现，国内商业模式研究也存在企业视角下的商业模式研究过剩而产业视角下的商业模式研究不足的问题，在文化产业领域这一问题尤为突出。以"产业商业模式"或"行业商业模式"为主题词，获得文献数占"商业模式"主题文献的比例不到五分之一（中国知网论文数据库，2021）。利用计量可视化分析工具，设置出现频次为3，整理形成关键词共现网络，发现关键词"文化产业""商业模式"共现的概率并不高（见图2-3），这折射出国内文化产业商业模式的研究还有待强化。

梳理产业（或行业）视角下的商业模式研究成果，发现这些成果有以下特点。第一，从研究视角与出发点看，这类研究从宏观的产业（或行业）实践出发，立足于推动行业的发展。因此，这些研究的开展对产业的发展有着十分重要的参考价值。例如，张文倩（2016）立足于动漫产业IP商业化的实践，提出动漫产业商业模式建设需要重视IP艺术价值和IP开发的创意水平的生成。张立波和陈少峰（2011）

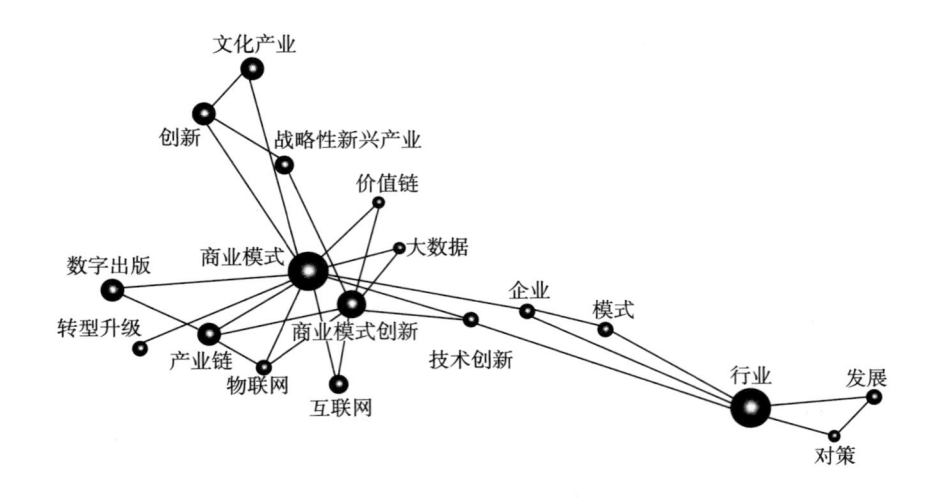

图 2-3　国内核心期刊中产业与行业视角下商业模式研究成果关键词共现网络

资料来源：笔者利用知网文献可视化分析工具制作。

认为融贯性和扩展性是全产业链商业模式的特征，发展全产业链商业模式有利于文化创意资源的"一意多用"。王关义和刘希（2014）以《中国好声音》的商业运营实践，探讨中国文化创意产业的创新路径。第二，从研究范围来看，产业（或行业）视角下商业模式覆盖领域有限。相关研究成果主要集中在文化创意产业、互联网的战略新型产业领域。例如，黄锦宗和陈少峰（2016）认为，互联网文化产业商业模式有无边界平台、多样性产品和经营、线上线下结合、频道组合制等特点，把握互联网文化企业的发展趋势有利于中国的经济转型。陶冶（2010）指出，政府买单模式、免费模式、运营商推动模式、用户与厂商联合推动模式是物联网广泛应用下可能形成的新的商业模式。陈元志和陈劲（2012）从价值主张、商业模式分类等角度对移动支付产业的商业模式进行了研究。第三，从研究内容上，这些研究重视对宏观影响因素研究和未来可能情景的预测，对商业模式的应用研究不足。例如，庹祖海（2010）认为中国网络游戏商业模式将呈现出多元化细分、虚拟物品收费持续占重要地位、媒体化与 IGA 收费等特征。谢佩洪和成立（2016）认为 PC 网游业商业模式创新将朝着交易平台创新、游戏外设创新和消费需求创新三个方向发展。第四，从研究方法上，这些研究以定性描述居多，缺乏严格的理论框架与分析方法。从产业领域探讨商业模式的研究成果大多基于产业（或行业）的具体情况，对相关问题进行针对性的定性描述，进而推演或归纳出研究结论。由于缺乏科学方法的支撑，导致一些学者对部分成果的研究结论的科学性与可操作性存疑。

二 基于价值共创的商业模式的研究综述

基于价值共创的商业模式研究是商业模式研究的子命题，它依然是一个学界关注较少的领域，相关研究主要从企业维度来展开。

（一）国外关于基于价值共创的商业模式的研究综述

市场的变化是商业模式创新的诱因（Sosna et al., 2010），价值共创理论为旧商业模式的优化及新的商业模式的探索提供了更广阔的概念空间（Gummesson et al., 2010），也为商业模式的创新打开了一扇大门。基于价值共创的商业模式是一种由顾客、企业及合作伙伴等利益相关者共同组成的商业运营模式，基于价值共创的商业模式研究与传统商业模式研究的区别在于研究视角的变化，前者将商业模式的研究视角从焦点企业转向焦点企业与相关参与者间，这种变化拓展了商业模式的研究视域。在基于价值共创的商业模式视野下，商业模式的产出不应局限于焦点企业，还应关注其他利益相关者的参与，参与价值观共创的个人及组织的异质性越大，商业模式中的价值共创的空间越大（Sommer，2012）。因此，从某种程度而言，基于价值共创的商业模式的研究是国外学术界商业模式创新研究的推进与深化。

在价值共创理论的加持下，国外研究者越来越关注顾客、企业合作伙伴等利益相关者对商业模式的影响。Ebel 等（2016）认为，对于市场主体而言，顾客具有帮助市场主体发展高质量的商业模式的作用，市场主体通过对顾客资源的整合可以提升产出。考虑到提升顾客体验、为顾客创造更优质的消费环境，可以推动商业模式中价值组合模块的发展，进而加速商业模式发展（Priem，2018），一些企业会有意识地帮助顾客提升消费体验。因此，基于价值共创的商业模式下企业与顾客成为共同受益者。当然基于价值共创的商业模式的受益方不仅仅是焦点企业与顾客，事实上价值共创的商业模式能让参与合作的企业、用户及组织在平台商业模式中共同受益（Smedlund，2012），价值共创企业借助基于平台的价值共创，丰富了自身的资源，为知识创新和增值提供了基础。

（二）国内关于基于价值共创的商业模式的研究综述

在国外学者将商业模式的研究视角转向价值共创时，国内也逐渐关注这一研究领域。笔者以主题词"价值共创"在知网数据库进行模糊匹配，其中包含商业模式这一主题的文献占检索文献总数的1.69%，这折射出国内学者对价值共创下的商业模式关注的不足。国内关于基于价值共创的商业模式的研究兴起于2014年后，梳理这些研究发现其主要包含以下几个视角。

第一，价值共创与商业模式创新的研究。随着互联网及共享经济时代的到来，价值共创成为商业模式创新的重要方向（孙楚和曾剑秋，2019），价值共创帮助企业从一个新的视角审视商业模式创新，这有利于企业实现多方价值的共赢（杜兰英和钱玲，2014）。于是，国内一些学者将价值共创理论引入商业模式创新研究领域，对基于互联网的商业模式创新开展研究。例如，郝金磊和尹萌（2018）认为用户赋能、数据赋能、平台赋能能实现价值共创逻辑重塑，帮助平台企业实现商业创新。江积海和沈艳（2016）认为，对于服务型商业模式而言，提供情感型价值主张是商业模式创新的路径。价值共创与服务创新紧密联系、相互促进，价值共创孕育了携程商业模式中的服务创新（简兆权和肖霄，2015）。然而，价值共创下的商业模式创新研究覆盖的领域有限，国内学者尚未对二次元产业如何通过价值共创实现商业模式的优化与创新给予关注。姜尚荣和乔晗等（2020）认为价值共创的研究前沿是生态系统与商业模式创新。

第二，案例分析下的基于价值共创的商业模式研究。借助典型案例，分析基于价值共创的商业模式是国内学者常用的研究方式。宋立丰等（2019）以海尔、小米和韩都衣舍为案例，研究了其平台化商业模式，发现文化愿景、激励策略和文化管理对商业模式的发展至关重要。王孙璐等（2016）研究了小米公司的商业模式，认为信息交互能力是小米区别于其他手机厂商的因素，小米通过信息交互的基础设施、人力资源和无形资产建设获取了竞争优势。江积海和李琴（2016）构建了"价值网+"的结构，认为资源属性、关系属性、网络属性驱动价值共创，并以 Airbnb 为案例验证其理论的有效方法。玖河和孙丹阳（2018）以抖音段视频为案例，探讨了价值共创下短视频平台商业模式。张新民和陈德球（2020）以瑞幸咖啡财务造假事件分析移动互联网时代企业商业模式与价值共创问题。

总之，国内关于基于价值共创的商业模式的研究大多于近年展开，在数量上，研究成果总体偏少；在研究主题上，尽管学者们强调价值共创下的商业模式是一种基于利益相关者的商业模式，但不少研究者仍主要从企业与顾客这种狭义的价值共创视角开展研究；在研究领域上，相关研究很少涉及文化产业领域；在研究视角上，这些研究更多地集中于企业维度。目前结合文化产业特征，探索商业模式运行环节中市场主体与利益相关者如何进行价值共创问题的研究很少。

第四节　相关研究评析

尽管价值共创、商业模式是学界关注的热点领域，基于价值共创的二次元产业商业模式仍然是一个新的研究话题，目前相关研究处于起步阶段且相对滞后于实践，因此具有广阔的研究空间和诸多亟须探讨的问题。

一　现有研究的局限性

通过对二次元及二次元产业、价值共创、商业模式研究的回顾可以看出，现有的研究存在以下局限。

（一）国内二次元产业的研究热度不高、视角存在局限，相关研究缺乏系统性、持续性

近年来，随着国内二次元市场的蓬勃发展，国内二次元研究逐渐有所起色，但相较于国外，国内关于二次元产业的研究有以下几个局

限：一是研究论文总量少，学术研究相对冷清，国内学者缺乏从系统性角度研究相关问题。二是研究内容零散，缺乏连续性研究。三是大多研究者的年纪轻、博士学历的研究者很少，同时研究者缺乏对二次元产业的持续性关注。四是学界对二次元产业的关注远不如业界。造成这一现象的原因有很多，一方面由于国内二次元产业兴起的时间相对较短，只有少数敏锐的学者、行业从业人员和在校研究生介入这个领域的研究；另一方面由于"二次元"是一个"青年向"的概念，青年学者和在校研究生是二次元文化产品的重要消费者，因此他们对二次元产业及二次元文化给予了更多的学术关注。由于这一群体的整体研究能力相对较弱，加之大多研究生毕业后不再从事相关研究工作，这使二次元产业的相关学术研究难以持续推进。此外，在研究视角上，尽管一些研究者关注了二次元产业的发展及运行问题，但他们大多从割裂性的视角对二次元细分行业开展研究，目前从系统性角度探讨二次元产业问题的研究仍然缺乏，使二次元产业研究滞后于"动漫游书"融合发展背景下的二次元产业实践。

（二）价值共创研究缺乏新场景下的拓展

目前，国内外学者都认识到价值共创在企业价值生产和客户体验创造方面的意义，将价值共创理论置于市场环境下，用以探讨企业和消费者在价值创造过程中的互动关系，并认识到价值共创是商业模式创新的一个重要方向，然而，国内鲜有学者深入商业模式领域探讨企业与消费者、其他利益相关者共创价值的问题，对于商业模式运行环节中的价值共创更是语焉不详。商业模式组织框架下的文化企业如何价值共创仍然是一个新鲜的话题。随着近年来价值共创研究从狭义适用主体向广义适用主体发展，亟待从更加广阔的价值网络的角度，立足于文化产业的发展实践，探讨基于价值共创的商业模式的构建、运行、优化等问题，以实现对价值共创理论的拓展。

（三）商业模式研究热度不减，仍期待学者从产业层面借助科学方法持续推进

商业模式是国内外学者的研究热点，学者从企业和产业（或行业）两个层面对商业模式开展研究。与企业维度的商业模式研究不

同，产业或行业维度的商业模式研究选择偏中观或宏观的视角，将商业模式置于产业或行业发展的情境中开展研究，重视商业模式对文化治理及行业发展意义的考察。相比火热的企业视角下的商业模式研究，产业或行业视角是商业模式研究的一个较新的视角，然而目前国内外学者对产业视角下的商业模式研究相对冷清。国内产业视角下的商业模式研究，大多重视对未来可能情景的预测，缺乏科学的方法，存在商业模式应用研究不足、结合文化产业特征的商业模式运行机制研究不够深入等缺陷。未来学界仍然需要在该领域进一步的拓展与跟进，尤其需要运用科学的研究方法探索那些尚未被学界关注的文化产业领域的商业模式。

二 对本书研究的启示

综合以上结论，可以发现相关理论研究中存在以下问题亟须进一步拓展：目前国内学者大多未将动画、漫画、游戏、轻小说及其周边行业作为一个系统来开展研究，在这些细分行业边界逐渐模糊的背景下，从系统性角度考察二次元产业商业模式是一个具有新质的论题；随着科技、媒介与经济形态演进，商业模式的更迭加速，新的商业要素、新的科技、新的商业运营方式持续涌现，因此，尽管商业模式这个话题有些"传统"，但在产业情境下，尝试用科学的研究方法探讨尚未被学术界关注的二次元产业领域的商业模式，仍然具有丰富的理论意义；价值共创理论尚未与二次元产业商业模式的研究充分结合，从广义的价值共创视角揭开二次元产业商业模式运营的奥秘不仅顺应了价值共创研究的理论转向，而且能拓展商业模式的理论研究视角，因此具有丰富的现实指导意义。

基于以上的分析，本书研究将重点研究以下问题。

第一，将二次元细分行业作为一个产业系统开展研究，运用科学研究方法，建立完整、系统、具有可操作性的基于价值共创的二次元产业商业模式理论体系。本书尝试借助扎根理论这一科学的分析方法，归纳出价值共创下二次元产业领域成功企业的商业模式的构成，打开基于价值共创的二次元产业商业模式要素体系的"黑箱"。

第二，从广义的"价值共创网络"的视角，结合二次元产业的特征对二次元产业商业模式的运行机制进行重点考察。本书尝试从广义价值共创的视角揭示基于价值共创的二次元产业商业模式核心运行环节中的价值共创机制，并从中获取文化治理与市场管理的启示，服务于政府的二次元文化治理及二次元市场主体的商业模式建设。

第三，挖掘二次元产业领域的成功案例，利用科学的案例分析方法，系统分析其商业模式，让理论研究成果应用于实践，以此丰富文化产业领域商业模式的应用研究，同时为相似大环境下其他同类型的二次元企业建构、优化基于价值共创的商业模式提供意见参考。

第五节　本章小结

本章对二次元及二次元产业、价值共创、商业模式等相关概念进行了阐释并梳理了相关文献。本章发现国内二次元产业的研究热度不高、视角存在局限，相关研究缺乏系统性、持续性；价值共创研究缺乏新场景下的拓展；商业模式研究热度不减，仍期待学者从产业层面借助科学方法持续推进。在产业化背景下，目前运用价值共创理论，从产业层面分析商业模式的研究还较少。在国内二次元产业研究方兴未艾的背景下，从价值共创的视角思考二次元产业商业模式，不仅拓展了价值共创理论的研究视域，延伸了商业模式研究，同时也推进了国内二次元产业的理论性研究，因此具有丰富的价值。

第三章

二次元产业商业模式的形成与演进

　　研究基于价值共创的二次元产业商业模式，需要回答基于价值共创的二次元产业商业模式位于二次元产业发展的何种位置、身处二次元产业商业模式演进的何种阶段等问题，而回答这些问题，需要探讨二次元产业商业模式的形成与发展过程。中国当代二次元消费文化的兴起及二次元产业的发展是二次元产业商业模式形成与发展的宏观背景。伴随着二次元消费文化的大众化及二次元产业的发展，二次元产业商业模式经历了多次演进，在二次元产业商业模式的形成与发展历程中，基于价值共创的二次元产业商业模式是中国二次元产业商业模式发展的更高阶段，是二次元产业逐渐成熟的表现，是二次元消费文化兴起、互联网的发展、社会化媒介的普及和顾客参与热情提高的背景下，二次元领域企业的市场选择。

第一节　当代二次元消费文化的兴起及二次元产业发展现状

　　探讨当代中国二次元消费文化的兴起过程，并对二次元消费文化的大众化阶段下中国二次元产业的发展现状进行了分析，以解读二次元产业商业模式形成与发展的历史语境。

一 当代二次元消费文化的兴起

法兰克福学派认为,资本为自身增值和扩大再生产的需要,借助广告和大众媒体等构成的文化工业,引导和刺激人们的消费观念,"创造了有关'幸福''快乐'和'消费'的意识形态"(马尔库塞,2006)。消费意识的创造会引发消费方式的建立,使得现代消费主义文化得以形成(杨魁和董雅丽,2003)。当代中国的二次元消费文化是工业化、市场化、城市化背景下人类社会文明的产物,它与中国二次元经济相伴相生、共同发展并壮大。

(一) 当代中国的二次元消费文化的萌发:海外二次元的传播

当代中国二次元文化萌芽于20世纪八九十年代。改革开放的春潮为日美动画、漫画、游戏、轻小说等二次元文化产品大规模流入中国文化市场打开了大门。1980年,中央电视台将手冢治虫的动画作品《铁臂阿童木》引入国内,开启了海外动画的"官方引进,电视传播"的模式,一年后同名漫画由科学普及出版社出版。20世纪八九十年代,海外二次元在中国青少年间的影响力不断扩大,《排球女将》《花仙子》《大力水手》《变形金刚》《蜘蛛侠》《蓝精灵》《圣斗士星矢》等日美动画及相关漫画、轻小说作品进入中国文化语境广泛传播,1990—1991年,通过正规渠道在中国销售的日本二次元动画书突破600万册(陈强和腾莺莺,2006)。20世纪90年代,中国大陆大量引进和播出海外译制动画片,1981—1992年,中国引进40多个国家和地区动画片116部(张娟,2015)。在此背景下,1993年中国当代第一本专业二次元漫画刊物《画书大王》面世(吴心怡,2009),该半月刊主要登载日本最新的连环漫画如《足球小将》《七龙珠》《双星记》等,因此,受到国内二次元爱好者追捧。鼎盛时,《画书大王》期销量一度突破80万册。1993年,广播电影电视部下发《关于当前深化电影行业机制改革的若干意见》,决定推动中国动画电影的市场化。1995年,中影公司的"统购统销"政策全部取消。

日美二次元产品在中国文化语境的传播过程中,吸引了大量青少年受众,这些青少年受众围绕二次元文化产品的生产、传播、消费进行对话、交流等文化实践活动，由此而催生出独特的文化消费方式及文化消费趣味并孕育出当代中国早期的二次元文化。那些在消费日美二次元文化产品中成长起来的"80后""90后"，逐渐成为当代中国最早的二次元群体。他们迷恋和追捧二次元动漫，形成了每晚六点通过电视观看动画片的习惯。漫画、动画、轻小说因直观化的表意、轻松的阅读形式、丰富的色彩、形象化的叙述方式吸引了大量厌倦了文字阅读的青少年消费者。对他们来说，闲来读轻小说、漫画，利用课余时间玩电子游戏并收集这些作品中相关虚拟人物的海报、贴画、手办等，成为一种消费习惯和一场"消费仪式"。他们的世界中充斥着二次元作品中的虚拟人物和情节，二次元成为他们的谈资，并成为他们暂别繁重学习生活的"释压快消品"。伴随着20世纪90年代青少年思想解放运动的兴起，中国青少年开始寻求展示自我的途径，青少年的消费取向也逐渐有意识地与成人的消费取向区分开来，向追求品质、新式样等方面发展。物质生活条件的不断提升让这批在消费海外动画、漫画、轻小说中成长起来的"80后""90后"有了更多的零花钱，他们可以购买更多自己喜欢的二次元文化产品。为了标榜自己的与众不同，中国青少年加速了中国对二次元符号概念、意义的消费，他们进入二维漫画艺术所营造的"精神与想象的世界"，接受个性鲜明的二次元文化事物，狂热地消费"青少年向"的文化产品。日本美国的动画、漫画借助电视、图书出版等渠道在中国快速传播，培育了青少年人群早期的二次元文化产品消费观念。不断播放的动画片及其宣传片，持续提升了青少年的二次元文化消费热情。随着杂志、报纸业的兴盛，无论在书店，还是在路边报纸杂志亭，二次元漫画期刊经常被摆在最显眼的位置。随着文化消费观念的改变，青少年在二次元文化消费中投入了越来越多的金钱与情感。他们在分享二次元消费体验的过程中，逐渐形成了独特的文化社交圈。而"二次元"成为他们日常生活的一种"在场"的文化消费形态。

(二）当代中国的二次元消费文化的发展：二次元消费文化的形塑与"赛博化"

早期的二次元市场存在着功利化的心态。个别文化商人为了商业利益，通过非正规渠道将海外二次元文化产品带入国内市场，其中一些还夹杂着不良的内容。这使许多家长和老师认为，青少年群体阅读漫画、观看动画、玩电子游戏的行为是不务正业的体现，因此，他们的二次元文化消费行为遭到了不少家长和学校的反对。此时中国的二次元产业还刚起步，自制的动画、漫画和游戏产品数量少、质量不高，而每年通过正规渠道引入中国的境外二次元产品还无法满足这群狂热的二次元用户的日常文化需求。于是，一些二次元爱好者会消费来自非正规渠道的二次元产品。这些离经叛道的二次元文化消费行为为主流社会所诟病，也为一些法律规制所不容。更有甚者，一些外来的二次元产品包含有我国主流价值观难以兼容的文化元素，使社会精英感到不安——在他们看来，境外的二次元产品会对我国青少年的生活习惯、审美趣味、消费取向特别是价值观、世界观产生负面影响。因此，对于主流社会而言，二次元消费文化处于"灰色"的边缘地带。

针对这些问题，行政主管部门对相关责任主体加大了问责，规范漫画、轻小说出版市场。在规制与管理下，20世纪90年代以《画书大王》为代表的一些违规漫画期刊被勒令停刊。为规范市场行为，1995年中宣部和新闻出版署联合发布"5155工程"，力争在1995—1998年打造5个动画出版基地，重点出版15套漫画书，创立5个动漫刊物。国家相关部门相继出台了《关于发展我国影视动漫产业的若干意见》《关于加强动画片引进和播放管理的通知》《关于推动我国动漫产业发展的若干意见》《广电总局关于进一步规范电视动画片播出管理的通知》等一系列政策，规范媒体引入及播放境外动画，"重新定义"了电视动画市场，从内容源头上实现对中国二次元消费文化的形塑。

中国早期的二次元爱好者大多为独生子女，他们比"60后""70后"更少得到兄弟姐妹的情感支持，心理上也更独立。从心理属性来讲，这群青少年是一个具有叛逆性却渴望获得群体认同的群体，他们渴望摆脱大人的束缚。尽管处于话语、能力和权力的劣势地位，二次元爱好者并未因遭受偏见和压制而放弃二次元文化消费行为。他们借助网络新媒介的力量，寻找到"志趣相投"的二次元爱好者。而随着互联网的发展，传统媒体日渐式微，加速了中国二次元消费文化的"赛博化"的进程。

中国二次元爱好者借助网络新媒介的力量，不仅获取了心仪的二次元消费产品，还寻找到"志趣相投"的伙伴。对二次元的热爱成为吸纳、聚合二次元用户的引力，使得这些有着相似文化趣味、年龄、认同困境的二次元爱好者逐渐汇成一个文化族群。他们在互联网以趣缘而聚，共同开展二次元文化消费活动，并以此为纽带建立起与其他个体的联系，通过强化这种消费实现情感共鸣，达成身份认同的强化与升华。族群成员在网络空间里各展所长，以协作化的方式翻译日美的二次元动画、自制并分享二次元视频、自创轻小说，他们围绕二次元文化相互交流并分享二次元资讯。他们利用虚拟的二次元文本，投射个人意识，张扬自我，并通过不断地续写或重写，生成大量可以在特定的圈子内传播和交流的新文本。这些文本既包括受众的评论、交流信息，又包括受众二次创作的漫画、图片、视频、轻小说等形式的同人作品。族群成员还将文化互动延伸至线下，他们组织线下聚会和文化活动，痴迷于二次元作品中角色的扮演（Cosplay），由此生成的密切的情感联结——"羁绊"[①]。

（三）当代中国的二次元消费文化的大众化：商业资本的推波助澜

起初，中国二次元文化作为一种流行于青少年圈的小众文化，以鲜明的个性风格、独特的符号系统游离于社会主流消费文化体系外。随着中国二次元文化的发展和群体规模的扩大，商业资本发现了中国二次元文化这个拥有无限市场潜力的场域，"消费文化实质上是一种个人本位的商业文化，遵循的商业逻辑是通过无限制地激发公众的消费欲求获取最大经济利润"（杨淑萍，2012）。马中红（2010）认为，

[①] "羁绊"：常用于二次元人群，表示人与人相互之间的紧密的联系。

"文化工业终究会设法将亚文化的风格和创新意义推向总体消费市场以获得利润","对其进行改造,为我所用,为利而动"。商业资本对二次元文化改造的基本逻辑是利用文化工业的机制让商品化的二次元文化受众从小众群体扩展到大众、从二次元亚文化群体扩大至主流文化群体。为了实现这一目的,商业资本在挪用、占用二次元文化资源时,会根据市场的需要,调整其某些属性。商业资本采取的措施是,利用文化工业的手段,在一个更广阔的体系范围内对二次元文化进行重组与再造,对二次元进行"扩编",让大众化的文化商品成为二次元的新躯壳,将那些不能被纯粹的二次元群体所认可和接受的分散、零碎的大众文化也纳入二次元文化的场域中,这使得二次元消费文化延伸至更广泛的领域。

于是原本相对小众的二次元文化逐渐突破了原有场域。"二次元虚拟歌手"[①]初音未来、洛天依、言和等与真人明星的"合作"日益频繁,它们甚至"现身"各地春晚的舞台;融合动画、漫画、游戏、Cosplay、宅舞等二次元文化元素的网络综艺及脱口秀节目频繁出现在各种媒体上,吸引着普通大众的目光。由二次元产品孵化而来的 IP 已经不再局限于二次元形式的内容衍生,而是开始以精品化、多元化和规模化的方式,向真人网剧、电视、电影等大众化的文化消费形态输出。近年来涌现出大量二次元 IP 改编的真人影视剧。

当发现一些曾经阅读漫画、观看动画、玩二次元游戏的二次元用户在步入成年后逐渐放弃了对二次元文化产品的消费时,企业在商业资本的驱动下,强化了在二次元内容制作上的深耕细作,它们通过整合审美趣味、大胆改编各国故事原型的方式不断推出贴近生活、富于人文关怀的原创内容,以吸引全体年龄层观众,使得那些原先不懂二

---

① "二次元虚拟歌手":一种通过语音合成引擎为基础打造出来的歌手软件角色,二次元文化圈知名的虚拟歌手有初音未来、洛天依、言和等,初音未来诞生于 2007 年,音源数据资料采样于日本声优藤田咲,而洛天依、言和是以雅马哈公司的"VOCALOID3"语音合成引擎打造的虚拟歌手,他们以中文为演唱语言,深受国内二次元爱好者喜爱。2015 年小年夜,"二次元虚拟歌手"洛天依现身芒果台春晚,携手杨钰莹合唱《花儿纳吉》。2016 年 6 月,洛天依又"跨界演出当忍者",担任《忍者神龟 2:破影而出》的电影宣传,并演唱了电影的主题曲。

次元的成人，也陷入了二次元构建的虚拟世界里。普通大众通过消费泛化二次元商品，也可以突破横亘在二次元与三次元之间的交流壁垒，实现了与二次元文化的对话。

随着腾讯、阿里、网易等巨头的竞相布局，商业资本对中国二次元文化的商业化改造不断升级，二次元文化逐渐被修订为泛二次元文化，并开始大范围地被纳入泛娱乐产业体系，与分散、零碎的大众文化共同被融入由商业资本所控制的泛娱乐产品生产、分配和消费机制中。在这一背景下，二次元用户群体也开始走出了小众文化的圈子，逐渐扩散并泛化。据报告显示，在中国2016年核心二次元用户规模突破7000万人，而泛二次元用户规模达到2.7亿人（艾瑞咨询，2021），2021年，新的报告指出，中国泛二次元用户规模达到4.6亿人（艾瑞咨询，2021）（见图3-1）。这意味着中国每三人中即有一人在使用和消费融合了"二次元"因素的文化产品。于是，二次元文化逐渐与消费文化与大众文化融合，其娱乐精神和消费意义被放大。随着二次元成为一种大众化、商品化的消费符号，二次元文化在消费社会不断蔓延，逐渐变成了一种普及化、边界模糊、大众化的消费文化。

二 二次元产业发展现状

二次元消费文化的大众化、泛化，加速了社会二次元文化消费需求的释放。在二次元消费文化的酝酿下，二次元市场规模逐渐壮大，二次元经济也从小规模的经济，发展成为一些中国文化经济中的重要一翼。目前，中国的二次元企业崭露头角（见图3-1），二次元产业在中国经济和社会发展中发挥着越来越重要的促进和支撑作用。2020年中国的二次元产业整体市场规模达1000亿元（艾瑞咨询，2021）。目前中国二次元产业已形成了以动画、游戏、漫画为主体，涵盖轻小说、Cosplay、手办、声优、虚拟偶像演出、二次元文化虚拟社区、二次元广告等业态形式，核心二次元用户规模突破千万人、泛二次元用户规模数以亿人计，市场规模超千亿元的庞大业态。随着主流消费人群"90后""00后"逐渐步入社会舞台，中国二次元产业在主流化的趋势下加速发展并呈现出以下特点。

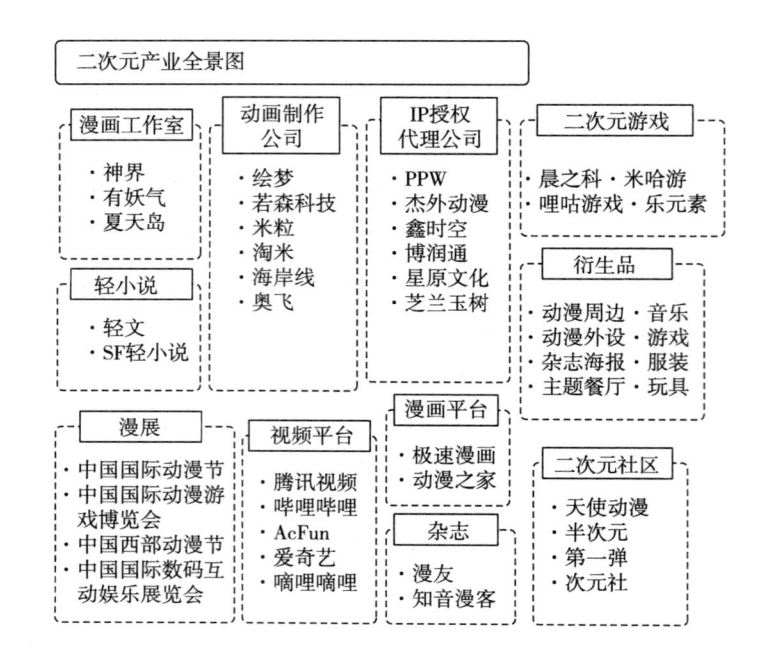

```
┌─────────────────────────────────────────────────────────────┐
│                    二次元产业全景图                          │
├──────────┬──────────┬──────────┬────────────────────────────┤
│漫画工作室│动画制作  │IP授权    │二次元游戏                  │
│          │公司      │代理公司  │                            │
│·神界    │·绘梦    │·PPW     │·晨之科 ·米哈游           │
│·有妖气  │·若森科技│·杰外动漫│·哩咕游戏 ·乐元素         │
│·夏天岛  │·米粒    │·鑫时空  ├────────────────────────────┤
│          │·淘米    │·博润通  │衍生品                      │
├──────────┤·海岸线  │·星原文化│                            │
│轻小说    │·奥飞    │·芝兰玉树│·动漫周边 ·音乐           │
│          │          │          │·动漫外设 ·游戏           │
│·轻文    │          │          │·杂志海报 ·服装           │
│·SF轻小说│          │          │·主题餐厅 ·玩具           │
├──────────┼──────────┼──────────┼────────────────────────────┤
│漫展      │视频平台  │漫画平台  │                            │
│          │          │          │                            │
│·中国国际│·腾讯视频│·极速漫画│二次元社区                  │
│动漫节    │·哔哩哔哩│·动漫之家│                            │
│·中国国际│·AcFun   ├──────────┤·天使动漫                  │
│动漫游戏  │·爱奇艺  │杂志      │·半次元                    │
│博览会    │·嘀哩嘀哩│          │·第一弹                    │
│·中国西部│          │·漫友    │·次元社                    │
│动漫节    │          │·知音漫客│                            │
│·中国国际│          │          │                            │
│数码互动  │          │          │                            │
│娱乐展览会│          │          │                            │
└──────────┴──────────┴──────────┴────────────────────────────┘
```

图 3-1　中国二次元企业崭露头角

资料来源：前瞻产业研究院：《2019 年二次元产业全景图谱》。

（一）数字化步伐加快，互联网企业入场

互联网的兴起冲击了基于传统媒体的二次元文化企业，传统运营模式逐渐式微。二次元漫画实体期刊《知音漫客》《漫友》《漫画派对》等在数字化浪潮的冲击下，用户流失、销量下降；中国首本轻小说期刊《天漫·轻小说》在与网络轻小说的竞争中败下阵来，于 2013 年 6 月停止了纸质刊物的发行。基于传统媒体的二次元文化企业为扭转运营局面和开辟潜在的数字消费市场，它们纷纷在移动端谋篇布局以寻求数字化转型。《知音漫客》《漫友》等传统期刊为拓展数字漫画出版发行渠道和发掘新的盈利点，推出了同名 App；《天漫·轻小说》转为在线电子出版，借腾讯动漫的平台吸引读者进行付费阅读。

互联网给不温不火的中国二次元产业注入了新活力，新媒体端特别是手持移动终端日益成为二次元内容产品重要的分发渠道。互联网

降低了动画的发布门槛，以往无法通过电视渠道传播的二次元动画作品提供了一个覆盖面广、准入门槛低的发布渠道，同时也激发了二次元用户分享动画视频的热情。制作成本低、品类多样的用户自制二次元短视频有了生存的机会。二次元文化虚拟社区和视频分享网站 AcFun 和哔哩哔哩（又称 Bilibili 或 B 站）应运而生，在数字化、网络化、移动化、社交化和融合化的二次元大潮中迅速崛起。与此同时，互联网企业依靠灵活的运作方式与强大的创新能力，迅速进入漫画和轻小说市场。基于互联网的新型二次元企业不断涌现，互联网上二次元内容平台和频道日益增多。腾讯动漫、网易动漫上线；掌阅、爱奇艺纷纷开辟了漫画频道；主打二次元轻小说的网站"不可能的世界""轻文轻小说"上线运营。互联网企业入场，丰富了二次元文化的传播渠道，推动了二次元文化产品的传播从图书、电视、影院等传统媒介向互联网移动媒介的升级，中国二次元产业的数字化步伐进一步加速。

（二）爆款二次元文化产品频现，二次元文化消费实现破壁

早期，由于中国二次元文化市场体量小、二次元产业发展水平低，国产二次元文化产品的市场表现不佳，耗资超过 1.3 亿元的动漫《魔比斯环》票房仅为 600 万元，总投资超 3500 万元的动漫《魁拔之十万火急》仅收回 350 万元票房。在漫画和轻小说行业，由于原创能力不足，国内报纸杂志长期沦为日本漫画和轻小说的"搬运工"。在美日韩二次元产品冲击下，中国二次元产业"万马齐喑"，国内二次元用户迫切地期待优质的原创产品出现以引领中国二次元文化的发展。2015 年前后，中国二次元产业进入爆发期，大量资本入局，二次元爆款产品频现。在动画领域，中国首部众筹动漫《十万个冷笑话》一举打破国产"全龄化"动漫的票房魔咒，《大圣归来》的横空出世更是收获 9.56 亿元人民币的票房成绩，《大鱼海棠》《大护法》《那年那兔那些事儿》《白蛇：缘起》等作品纷纷收获良好口碑；主打二次元集回合制的手游《阴阳师》月流水近 10 亿元，成功打入韩国、美国和加拿大市场；2019 年，动画电影《哪吒之魔童降世》中国大陆总票房高达 49 亿元；2020 年，动画电影《姜子牙》首日 4 亿元票房；2021 年，《白蛇 2：青蛇劫起》斩获 5.8 亿元票房。二次元爆款

产品频现，引发了社会和媒体的关注，粉丝自发的社群传播行为扩大了二次元文化的影响。如今伴随着爆款产品的流行，二次元文化已不再局限于核心二次元文化圈，而是融入泛娱乐文化产品中，走向更广泛的文化消费群体，向主流消费人群渗透。

（三）多元联动初见雏形，产业闭环有待形成

中国二次元产业已从过去条块分割的单一化、分领域运营转向多领域、跨行业的多元化、交叉式立体运营。特别是近年来在腾讯、奥飞娱乐、网易等大型企业集团的引领下，中国二次元产业初步形成了动画、漫画、游戏、文学、影视等多个行业互动、融合、共创的三位一体的模式。如今二次元产业已与多个产业在内容创作、渠道发行和衍生上形成联动机制，中国二次元产业逐渐成为辐射泛娱乐产业的重要力量。2015年至今，越来越多的漫画作品如《画江湖》《全职高手》《秦时明月》《南烟斋笔录》《镇魂街》《我叫白小飞》《武庚纪》《诸天纪》《快把我哥带走》《狐妖小红娘》《一人之下》等改编成了动漫、游戏或电影，实现了"漫游影书"的联动开发和全版权运营，然而对比美国、日本成熟的产业链，中国二次元产业依旧处在发展阶段。2017年，中国在线二次元动画内容的授权收入仅占在线动画内容市场0.9%。目前，中国二次元产业链还未完全铺开，还未形成贯穿产业链上游的动漫、漫画轻小说创意，到中游的游戏、真人电影改编，再到下游手办、服饰、主题公园、线下展会、虚拟偶像演出等周边产品线下活动运营的产业闭环。目前，国内鲜有二次元IP扩展到广阔的下游领域，精品周边衍生品少，同质化的产品较多。在媒介融合和产业联动的市场背景下，二次元产业链还有很大的拓展潜力，产业闭环仍有待形成。

（四）二次元产业优质IP稀缺

优质原创IP是二次元产业链的源头，在国外，漫画往往是二次元IP的重要来源，很多漫画、轻小说公司如漫威、DC、角川集团、集英社等都曾花大力气去扶植原创二次元内容，企业通过长时间的运营为IP积累人气和关注度，然后通过优质二次元IP的衍生授权来实现变现。然而现阶段在国内二次元市场，海外IP非常的强势，有机

构调研发现，中国用户最喜欢的二次元作品 Top20 中竟没有中国 IP 上榜（艾瑞咨询，2021）。这一方面源于国内位于上游的漫画、动画、轻小说行业和位于下游的电影、电视剧改编行业长期处于"一短一长"发展不平衡的状态，由于上游的原创内容生产力不足，导致下游的改编衍生乏力。在国内，二次元领域的企业对于动画、真人电影的 IP 剧改编、知名 IP 的游戏化等可迅速地获得经济回报的领域热情高、资本投入多。而在原创内容生产领域，由于难以让商业价值在短时间内实现大规模变现，资本的投入相对有限，发展也相对较慢。此外，优质 IP 稀缺的另一方面源于中国二次元产业商业模式的缺陷。国内二次元领域的企业对 IP 的跨媒体的开发与推广还未形成健全的模式，不少企业还未能将顾客转化成 IP 的孵化者、IP 价值的共创者。当下一部二次元作品走红后，运营者往往在缺乏成熟的商业规划的情况下，迅速推出动画、真人版影视剧等改编产品来压榨 IP 的附加值。由于缺乏前期规划，不少作品往往缺乏深度加工，品质不佳，此外，由于不少企业在 IP 孵化中单打独斗，因此很难为 IP 积累知名度和影响力。这些都导致了目前市场上的原创二次元 IP 缺乏，使得二次元产业长期深陷"木桶短板"的困境，众多企业不得不在网络文学领域寻找 IP 进行开发衍生。近年来，在二次元消费市场迅速扩充的背景下，原创二次元 IP 的缺乏掣肘中国二次元产业的发展。

第二节　二次元产业商业模式及其形成的动因

当代中国二次元消费文化兴起及二次元产业的发展是二次元产业商业模式的形成与演化的宏观背景，二次元产业商业模式的形成与演化与二次元消费文化及二次元产业的勃兴息息相关，它是中国二次元产业经济发展到一定阶段的产物，是当前二次元市场情景企业选择的结果。二次元产业商业模式的形成与市场、技术等外部因素相关，并受到相关政策的激励、约束和规制。市场、政策、技术因素的变化会影响二次元企业的商业活动，并形塑着二次元产业商业模式的形态及发展走向。

一　二次元产业商业模式

中国社会经济的发展为二次元文化市场的孕育提供了良好的氛围和环境，随着文化生产的社会分工和商品交换的扩大，市场主体、消费者围绕二次元文化产品与服务的市场交换开展一系列的经济活动，这些经济活动从小到大、从零碎化到规模化。技术进步为二次元市场参与者的商业运营与创新提供了制度结构，市场政策为它们调整商业运营策略提供了方向。二次元市场参与者在持续扩大的文化市场中开展初始试验、不断积累商业运营经验，并预测未来发展情况、调整业务策略。它们为了摆脱粗放式发展，提高运营效率，将商业运行的内外要素整合起来，形成了一套与二次元市场环境、政策环境、企业市场战略相适应的高效率运营方法与策略。二次元企业借助这一系统化的运营方法与策略，可以有效地指导二次元文化产品的生产、流动与运营，提升企业市场运营的效率，提高企业在市场环境中的收益。随着这一套有关于内容创意、资源整合、产品提供、服务提供、合作方式、成本控制的方法的清晰化、规则化、流程化、制度化和逻辑化，二次元产业商业模式应运而生。

因此，本质上，二次元产业商业模式是二次元市场主体为应对消费者需求变化和外部环境变化、以提升自身商业运营效益为目的、用以描述企业和相关主体的角色以及利润来源的一套商业运营组织体系，它是市场运营经验的规则化与制度化。其特征在于，以二次元文化产品的生产和服务的提供为核心内容，包含市场、运营、营销和盈利等诸多环节，涉及二次元产品研发、资源的整合、渠道的获取、产品的分发、服务的提供、利润的获取等多个方面，辐射动画、漫画、游戏、轻小说、真人影视等周边领域，具有系统性、创新性、整体性、持久性、稳定性等特点。二次元产业商业模式是二次元企业在一定的政策、市场、文化、技术环境下，整合内外部资源，为客户、合作伙伴和自身创造价值的重要依据，是实现二次元产业链上的各参与方密切联系、相互合作、价值创造的重要手段。

二　二次元产业商业模式形成的动因

就二次元产业商业模式的形成而言，既有源自中国二次元产业经济发展的市场诉求，又有残酷市场环境下二次元企业维持竞争优势的现实需要，也有科技革新下的产业技术的加持，还有中国二次元产业政策导向的现实影响。二次元产业商业模式形成的动因可以概括为三个方面。

（一）市场动因

在经济发展的进程中，市场是驱动中国二次元产业商业模式形成的最重要因素。二次元市场并非一成不变，市场中需求巨大的二次元产品，会在消费文化的侵蚀下逐渐被顾客所抛弃。在市场调整的背景下，二次元企业要想在激烈竞争中持续经营或获得新的发展机会，就必须以市场的变化为导向，不断依据市场所反馈的信息调整商业运营的方法和策略、找到降低运营成本、优化运营绩效、提高盈利水平的商业模式。倘若二次元企业无法寻找到适应市场环境的商业模式，企业就很难实现稳定的盈利，企业将会面临市场利润降低的问题，并可能在激烈的市场竞争中逐渐被淘汰。只有当二次元领域的企业在市场竞争中采用了与市场竞争环境相匹配的经营方式、并由此形成一套能在一定时间内获得相对稳定收益的运营体系时，二次元企业才能确保自身在复杂的市场环境中存活下去。例如，早期中国二次元市场属于卖方市场，二次元产品供不应求。20世纪90年代至21世纪前十年，随着中国二次元产业逐渐发展，市场上的二次元文化产品得到了极大的丰富，不少市场上的漫画产品甚至处于供过于求的情况，二次元漫画市场从卖方市场逐渐向买方市场转型，随着市场竞争的加剧，二次元漫画出版公司逐渐建立起面向顾客的商业模式。

对于新兴的二次元企业而言，寻找到一个适应市场竞争环节的商业模式，是企业成长的必要要求。企业只有逐渐寻找到一个与市场匹配、与企业自身能力资源匹配的商业模式，才能更好地规范自身的组织形式和运营结构，才能提高自身的市场竞争力。而对于那些已经形成了一套行之有效的商业模式的二次元企业而言，随着市场需求的变化及新的竞争者的出现，企业的盈利空间逐渐被挤压，现有的商业模式可能逐渐无法适应市场发展的要求。企业想要在激烈的市场竞争中存活下去并获得新的发展机会，就要关注市场消费需求的变化，就要深刻分析新市场环境下的机遇与挑战，并及时调整自己的运营策略，以实现商业模式与市场环节的匹配。

（二）政策动因

政策是产业外部制度环境的重要组成部分，是政府引导和调整二次元市场主体商业行为的重要手段。由于政策包含了国家和政府对产业现状的客观判断和未来经济发展的思考，而二次元产业商业模式的形成正是企业以对未来产业发展的思考和战略的选择为前提和逻辑基点的，因此，政策一定程度为二次元企业商业模式的选择与调整指明了方向。二次元产业商业模式作为一种微观企业或产业层面的运营规则，其形成与调整必然受到相关政策的影响。

一些二次元产业的商业模式是在特定的政策环境下演化而来的，留下了深深的政策烙印。例如，2004年起，我国各级政府为了促进动漫产业的发展，围绕产量、播出平台、获得奖项、技术水平等几个指标对动漫企业实施补贴。根据补贴政策，动画只要在电视台播出，制作方就可以获得800—3000元不等的补贴（武云溥和左鹤，2013）。在政策激励下，以"上星播放换政府补贴"为导向的内容商业模式应运而生。不少二次元动漫企业以推动动画登上各级电视台作为目标，依靠政府的补贴维持企业的日常运营。

当政府对行业实施具有明显导向性的政策时，顺应这一政策导向的商业行为就会受到行政主管部门的许可。以这些商业行为为内容流程的商业模式便具备了合法性，因此更容易得到政府的支持和激励。在这一背景下，采用这种商业模式的二次元企业，其商业运营就获得了组织的合法性，其利润也就更容易实现。当政府对行业实施具有明显抑制性的政策时，违背这一政策导向的商业行为就会得不到行政主管部门的支持，甚至因此而失去合法性。以这些商业行为为内容流程的商业模式得到的政策支持将会减少，甚至被视为违规、非法。采用这种商业模式的二次元企业，其相关运营活动可能因此而受到制约。为了发展，它们不得不寻求转型，或调整现有商业模式。而当政策明令禁止某些市场行为时，涉及这些市场行为的相关商业模式由于无法获得组织合法性将遭受市场抛弃。例如，2000年中国国家广电总局下发文件限制了外来动画片播放比例，并规定电视台引进的动画片必须得到审批；2004年，国家广电总局颁布《关于发展我国影视动画产业的若干意见》，指出播放动画片的频道其引进动画的播放量不得高于40%；2006年8月，中国国家广电总局下发《关于进一步规范电视动画片播出管理的通知》，要求自2006年9月1日起，全国各级电视台所有频道在每天17：00—20：00的黄金时段均不得播出境外动画片；2008年2月，国家广电总局下发《关于加强电视动画片播出管理的通知》，规定从2008年5月1日起，将境外动画片禁播时间从17：00—20：00延长至17：00—21：00。① 在广电总局政策引导下，那些以动画片译介、境外动画片版权代理为核心内容的商业模式迅速萎靡，以原创动画作品的创作、生产和播映为核心内容的商业模式逐渐在国内成长起来。

（三）技术动因

对于二次元行业来说，技术为二次元产业的产品创意、IP全链条的打造、产品传播、服务提供、顾客体验营造等活动提供了全方位的支持，是影响商业模式形成的要素。当技术进步为二次元市场带来新机会时，二次元企业需要考虑如何将新兴技术应用于商业运营，以提高商业模式的运营效率。企业需要结合新技术对价值主张、目标市场、利益成本结构、消费者需求、渠道结构等因素的影响，建立与之匹配的商业模式。

例如，互联网技术冲击了基于传统媒体的二次元文化企业，基于传统媒体的二次元产业商业模式逐渐式微。二次元漫画期刊《知音漫客》《漫友》《漫画派对》等在数字化浪潮的冲击下，用户流失严重、销量不断下降；中国首本轻小说期刊《天漫·轻小说》在与网络轻小说的竞争中败下阵来，于2013年6月停止了纸质刊物的发行。据相关数据显示，2007年年初，中国二次元动漫网站约有1.5万个，占全部网站的1.8%，比2006年年初同期增加了4000余个，增长率约为

---

① 广电总局：《黄金时间禁播境外动画片》，载腾讯动漫网，http：//comic.qq.com/z/guangdian/，2021年9月20日。

36%（艾瑞咨询，2021）。2011—2013 年，中国手机动漫市场增长率分别达到 33%、40%、32.9%，增速高于行业整体水平。而在游戏市场，红白机已销声匿迹，移动游戏已超越了 PC 游戏，在游戏市场占据核心地位，2018 年 1—6 月，移动游戏实际销售收入 634.1 亿元，占市场比重为 60.4%（伽马数据）。如今，许多以前通过传统媒体发布的动画、漫画、轻小说等二次元作品逐渐转战新媒体平台。基于新媒体的二次元产业商业模式不断兴起，衍生出网络动画、网络漫画、手机漫画、网络轻小说等二次元新商业模式形态。此外，互联网技术助力知识经济，它打破了报纸、图书、电视、电影等传统媒介彼此封闭、分立发展的状态，提高了泛娱乐产业链之间的一体化程度，使二次元产业链条向周边产业拓展，不同二次元行业之间的联系越发紧密。以前以报纸杂志作为传播媒介的漫画、轻小说运营商，以电视、电影作为媒介的二次元动画运营商及以红白机、PSP 作为媒介的二次元游戏运营商纷纷抛弃了基于传统媒体平台的单一化的商业模式。基于传统媒体的二次元文化企业为扭转运营局面和开辟潜在的数字消费市场，它们纷纷在移动端谋篇布局以寻求数字化转型。《知音漫客》《漫友》等传统期刊为拓展数字漫画出版发行渠道和发掘新的盈利点，推出了同名 App；《天漫·轻小说》转为在线电子出版，借腾讯动漫的平台吸引读者进行付费阅读。面向互联网媒体平台的商业模式在技术进步的推动下应运而生。在新兴媒介技术的作用下，新媒体平台进入二次元产业系统的核心区域。无论是漫画、动画、游戏还是轻小说行业都在积极"上线"，二次元内容企业借助互联网及移动技术构建起新的商业模式。而那些拥有优质网络平台资源的企业纷纷转战二次元内容制作领域，建立起"平台+内容"的商业模式。

又如，大数据技术让二次元企业掌握了顾客行为、顾客偏好、产品接受情况等信息，二次元内容企业借助对顾客多样化数据的收集和整理，把握顾客的消费心理和消费趋向，指导二次元内容产品的创意设计，进而制定出更具针对性的产品组合形式、营销计划及服务方式。漫画、轻小说等平台可根据顾客的付费订阅量评定作者星级、确定签约对象，游戏、二次元视频运营商可依据下载量、活跃用户数进行排行榜更新；IP 运营商可利用顾客消费的大数据，布局二次元 IP 的衍生开发战略，打通二次元 IP 的衍生壁垒，催生了辐射动画、漫画、游戏、影视、舞台剧的二次元 IP 联动模式。大数据技术催生了二次元大数据咨询、平台大数据等新型商业模式，并推动了二次元产业商业模式向精准化、高效化的方向发展。

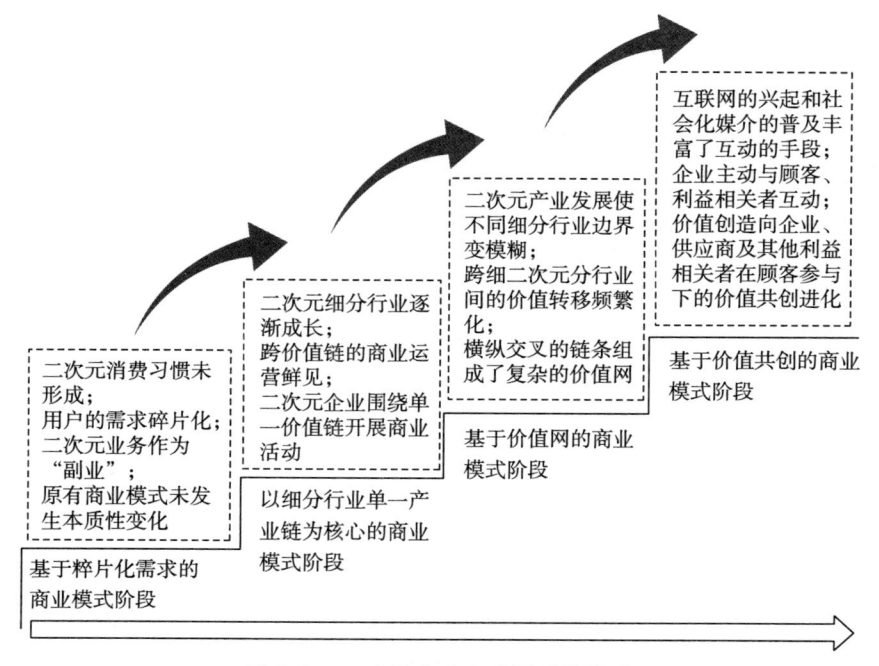

第三节　二次元产业商业模式的演进

由于孕育中国二次元产业商业模式的因素处于动态演化中。随着技术、市场、政策等因素的变化，二次元产业商业模式也相应地进行演进，以适应市场发展的需要。在把握了二次元产业的发展规律及二次元产业商业模式形成动因之后，分析商业模式的演化（见图 3-2），以明晰基于价值共创的二次元产业商业模式的位置。

图 3-2　二次元产业商业模式的演进

资料来源：笔者根据相关文献资料整理。

一 基于零碎化需求的商业模式阶段

最初，中国新兴的二次元消费习惯还未形成，市场上缺乏规模化的消费群体，用户的需求呈现碎片化的特点。在这一阶段，进入二次元领域、从事二次元产品生产经营的企业数量不多。少数进入该领域的企业将二次元业务作为自己的"副业"。二次元业务附着于企业核心业务之上，成为商业模式某一个细小环节。如中国二次元漫画长期寄生于报业商业模式，轻小说在成长初期依赖于青少年文学期刊和报纸的运营，最初动画仅仅作为传统真人电影的附属内容或"添头"随真人电影在影院播映，它并不作为一个单独的产品进行运营。在零碎化、不成规模的二次元消费需求下，新增的二次元业务环节还不具备改变原有商业模式价值传递方向和价值创造方式的能力，还无法大范围地影响原有资源整合，也不会大幅度地提高原有商业模式的运营效率。此时，二次元市场的参与者在进入这个领域前，它们原有商业模式处于良性运行的状况，因此，对它们而言，开展二次元业务的目的主要是为了抢占新兴的零碎化市场，增强原有业务的竞争力和提升原有商业模式的盈利能力。二次元业务作为附属业务，附属于企业原有商业模式中，参与企业的价值创造。尽管一些企业将二次元业务加入商业运营体系，但二次元业务并未影响到原商业模式的核心环节，企业原有商业模式并未发生质的变化。

二 以细分行业单一价值链为核心的商业模式阶段

在二次元产业成长期，漫画、动画、轻小说、游戏等二次元细分行业逐渐成长起来。由于细分行业形成的有先有后，在早期的中国的二次元市场，尽管不同细分行业间商业运营存在联系，但并不紧密。跨二次元细分行业的企业间无法灵活的价值转移，二次元领域的大多企业仍然围绕单一价值链开展商业运营活动，二次元企业基本停留在与统一细分行业价值链上的企业开展商业联系的状态。在相对稳定、竞争压力适中的二次元细分市场环境中，中国二次元企业或专注于漫画或专注于动画、游戏、轻小说等某一个细分行业，它们围绕这个行业开展创意和采集、制作和集成、传输分发、运营分销和媒介呈现等活动，由此形成了基于细分行业单一价值链的稳定的业务关系和联结方式。例如，早期在动画行业领域，围绕动画电影及其版权业务在产业链上实现了纵向整合，形成了涵盖动画电影制作、发行、影院播映、国内外发行授权等业务的运营模式。然而，这一时期的动画电影内容的前期创意策划，主要源于各内容制作者的创意，漫画电影和动画期刊有着各自独立的内容制作、发行渠道、销售渠道、接受终端。尽管在市场上存在动画和漫画行业之间的价值关联和联动，但并不成气候，市场上将漫画改编动画的作品很有限，大多数二次元企业仍围绕细分行业单一价值链来建立商业模式，企业的价值创造形式单一。在这个阶段，二次元产业商业模式的参与主体是细分行业内某家企业或者以功能连接的多家合作企业。在基于细分行业单一价值链的商业模式中，企业在二次元细分市场的最终利润主要来源于单一价值链的商业运营活动，在价值创造的过程中很少挪用或占用其他细分行业价值创造环节所产生的利润，因此以细分行业单一价值链为核心的商业模式的日常运营费用较高，运营效率相对较低。

三 基于价值网的商业模式阶段

随着 20 世纪 90 年代中国二次元产业的加速发展，二次元产业商业模式正在经历着变化。随着二次元细分行业的每一个价值环节都聚集了大量的二次元企业，二次元市场开始从卖方市场转向买方市场。此时中国的二次元消费文化已经兴起，二次元消费者越来越挑剔，他们不仅看漫画也开始大量消费动画、游戏等二次元产品。以细分行业单一价值链为核心的商业模式让一些二次元企业陷入"价值链陷阱"。漫画这一传统二次元细分行业领域，同质化竞争严重，以细分行业单一价值链为核心的商业模式难以挖掘跨二次元细分行业的交叉资源，导致一些二次元企业的市场竞争力不足。

另外，二次元产业发展使得不同细分行业的界限越来越模糊，跨细分行业间的价值转移开始频繁化，一些企业发现细分行业产业链外部拥有丰富的互补性资源，于是，它们调整商业活动的范围，丰富经营业务的形式。它们以顾客价值为导向跨越了单个细分行业的范畴，通过嵌入周边的价值链，实现对其他细分行业互补性资源的整合，以此重构了商业模式。此时，很多二次元领域的企业已不再将其经营重点集中在二次元领域单一细分行业，也不再局限于单链式价值链，而是将细分行业外的价值环节纳入自己商业模式，这使得原有的二次元产业链周围出现了多条跨越细分行业、交叉的链条，这些横纵交叉的链条组成了复杂的价值网络（见图3-3）。二次元产业商业模式也相应地从基于单一价值链模式向基于价值网模式的方向发展。例如，中国20世纪90年代，随着期刊、报纸、电视、电影等传统媒介加速了融合发展，动画、漫画、游戏、轻小说与电视剧、电影的市场互动日益密切，跨二次元细分领域的商业活动日益频繁，基于价值网的商业模式得到了迅速发展。

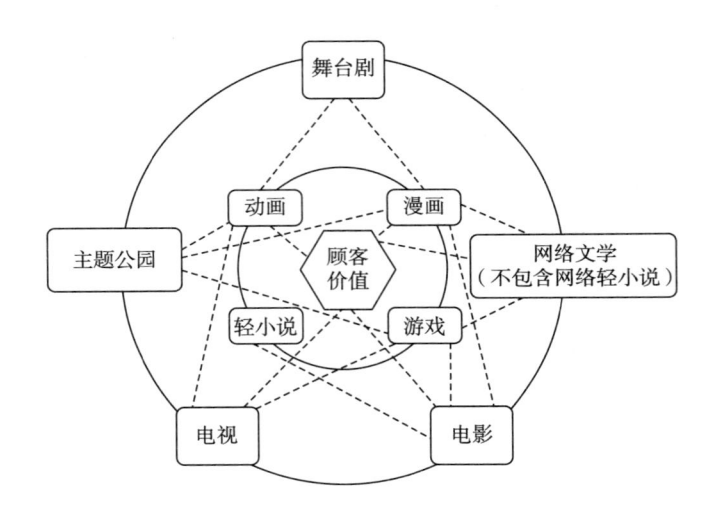

图3-3 二次元产业价值网

在这种基于价值网的二次元产业商业模式中，企业的利润不仅来自细分行业单一的链条，而且来自价值网络中其他细分行业的产业链。在这一背景下，企业的竞争模式从单一产业链中同类型企业的竞争，转向由企业自身及其合作伙伴所组成的价值网络与其他价值网络之间的竞争。二次元产业商业模式的运行绩效会受到价值网络中相关价值活动的影响。借助基于价值网的商业模式，二次元企业既可以分享细分行业上下游产业链的价值，又可以跨越细分行业、获取周边相关领域的市场资源。因此，基于价值网的商业模式摆脱了以细分行业单一价值链为核心的商业模式的单一化联系方式，网络状的价值系统让二次元企业既能够在细分行业发展业务，也能够跨越细分行业介入其他细分行业中，使企业的运营更加灵活。

四 基于价值共创的商业模式阶段

21世纪初，互联网的兴起和社会化媒介的普及，给顾客创造了虚拟和匿名化的情景，丰富了企业与顾客、顾客与顾客间互动的手段，同时也降低了顾客参与企业活动的成本。二次元企业纷纷调整了自己的商业模式，加快了线上发展的步伐，腾讯动漫、湖北知音动漫有限公司等内容企业开放读者数字点评通道，借助顾客的评论和点击量，帮助作者调整作品的创作方向、帮助企业选拔新作者；AcFun、哔哩哔哩等平台企业利用平台的社交优势，通过激发顾客间、顾客与企业间的交互，发现并整合顾客的资源和能力，实现与顾客共创价值；活动运营商，通过开展线上内容消费与线下互动的交互，促进活动的营销、实现服务的优化及顾客体验价值的创造。随着二次元虚拟社区以及自媒体的崛起，二次元爱好者之间的连接更广泛和密切。交互化、网络化、社区化成为价值创造的新特征，二次元产业商业模式的价值创造由企业、供应商协作创造，向企业、供应商及其他利益相关者在顾客参与下的价值共创进化。

用户生产理论认为，领先用户具有改进现有产品的需求，他们希望参与产品的设计，进而获取外部赞誉（王丽平等，2018）。顾客借助便捷的互动媒介不仅可以参与二次元产品的创意，而且可以参与二次元产品营销、IP孵化等商业过程，他们在不断创造体验价值的同时也参与企业的商业运营，与企业创造了丰富的商业价值。二次元企业内的生产活动不再是商业模式运营绩效的唯一来源。新的外部环境加速了二次元产业商业模式中价值生成逻辑的变化。二次元领域的一些企业通过跨界、互动、整合等方式将商业模式的"外部主体"内部化，主动与顾客、利益相关者互动。二次元经济领域的一些企业开始以内、外部价值整合者的角色将顾客、合作伙伴、利益相关者的价值纳入自身商业运营中，并以合作者的身份将价值创造者的成果推向大众以此实现价值的共同创造。由此,以二次元企业、相关合作企业为组成要素的价值网络发展成为由二次元企业、相关合作企业及顾客共同组成的"价值共创网络"。

郝新军等(2015)指出,价值共创网络是"服务型制造企业、目标供应商网络和目标客户网络组成的利益共同体"。一些二次元企业开始突破传统商业模式中企业作为唯一价值创造者的范式,开放了商业模式中的一些流程,将顾客和其他利益相关者作为一种"可操纵资源"纳入商业模式的运营中,价值创造的主体趋向于复杂化。二次元企业从多个参与者的网络视角,不断审视企业顶层架构界面与顾客情景参与界面对商业运营的影响,更加重视顾客资源的利用和价值共创网络的开发,基于价值共创网络的商业模式由此形成。

二次元领域的企业通过优化互动环境、给予顾客优惠及经济奖励的方式,鼓励顾客参与商业价值的创造,以此促进商业模式运营效率的提升。这种顾客参与的网络化的价值创造给二次元产业的发展带来了诸多红利。首先,二次元企业借助价值共创,减少了二次元产业环节复杂化背景下生产、运营的成本,规避了以二次元企业为唯一价值创造者的传统商业模式的不足。其次,二次元企业通过价值共创,认识了顾客的需求,使二次元产品和服务更加个性化,这强化了二次元企业与顾客的关系,让企业留住了更多顾客。最后,在价值共创的商业模式下,二次元企业与顾客互动更加频繁,这为顾客创造了更多的体验。因此,从二次元产业商业模式的演进而言,基于价值共创的二次元产业商业模式将过去以企业为核心的价值创造机制转化企业与顾客共同创造价值的逻辑,从演化逻辑而言,它是二次元产业商业模式发展的高级阶段。

第四节 本章小结

本章从历时性的角度,研究了二次元商业模式的形成与发展。首先,对当代中国二次元消费文化进行了溯源,分析了二次元消费文化的兴起的过程，探索了二次元产业商业模式形成的背景和当前二次元产业的发展现状，认为当前中国二次元产业呈现五大特征：数字化步伐加快，互联网企业入场；爆款二次元文化产品频现，二次元文化消费实现破壁；多元联动初见雏形，产业闭环有待形成；二次元产业优质 IP 稀缺，二次元产业生态依赖日本。其次，分析了二次元产业商业模式的定义，认为商业模式形成的动因来自市场、政策、技术三个方面。最后，基于对二次元产业商业模式形成动因的思考，认为二次元产业商业模式可以划分为四个阶段：基于零碎化需求的商业模式阶段、以细分行业单一价值链为核心的商业模式阶段、基于价值网的商业模式阶段及基于价值共创的商业模式阶段，并总结了各发展阶段的特点，认为基于价值共创的二次元产业商业模式产生于互联网的兴起、社会化媒介的普及、顾客参与热情提升的背景下，是二次元产业商业模式发展的高级阶段，也是二次元产业经济发展中二次元企业的选择。

第四章

基于价值共创的二次元产业商业模式的构建

通过第三章的研究发现基于价值共创的商业模式阶段是中国二次元产业商业模式发展的更高阶段。本章聚焦于回答基于价值共创的二次元产业商业模式"是什么"的问题。由于二次元产业涵盖多个行业,其商业模式具有涉及的业务形式多样及边界模糊等特点,这给建构基于价值共创的二次元产业商业模式带来了困难。有鉴于此,首先,以当前二次元产业市场主体商业模式中的业务策略为切入点,对价值共创下二次元产业的业务策略进行规范研究,这为抽象出商业模式的要素打下了基础;其次,使用扎根理论分析方法,对基于价值共创的二次元产业商业模式各业务策略的"成功践行者"进行归纳式分析,发现其"共性",以此建构其要素体系。

第一节 二次元产业商业模式业务策略的理论分析

对于商业模式的分类,Malone 等(2006)提出了以下原则:第一,直观性,商业模式分类能让研究者直观分辨;第二,综合性:分类对象是宏观的"所有"商业活动模式,而非微观的某一类商业活动模式;第三,清晰性:分类标准能清晰描述企业状况。本书基于 Malone 等学者的分类原则，考虑到二次元产业的业务形式贯穿"二次元内容生产—平台传播—周边衍生及相关线下活动服务的提供"等环节（见图4-1），从价值流的基础来源和主导业务形态的角度，将当前市场状况下的业务策略划分为"内容—平台—周边衍生—线下活动"四大类别，并从价值共创角度对其进行规范研究，为下节扎根理论分析打下基础。

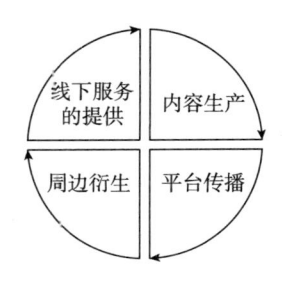

图4-1 二次元产业的业务形式

资料来源：笔者根据相关文献资料整理。

一 内容业务策略：顾企共创内容价值

内容是二次元产业的基础。内容业务策略指二次元企业在顾客的参与下围绕专业化的二次元内容产品的创意生产、存储与再度创意开发而形成的业务运营策略。国内的漫友、漫客、飒漫画、玄机科技、若森数字、卡酷动画、绘梦动画等公司均是这一业务策略的践行者。活跃在国内市场的国外企业如以小学馆、集英社、讲谈社、秋田书店、白泉社等为代表的二次元漫画及轻小说出版机构，以漫威、迪士尼、吉博力工作室、东映动画等动画制作公司，以科乐美（Konami）、卡普空（Capcom）、世嘉（Sega）等二次元游戏公司也是这种策略的拥趸。内容业务策略的特点有：

第一，二次元企业作为内容生产的组织者。价值共创视域下二次元产业商业模式的内容业务策略是一种"二次元内容生产机构主导+顾客参与"的策略，它是一种立足于技术化专业化的内容生产及运营的商业策略，其内容开发主要由专业的创意与技术团队来进行，顾客承担了企业部分的创意、策划等职能。在内容业务策略中，二次元企业是内容生产的组织者，它们基于对二次元内容消费市场的研判，"有的放矢"地进行二次元内容的创意与生产。在内容业务策略下，二次元企业以建设专业化的内容创作与运营团队为要务，它们会培育一支专业能力强的内容策划、创意和编辑团队，并建立工作激励机制和作者明星化运营战略。企业基于专业化的人才团队，利用专业化的技术与先进的设备，按照规则化、工业化的流程来整合二次元的内容创意，然后通过专业化的团队对高质量的二次元内容进行创意整合，将这些内容转化成二次元文化产品，并通过与上下游其他企业合作与联运，将内容产品孵化成二次元 IP（见图 4-2）。

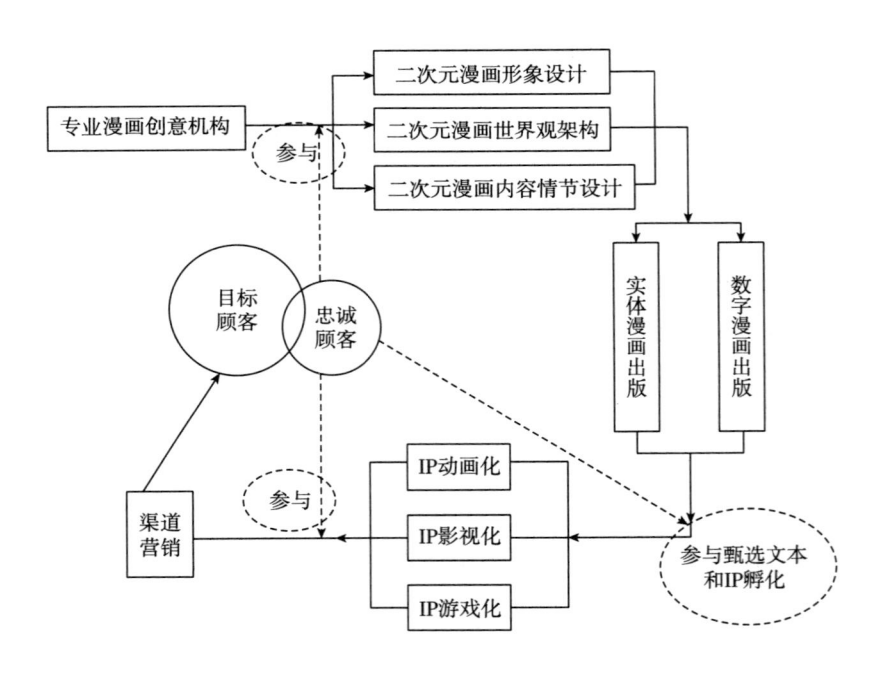

图 4-2　顾客参与内容价值的共创

资料来源：笔者根据相关文献资料整理。

第二，二次元顾客被纳入专业化的内容生产与运营环节。我国二次元企业在商业运营中引导顾客参与专业化内容价值共创的市场实践起步较晚，近年来国内越来越多的二次元企业将二次元顾客作为一种"操纵性资源"纳入专业化的内容的孵化、分销、营销等环节，让顾客承担着动画、漫画、游戏、轻小说等产品的内容创意、研发、生产、运营等部分职能。在二次元文化领域，多数动画、漫画、轻小说创意者所创造的虚拟角色的标签都来自粉丝，内容产品中并不突出的人物细节、性格特征、外貌特点经过二次元粉丝的加工与拓展以后，成为角色的鲜明标签，并成为该作品的重要文化资本。同时，二次元爱好者还通过撰写同人小说、绘制同人漫画、制作同人视频、设计相关角色的服装等共创行为，对专业内容生成者的二次元虚拟角色进行最大限度的完善和丰富。除了角色，二次元虚拟世界也是二次元爱好者参与专业化内容共创重要内容，尤其是玄幻、科幻、魔幻类的二次元作品，大到作品中的虚拟世界设定，小到虚拟世界中的人物服装、花草树木的特征，二次元爱好者都参与完善。目前的二次元创意已经不再是专业化内容创意者一个人的工作，二次元粉丝通过深度参与的"同人共创"行为极大地拓展了二次元内容创意的空间，专业化的内容生产机构积极将顾客纳入创意体系中。例如，中国知名二次元漫画期刊《知音漫客》建立了编者与读者的互动出版模式，将粉丝群体纳入作品选题、策划、编辑、出版等环节（纪富贵等，2015）。《知音漫客》设立了"热漫同人"的板块，以方便读者与作者、编辑的实时沟通、互动和共同控制内容生产。读者可以在该板块发布自己创作的同人作品，《知音漫客》借助这种方式，发现优质、可商业化的内容并从顾客群体中挖掘了不少新锐漫画作者。如今，二次元企业另辟蹊径将顾客直接引入专业化的内容生产中。例如，2018年，玄机科技在《武庚纪》第二季即将完结的时候，公开召集粉丝"共创"《武庚纪》第三季中的形象，那些接受招募的粉丝，一旦被选中，其形象将被用于动画人物形象的建模，并可能会出现在即将更新的动画中。腾讯动漫利用互联网直播的方式，邀请《一人之下》《狐妖小红娘》《猫妖的诱惑》《通灵妃》等作品的作者与粉丝交流，让创作者更好地吸纳粉丝的想法。

将顾客纳入专业化的内容生产与运营环节有时候是以隐性的方

式。以周播制二次元动画及周更的二次元数字漫画为例，不少二次元企业会采用一边更新、一边制作的方式进行内容生产和运营，尽管顾客并没有直接参与专业化的内容生产中，然而，企业却引导他们间接参与其中。例如，二次元内容商会运营官方微博或者微信公众号等交互渠道，引导顾客将自己对作品的期待反馈给制作方，制作方会整合这些信息，并将读者反映强烈的问题反馈给身在漫画制作一线的编剧、画家。企业借助对顾客价值诉求的分析，帮助编剧、画家优化了创意方案，以调整后续产品的制作方案。随着移动网络时代的来临，更有分享、表达欲望的中国Z世代二次元用户的数量得到快速增长。无论对二次元故事情节的要求，还是二次元角色的设定，抑或风格个性的诉求，这些Z世代用户都乐意与内容创意者分享，他们的参与行为对整个专业化的内容生产的影响越来越大。一方面，二次元领域的企业越发重视，它们通过运营官方微博、微信公众号，不定时地推送作品、作者的最新信息推动作者与读者之间的互动，拉近了自己与顾客的距离，实现与顾客共同创造"体验"价值，同时也能帮助自己更好地了解顾客的需求，进而优化二次元内容产品的创意设计。另一方面，二次元内容创意工作者越来越重视二次元粉丝的意见，他们基于粉丝的意见进行内容分析，同时优化创意方案和素材，与粉丝形成良性互动，让粉丝热情高涨。

二 平台业务策略：顾企共创平台价值

平台业务策略是"连接两个（或更多）特定群体，为他们提供互动机制，满足所有群体的需求"的策略（陈威如等，2013），其以"连接"再"聚合"的形式降低商业模式参与方的交易成本、形成网络效应（李文莲等，2013）。价值共创视域下平台业务策略是一种顾客参与平台企业价值共创的策略，根据平台类型的不同，基于价值共创的平台业务策略可以分为"平台+社交""平台+UGC""平台+数字分发""平台+电商"。

（一）"平台+社交"：顾企共创虚拟社区

"平台+社交"业务策略是一种依托于二次元文化的社交属性和平台的社交与聚合效应，以社交平台支持的二次元爱好者间的价值共创活动为基础，聚合与匹配二次元爱好者间的资源并以此获取盈利的策略。国内的"次元社"、"半次元"、哔哩哔哩等均采用这一业务策略。"平台+社交"策略的特点有：

第一，以连接和互动为内核，支撑用户的虚拟社交活动，以此打造虚拟社区。二次元爱好者是一个渴望参与亚文化社交的群体（见图4-3），他们借助平台的连接与互动的功能，实现与同样爱好二次元的网友的交流与互动。二次元爱好者习惯在虚拟社区分享二次元产品的使用经验和相关周边衍生品的改造方法，以此获得新鲜感、组织归属感。平台企业为用户提供"弹幕"、直播等个性化网络互动方式，增进二次元爱好者间的互动。由于二次元文化社群成员具有相近的价值观、世界观和话语体系，这赋予了二次元平台独特的文化"黏性"。企业通过强化顾客间的社交互动，在顾客间建立起协作共赢的关系链接，将平台用户由"无关系"培养为"弱关系"，又将这种"弱关系"转化为"强关系"，从而将平台打造成一种社群化、生态圈化的虚拟组织，这种虚拟组织，又称为二次元文化虚拟社区。

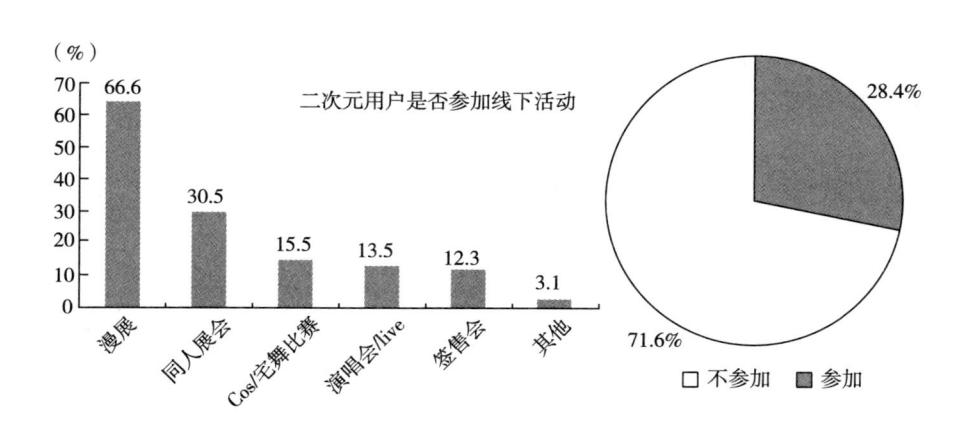

图4-3　二次元用户社交属性

资料来源：中金公司：《二次元风起，新生代的审美与消费变迁》。

第二，与顾客共同建设虚拟社区生态圈。虚拟社区为顾客提供了一个二次元文化互动场域。在数字环境下，由于虚拟社区成员间的关系相对单纯，不用考虑现实社会中的权威和压力（王丽，2005），虚拟社区赋予了二次元顾客更多的自由度和话语权，这强化了顾客的共创行为（Füller，2010）。在这一背景下，二次元企业通过精准提供信息内容、不断迭代更新服务功能，为顾客创造更畅快的共创情景，为社区用户创造良好体验。二次元爱好者利用可供支配的零碎化时间，参与虚拟社区的知识分享与文化互动活动中。他们将自己的知识和创意以文字评论、绘画、视频、音乐、语音等形式，分享与发布在虚拟社区。二次爱好者成为社区内容的自主生产者，他们帮助平台企业打造了一个价值共创的生态圈。在这个生态圈中，虚拟社区成员间会形成一定的自组织机制，社区成员会自发地在平台发布、分享、管理内容，并主动维持虚拟社区的秩序，社区成员还会将该平台介绍给其他二次元爱好者。企业制定了社区的内容发布规则和违规处罚体系，以确保社交内容合法合规、维护虚拟社区生态的健康。平台企业利用虚拟社区的"文化向心力"吸引分散在网络各个角落的二次元爱好者。在"平台+社交"业务策略下，二次元顾客和企业围绕社区生态圈开展双向建构活动。顾客将知识、技能、社交资源、智力资本、分享能力作为价值创造要素投入虚拟社区生态圈的建设中。

第三，与顾客共创共享虚拟社区红利。在"平台+社交"策略下，社交平台与顾客实现双向的价值互动与协同（见图4-4）。社交平台为二次元顾客提供了知识碰撞、交流与增值的场所。社交平台需求方即顾客，借助平台供给方提供的资源与其他顾客直接互动，获得了一系列的感官、情感和社交体验。顾客通过在平台分享、发布二次元文化内容来提升自己在社区中的影响力。此外，二次元爱好者从平台获取了二次元文化产品的消费体验信息，并通过参与互动活动，结识了志同道合的小伙伴，收获社区成员的认同感。融入生态圈的二次元顾客会在社区中进行一系列的文化生产与消费活动，他们不仅消费社交平台所提供的二次元内容、服务产品，而且生成新的信息与内容。用户还会参与这些内容的编辑、整理工作中。顾客生成的内容在平台企业的整合与编辑下转化成了商业资源，不断为平台吸引新的二次元爱好者，并为平台创造商业变现的机会。二次元平台企业将"会员制"、

第四章 基于价值共创的二次元产业商业模式的构建

游戏联运、付费视频、付费广告等业务导入虚拟社区以此叠加各类盈利模式。

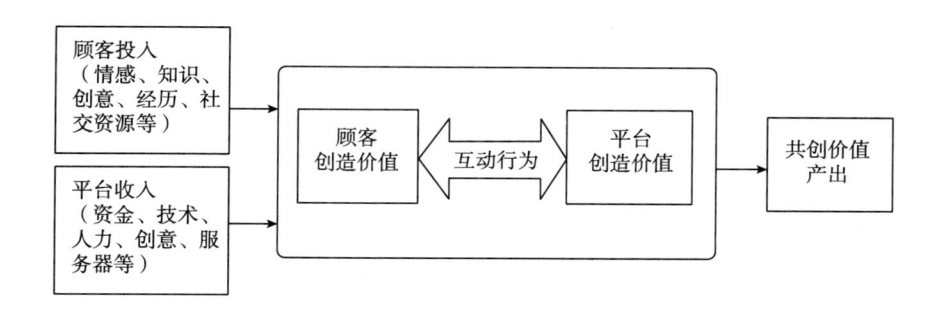

图 4-4 顾客与二次元社交平台价值共创的过程

资料来源：笔者根据相关文献资料整理。

（二）"平台+UGC"：顾企共铸 UGC 生产力

UGC（User-Generated Content）即顾客生成内容，UGC 的主体既可以是独立的二次元顾客个体，也可以是彼此合作、关联的二次元顾客群体。"平台+UGC"是一种围绕对顾客生成的二次元文化内容的编辑、类型化整合、平台化传播与运营而形成的业务策略。"平台+UGC"兴起于互联网时代，互通、合作、共享、共创的网络文化氛围是 UGC 存在的背景，数字环境中低门槛的二次元文化内容制作是其存在的基础。与内容业务策略不同，"平台+UGC"业务策略中，价值流的基础来源是平台，平台投入大量的人力、物力和财力，打造平台、维护、推广平台，让平台作为吸引二次元爱好者价值共创的基础。"平台+UGC"策略的特点有以下几个方面。

1. 聚合用户兼业余创作者，整合 UGC 进行类型化运营

在"平台+UGC"业务策略中，顾客不再是被动的内容消费者，而是转变成了二次元内容的生产者和内容质量的控制者。与"平台+社交"策略不同，"平台+UGC"业务策略下的内容生产主要来源于广大二次元顾客自发性的内容生产行为（见表 4-1）。平台为了获取海量的 UGC 以维系企业运营，往往会聚合数量庞大的用户兼业余创

69

作者，其创作团队的规模远超专业化内容商。在"平台+UGC"模式下，二次元平台会为二次元爱好者的内容生产提供基础的条件，它们通过优化平台功能、开发新的编辑软件，降低轻小说、漫画等内容的制作和发布的门槛，吸引和激励二次元爱好者的UGC行为。在"平台+UGC"业务策略下，企业并不对混杂的二次元内容进行整合，而是专注于二次元轻小说、二次元漫画等某一细分领域，对UGC进行类型化的编辑与运营。当集聚足够多的UGC时，企业可以对这些内容进行过滤、聚合、挖掘、编辑、整理，进而叠加各种盈利模式（见图4-5），企业通过聚合丰富的内容来吸引二次元顾客，并利用顾客的流量或UGC实现商业变现。

表4-1　　　　　　　　　UGC与PGC的比较

类型	平台+UGC业务策略	内容业务策略
价值流的基础来源	平台建设（利用平台聚合UGC）	内容生产
生产主体	二次元顾客主导内容生产	专业二次元内容生产商主导内容生产，顾客参与内容生产的一些流程
生产方式	个人独创、顾客间合作共创（企业对顾客生成的内容进行加工与包装）	专业机构组织生产（企业主导内容生产）
生产诱因	顾客为追求娱乐、个性表达、自我价值实现	专业内容生产商为追求盈利
生产时限	偶然性、即时性、无时间限制	在预定时间前完成生产
内容产品的特点	个性化、大众化、低成本化、内容质量参差不齐	工业化、批量化、高成本化、内容质量相对较高
内容发布周期	周期短	周期长
营销主体和方式	顾客主导、专业运营团队推波助澜	专业营销团队主导
特征	顾客主导内容生产，发起商业模式的企业需要给顾客提供内容创作及发布平台	企业专注内容生产，发起商业模式的企业可以不建立内容发布平台

资料来源：笔者根据相关文献资料整理。

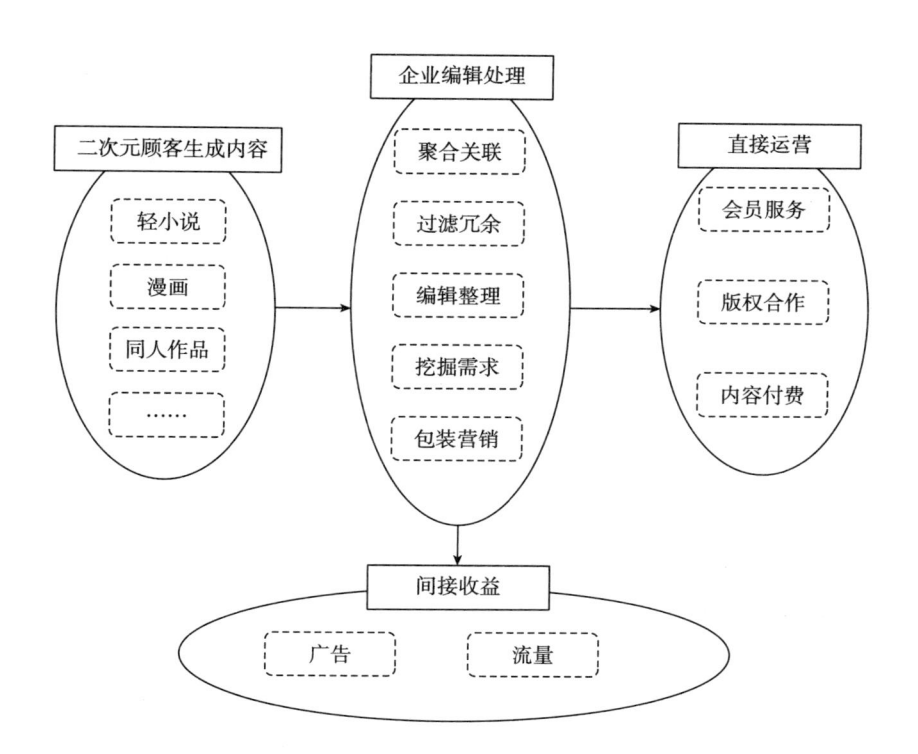

图 4-5　UGC 内容的价值挖掘

资料来源：笔者根据相关文献资料整理。

2. 从 UGC 的直接与间接运营中获取收益

"平台+UGC"业务策略的收益主要来自两大方面。一是直接运营收益。企业将顾客生成的漫画、轻小说等内容进行运营，以全面付费、分类付费、顾客打赏等形式提供给二次元爱好者。顾客全面付费是指二次元产品运营商在二次元顾客支付费用后，将二次元内容分发给消费者消费的业务形式。分类付费的具体做法是：严格控制内容的质量和发布时间，允许顾客免费获得动画、动漫、游戏、轻小说的部分内容或服务，运营方将完整的内容及服务、后续更新的内容或附加的服务设定为"付费专享"，二次元顾客只有在支付一定费用后，才能消费到"付费专享"的内容。轻小说和数字漫画站点所采用的"VIP 付费模式"、游戏运营商采用的"道具付费模式"及二次元视频站点的"付费先看模式"均属于此类。为了吸引更多的顾客付费，不少 UGC 平台也采取了柔性策略。例如，平台在一定时间段内免费开放，让顾客"试看""试阅""试玩"，在形成了稳定的用户群之后，再将内容有偿提供给用户。和顾客全面、分类付费的模式不同，"顾客打赏"是顾客在已经获得了二次元内容的阅读权限并对内容进行了消费后，对内容的创作者进行的自发性"打赏"行为。"打赏"没有强迫性，全凭顾客自愿。二次元内容企业或平台通过"抽成"的方式获取直接经济收入。在国内，2009 年 3 月，网络文学网站起点中文网率先推出打赏功能，后来这种模式被二次元漫画、视频、轻小说等 UGC 运营商采用。不少顾客基于对作品的认同，自掏腰包对作者进行打赏。二是间接运营收益。企业通过收集、整理和编辑 UGC，将这些内容转化成免费的文化产品，以此吸引二次元爱好者的注意力，获取流量和点击。企业通过将二次元爱好者的"注意力"卖给二次元周边产品的广告商获取收益。

（三）"平台+数字"分发：平台作为连接器、顾客作为"产消者"

"平台+数字"分发业务策略是二次元平台企业在顾客参与下，通过 PC 端、手机端、平板电脑端以电子书、电子页面、手机短信等形式将经过数字化编辑、处理的二次元内容，分发给二次元消费者的一种业务策略。二次元数字资源分发位于二次元产业链的枢纽环节，是顾客、内容供应商、广告商的连接器和相互关系的调节器。在日本，2010 年，伊博日本株式会社全年销售额便达到 1110 万美元，旗下的在线漫画书店，每月的访问量超过 100 万人次，每月新增付费用户约 40 万人（朱珊，2010）。"平台+数字"分发业务策略的特点有以下几方面。

1. 二次元平台企业作数字内容与顾客的连接器

在"平台+数字"分发业务策略中，分发平台不仅要服务顾客，也需要服务内容提供者。采用这一业务策略的二次元企业为充分协调多方利益，需要围绕多个客体建立多边服务机制，需要注重业务的协同管理。平台要打造一个完善的价值链以高效地满足各方的需求和利益，进而实现多方的共赢。为了让数字内容广泛地触及二次元爱好者，二次元数字内容分发者要选择更高效的内容分发方式、努力降低顾客的内容搜索成本。为了实现这些目标，二次元企业会充分利用大数据算法技术，收集、整理并分析不同圈子二次元粉丝的特点，以将数字漫画、轻小说推送给喜欢这类内容的二次元爱好者。数字平台企业从上端内容企业那里获得内容分发佣金、从下端顾客那里获取会员注册收益、从广告商那里获取广告分成收益（见图4-6）。换句话说，"平台+数字"分发模式所产生的收益不仅源于平台与内容企业间的二元关系，而且来自其与顾客、广告商等利益相关者之间的多元关系。

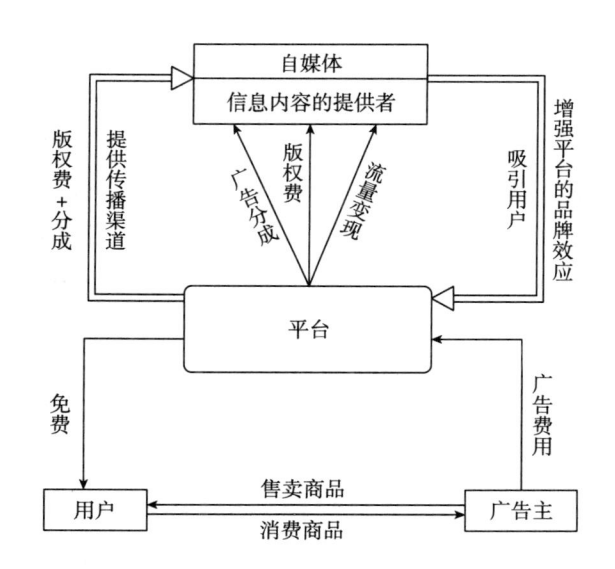

图 4-6 数字内容分发平台的版权付费与分成

资料来源：笔者根据相关文献资料整理。

2. 二次元平台企业将顾客角色转变为"产消者"

数字资源分发平台的数字性、开放性，让顾客更加愿意参与到数字资源分发平台企业的价值共同生产中，数字内容分发平台企业通过让顾客参与共同生产，使顾客角色转变为"产消者"（沈蕾和何佳婧，2018），服务于企业竞争优势的获取。例如，ComiXology、COMI-

CO等数字漫画分发平台设置了纠错功能,以方便顾客发现漫画中的错误,借助这种方式将顾客转化成"无偿"的生产力,让顾客共同参与数字资源的编辑工作。在"平台+数字"业务策略下,平台企业的二次元顾客的体量越大,参与平台企业价值创造的二次元爱好者越多,这种共创的价值就可能越大。

为了将更多顾客转变为"产消者",一些数字内容分发平台设置了顾客评论区,让顾客在完成对平台所分发的数字资源的消费之后,分享消费感受(如评论、点赞、分享打分),其目的在于,实现企业与顾客的双向价值"共赢"。平台企业通过设置顾客评论区,提升了顾客的消费体验,同时也为平台累积了流量和人气。二次元顾客的生产与消费的活动给二次元平台企业创造了价值。顾客的消费信息,一方面有助于其他顾客的内容消费决策,另一方面可以帮助数字内容分发平台不断完善平台的内容结构,调整运营策略,从而促进企业的发展。

(四)"平台+电商":顾企为电商平台"导流"

"平台+电商"是一个围绕顾客对二次元周边产品的消费需求而形成的一套电子商务业务策略。国内二次元衍生品的质量参差不齐且更新速度相对较慢,此外还存在"盗版"问题,相关企业面临着商品同质化的困境。在日常运营中,二次元电商平台还要面临来自大型综合类电商的冲击。

"平台+电商"业务策略下,企业扮演着消费者和二次元电商产品中间人的角色,与其他电商平台一样,"平台+电商"业务策略下的平台也分为B2C和C2C,前者的利润来源于平台衍生品销售的利润提成及广告商所支付的广告费,后者主要来自平台入住商户所支付的服务费和佣金。

"平台+电商"业务策略有其自身的特点:一是利用二次元社群、内容分发平台以及优质作品导入流量。无论是B2C还是C2C,"平台+电商"业务策略下企业都需要将平台上的产品信息传播给尽可能多的潜在二次元爱好者。为此,平台企业需要与二次元社群、内容分发平台建立合作关系,导入流量。企业采取的策略是,重视电商产品与二次元内容在设计、运营推广等环节的互动与配合,形成电商产品与内容产品的长效运营机制,将内容用户转化成相关衍生品的付费者。此外,企业的另一策略是,与二次元社群、内容分发平台分享用户的数据。平台企业为了实现高效导流的目的,需要利用大数据技术分析二次元用户的浏览记录及购买记录,发现潜在客户的购物偏好和购买意愿,从而生成二次元顾客的需求画像,进而借助无线端向潜在受众提供个性化产品推荐和展示。二是平台企业充分利用二次元爱好者"导流"。随着移动社交软件和自媒体的发展,顾客在二次元社群中发布关于相关衍生品的讨论帖或视频成为一种时尚,顾客的分享行为往往能将其他顾客导入电商平台中,为电商带来高变现率的流量,实现平台与顾客的价值共创。在"平台+电商"业务策略下,二次元电商平台为了激励客户价值共创,构建了品牌社区、运营了自媒体以增加企业与顾客的接触点,它们通过预设话题、发起话题讨论,正向激励顾客参与"导流"活动,最终与顾客的价值活动形成"共振"。

三 周边衍生业务策略:顾企共创周边衍生价值

周边衍生业务策略产生于二次元周边衍生品的开发与运营实践中,是企业在顾客参与下围绕二次元 IP 衍生品企划、生产制作、供应链管理、终端零售等流程创造价值、获取盈利的业务策略。二次元消费者出手阔绰(刘志则和张吕清,2017),并具有强烈的品牌意识、有付费购买正版产品和相关衍生品的习惯。据调查数据显示,中国二次元用户形成了对二次元周边衍生品的付费习惯,付费意愿较高(见图4-7)。然而在我国,尽管二次元下游市场属于蓝海,专注于这一领域的二次元企业并不多。周边衍生业务策略的特点具有以下几个方面。

(一)从上游企业获取二次元优质 IP 的周边衍生权

与"平台+电商"业务策略不同,周边衍生业务策略下,二次元优质 IP 的周边衍生权是价值流的基础来源。在周边衍生业务策略下,IP 形象的授权方既包括 IP 的开发企业也包括下游拥有衍生品开发代理权的企业,企业获取授权的方式主要有以下三类:一是被授权方一次性买断这一 IP 的衍生品生产权;二是被授权方支付一定 IP 使用费及保证金后,协定以衍生品的销售额作为保障并通过给予授权方一定的销

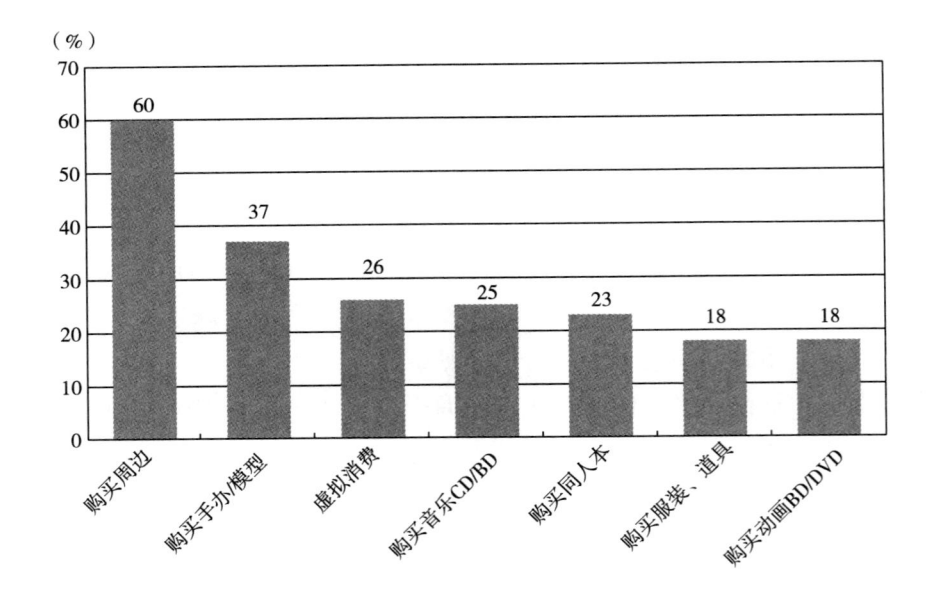

图4-7 二次元用户付费意愿

资料来源：笔者根据相关文献资料整理。

售提成的方式获取IP的衍生品生产权；三是被授权方根据质量、可靠性、价格、生产能力等优势赢得被授权方信任，获得联合开发衍生品的权，之后，被授权方以衍生产品的销售分成的方式以零先期费用的形式获取授权方二次元IP形象使用权。二次元IP形象的知名度、影响力对相关周边衍生品的销售影响巨大。一个知名二次元IP的衍生运营，不仅能省下巨额的广告费、推广费，而且能缩短产品的推广时间。不少知名IP的相关周边衍生品一面市便能吸引大量购买者。然而，除了那些经典的二次元IP能够给周边衍生品运营商持续带来客户红利外，不少二次元IP仅仅在相关内容产品播出或发行期间能吸引大量衍生品的购买者。随着内容产品热度的褪去，周边衍生品的销量会迅速回落。因此，采用周边衍生业务策略的企业需要一个具有市场眼光和营销能力的团队帮助其寻找到适合衍生运营的IP资源，以在未来周边衍生品的开发与运营中获得更多的粉丝流量。

第四章　基于价值共创的二次元产业商业模式的构建

（二）让顾客成为周边衍生品的"设计员""推销员""技术指导员"

在周边衍生业务策略下，二次元顾客依然是重要的价值共创者。二次元企业为了方便自身与顾客的沟通，设立了市场信息收集部门。一些二次元顾客在衍生品生产阶段充当衍生品开发企业的"设计员"，顾客可以向企业提交衍生产品的创意和想法，评价企业的创意。顾客的创意沿着"二次元企业信息收集部门→二次元周边衍生品创意设计部门及相关合作企业→二次元周边衍生品生产部门及相关合作企业"的路径传播，成为互补性资源流入衍生品的设计开发过程中。企业将二次元 IP 形象、世界观、顾客的创意与创意团队的理念相融合，以此实现产品创意设计的共创。二次元企业通过收集顾客所反馈的信息，认识了二次元顾客的偏好、识别了市场的机会，企业通过对周边衍生品的研发制造帮助顾客实现他们的创意。二次元顾客也在与企业的互动过程中，加深了对企业的认知、强化了顾客对品牌的情感。

此外，随着数字媒介时代的到来，企业还引导顾客充当着周边衍生品的"推销员"和其他用户的"技术指导员"。例如，二次元企业会将自己最新的产品免费赠送给资深二次元迷，二次元迷以发布产品的消费体验或使用说明来回馈企业的"馈赠"。他们会在网络平台如二次元产品论坛、贴吧、播客、微博等，以文字、图片、视频、音频的方式，将最新的信息分享给身边的朋友或二次元虚拟社区中的网友。这扩大了相关衍生品的知名度，为即将面市的新产品攒足了人气，为企业吸引来更多的潜在消费者。不少二次元顾客还会在虚拟社区中分享和讨论相关衍生品的使用经验、创意性改造方法等，他们甚至会热情解答陌生网友在产品使用中所遇到的问题，这些顾客的"技术指导"，既丰富了其他顾客的消费体验，也促进了二次元企业品牌价值的生成。

（三）在交互中实现顾企的双向价值增值

在周边衍生业务策略下，二次元企业通过为二次元爱好者创造交互机会，实现顾企的双向价值增值。例如，ALTER（中国）、万代南梦宫（中国）等会不定期举办活动，将周边衍生品爱好者聚集到一起交流互动，给用户创造更多社交体验，以此提高品牌溢价。为了吸引顾客积极参与商业模式中的价值共创活动，周边衍生品运营商如Animate、万代等建立了品牌社区，此外，它们还不定期地举办互动活动，多渠道向顾客宣传品牌知识。例如，Animate会邀请购买了周边衍生品的中国顾客参加线下活动，活动上，Animate会请来知名的动漫声优和动漫歌曲的演唱者表演。Animate通过向活跃用户免费提供入场券的方式，发展品牌信任、激励顾客参与价值共创。

四 线下活动业务策略：顾企共创线下活动价值

基于价值共创的线下活动业务策略是二次元企业与二次元顾客、合作伙伴共同参与线下活动方案设计、推广、实施等环节的业务策略。在日本、美国等二次元产业发达国家，这一业务策略相对成熟。在国内，当前二次元线下活动的运营方兴未艾。线下活动业务策略的特点有以下几方面。

（一）依托于二次元消费群体线下极强社交能动性

基于价值共创的线下活动业务策略本质上是一种依托于二次元消费群体极强的线下社交能动性的业务策略。在现实生活中，核心二次元消费群体作为青年亚文化群体无法获得社会主流文化群体的接受，他们渴望从二次元亚文化群体中获得身份认同感和文化归属感。据报告显示，在中国71.6%的二次元顾客会参加线下活动（艾瑞咨询，2021）。2016年，国内人流量5000人次以上、展会面积大于3000平方米的漫展数量就达到了142个，相较前一年增加53%。成立于2015年的"动漫会展联盟"，2016年其成员的总收入达7470.97万元（新浪网动漫频道，2021）。2020年上海共举办了8场大型动漫会展活动，接待了观众50余万人次。线下活动能帮助二次元顾客构建新的社会关系、提高他们的身份认同感。核心二次顾客会频繁地参加漫友聚会、扮演Cosplay角色、出入漫展，以此发现与自己具有相同思想和话语体系的二次元"道友"，并获得更多的互动、交流及建立情感链接的机会。二次元消费群体极强的线下社交能动性，这构成了线下活动业务策略的基础。

第四章 基于价值共创的二次元产业商业模式的构建

（二）利用数字媒介技术与大数据实现与顾客的交互，从而实现对线下活动流程及营销推广活动的优化

在活动的策划过程中，线下活动运营商应用大数据分析技术，在与顾客的交互中，明确活动的主题和方案。二次元爱好者会将他们对活动形式的设想、活动流程的安排、活动场景的设置等信息传递给线下活动运营商。运营商通过挖掘和提炼潜在客户群体的相关信息，捕捉二次元爱好者所喜爱的产品和感兴趣的活动。为了获取顾客偏好的深层次信息，二次元线下活动运营企业利用数字媒介搭建对话桥梁，例如"源子文化"运营了微信公众号和官方微博，企业通过发动线上投票，获取消费者深层次信息，实现与顾客的浅层接触。在线下活动的营销阶段，数字媒介技术让二次元爱好者成为线下活动的营销者。随着QQ、微信、微博等社交软件的涌现，二次元爱好者在数字媒介中分享或发布的有关线下活动的信息成为一些企业的重要营销资源。二次元爱好者借助话题互动，与"志同道合"的朋友分享信息、获得独特的个人体验，而他们分享和发布的有关线下活动的信息，能够在二次元社群成员的转发中形成病毒式的传播效应。线下活动运营商通过分析用户标签及用户关注的话题，可以寻找到潜在付费用户，进而更精准地推送线下活动的信息。

（三）与顾客、合作伙伴共创线下活动价值

在线下活动业务策略下，企业为二次元顾客、合作伙伴的价值共创做嫁衣。例如，在SHCC上，线下活动运营商会邀请内容企业开展活动，为顾客、合作伙伴搭建价值共创的桥梁。二次元内容企业会在线下活动运营商的策划下，召开粉丝讨论会，积极采纳粉丝的意见，让粉丝也能影响漫画、动画剧情的发展，电影演员的选择、剧情的走向，周边产品的风格定位等，它们还会邀请近期即将面世的产品的主创人员到场。从采访签名到真人秀，再到Cosplay、粉丝签售等，这些活动成为二次元企业提升粉丝黏性、给粉丝创造良好体验的平台。而线下活动运营商通过实施线下活动，引发的二次元群体的聚集效应，为漫画书、游戏及二次元周边产品的销售、二次元版权交易创造了商业环境。

第二节　扎根理论分析方法的研究设计

依托对价值共创下二次元产业商业模式的主导业务策略的理论分析，为抽象总结其构成、构建商业模式要素体系提供了基础。由于二次元产业的特殊性及其商业模式理论体系的空缺，当前的商业模式理论无法清晰、合理、全面地阐释基于价值共创的二次元产业商业模式。Eisenhardt 等（2007）指出，当目前的理论无法合理阐释现有现象时，扎根理论（Grounded Theory）的研究方法是极佳的选择。本节采用扎根理论的研究方法，基于前文的业务策略的理论分析，从各业务策略的"践行者"中选取成功的企业作为样本进行探索式研究，以实现对基于价值共创的二次元产业商业模式要素构成的归纳式探索，以期构建基于价值共创的二次元产业商业模式的要素体系。

一　扎根理论研究方法

扎根理论是一种从现实资料中发现、建构理论的质化研究方法，由学者 Galsser 和 Strauss 于 1967 年提出，在发展中形成了经典扎根理论、程序化扎根理论、建构型扎根理论 3 个版本。贾旭东、谭新辉（2010）认为扎根理论作为一种科学的研究方法，其特点在于能指导研究者"系统性地获得与分析资料"，并通过对经验资料的持续比较和交叉互动，从资料中得出"符合实际情境"的理论。考虑到基于价值共创的二次元产业商业模式是近些年二次元行业所出现的新的商业模式形态，目前学术界对其构成尚缺乏充分的归纳和理论总结，因此，无法通过文献演绎其构成要素及其关系，此时扎根理论是适宜的研究工具。选取扎根理论自下而上的归纳式研究方法（见图 4-8），不仅可以规避理论成果缺乏的困境，而且可以准确科学、规范、严谨地探讨基于价值共创的二次元产业商业模式，并从中提炼出具有说服力的范畴和理论。

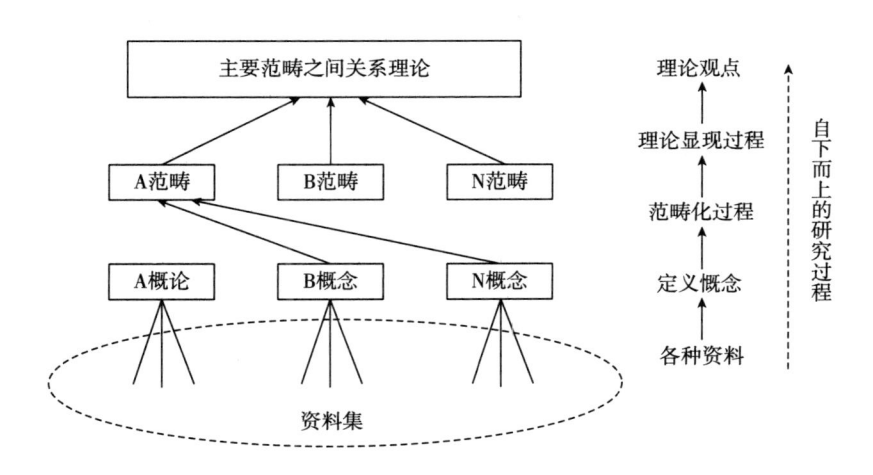

图 4-8　扎根理论作为一种自下而上的研究方法

资料来源：引自"扎根理论过程模型"（刘博文，2017）。

二　研究流程

本书研究基于 Strauss、Corbin 的扎根理论，按照开放性编码（open coding）、主轴性编码（axial coding）、选择性编码（selective coding）的三阶段分析步骤进行，对资料进行概念化及范畴化并形成理论，具体的研究流程（见图 4-9）。

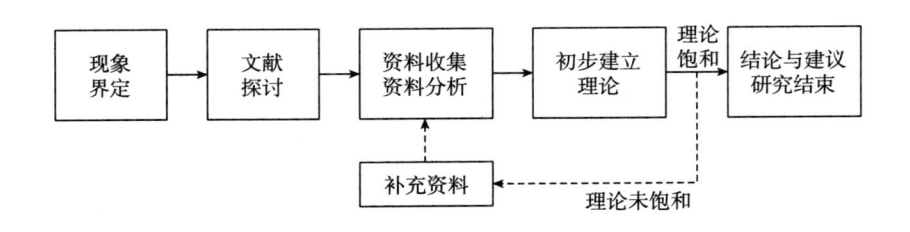

图 4-9　扎根理论研究的一般流程

资料来源："扎根理论流程图"（刘家国等，2013）。

首先，根据前一节的讨论及分析，确定了探索基于价值共创的二次元产业商业模式的要素构成体系这一背景框架。其次，围绕这个背景框架选定研究对象，研究对象需涵盖二次元产业商业模式四大类别，在此基础上，收集与整理相关资料。最后，从收集的资料出发，按照扎根理论三阶段分析步骤对资料进行深入分析，从资料中发现概念、建构抽象理论，直到理论饱和。若理论未能实现饱和，需要继续补充资料，并回到资料中发现新的理论。

第三节　构成要素的多案例扎根理论资料收集

一　案例选择

高质量的案例选择是达到研究目的基础。本书研究按以下原则选择研究案例：其一，案例的极端典型性。案例企业属于二次元产业领域，且其商业模式具有鲜明的价值共创的属性（即企业在其商业模式中实现与跨二次元细分行业的合作伙伴、用户、其他利益相关者建立了复杂的互动关系以实现价值共创）以确保后期研究理论的涌现；案例企业是二次元产业领域成功的企业，企业在行业中具有较好的竞争力，其业务策略可持续且继续发展。其二，案例的类似与差异性。相比单样本案例研究，多样本的案例研究更有利于理论的提炼，案例企业在商业模式中建立了复合型的业务策略模式，且它们凭借自身商业模式在其核心业务领域取得了竞争优势，同时这些企业的核心业务形式各不相同，它们分别以内容、平台、线下活动、周边衍生为核心业务。其三，案例资料的可获得性。案例企业的商业模式引发企业界、媒介或学界的关注、研究或讨论，其资料具有可获得性，以确保研究具有可操作性。其四，样本数量科学合理性。多案例分析使研究结论具有更好的普遍性，更适合理论建构（Miles et al., 1994），但过多或过少的样本都不利于质化研究，Yin（1994）指出多样本的案例研究中样本的数量以6—10为宜。

基于以上原则，本书研究进行了两阶段的案例筛选。第一，确立各种标准，以确保案例能全面、准确地反映本书研究的对象；第二，对我国二次元市场主体进行了多方面调研，在征求多名企业界、学术界专家意见之后，确定42家企业作为备选案例库。之后，专家结合调研信息进行了匿名投票，最终笔者按主导业务策略的类别，选择了得票率最高的7家企业作为研究对象，它们分别是：深圳某动漫公司（企业1）、广州某轻小说公司（企业2）、杭州某二次元社区的运营公司（企业3）、长沙某漫画公司（企业4）、广州某二次元电商平台（企业5）、广州某二次元文化传播公司（企业6）、上海某二次元衍生品公司（企业7）。将这些案例企业依次编号为"案例企业1至7"。其中，案例企业1是国内二次元动漫内容产品的开发与运营商。案例企业2是国内COS绘画小说社区，案例企业3主要从事二次元UGC内容运作，案例企业4是一家以漫画分销为核心业务的平台，案例企业5是二次元购物App的推出者，它们分别代表了"平台+社交""平台+UGC""平台+数字分发""平台+电商模式"。案例企业6主要从事ACG线下活动的组织、策划与推广。案例企业7主要从事二次元手办生产与运营。

二 资料收集及处理

本书研究通过以下途径收集案例资料：第一，使用统一的访谈提纲，对案例企业进行了调研并对案例企业管理人员及员工、合作企业管理人员及员工、相关消费者进行了半结构化访谈，获取一手资料。第二，通过企业官方网站、微信公众号、微博等官方自媒体，收集企业商业运营、重大商业事件、管理规则、管理经验、商业运营业绩、品牌建设、企业发展等方面的资料，以及通过各种渠道收集有关企业的公开出版物、企业宣传手册、内部公开材料等。第三，通过数据库收集的文献及智库研究报告。第四，利用检索工具收集案例企业的报道、评论、高层访谈资料、负责人演讲、商业模式案例分析等资料。

一手资料收集的最大风险在于无法获取有价值、可靠性高的访谈资料。为了规避这一问题，本书研究采取了以下措施：首先，利用导师团队及亲友的社会资源，选择比较熟悉的行内人进行访谈。例如，笔者亲友在深圳经营着一家文化经纪公司，该公司与两家案例企业有过合作。笔者通过亲友引荐，获取采访对象更多的信任，以此获得更深度的资料。其次，与部分对象签订保密承诺书，打消受访者的顾虑。由于一些访谈内容涉及企业商业模式运营等不便完全公开的内容,为了保证数据的真实性,我们与部分受访对象签订了保密承诺书(详见附录),对访谈内容的用途及公开情况进行了承诺,以此打消受访者的顾虑。此外,为了让访谈更有针对性,笔者设置了访谈提纲(访谈提纲详见附录)。

对于以上途径获取的资料,笔者进行了整理、整合与筛选。首先,去除与研究主题不相关的资料;其次,删除冗繁、重复资料;再次,遵循"三角验证"的原则,剔除以"软文"为代表的不真实资料;最后,经过多层筛选与整理,笔者获得了 126 份材料,总字数约 173000 字。笔者对案例企业 1—7 的材料分别按访谈资料、内部文档、外部二手资料三个类别分别进行编号(见表 4-2)。本书研究使用 105 份材料用于理论建构,剩余 21 份材料涵盖 7 个案例企业,包含访谈、内部文档、外部二手资料 3 个类型,这 21 份材料用于理论饱和性检验。尽管 7 个样本的资料来源不同,资料数量有差异,但 7 个样本并不存在主次之分。

表 4-2　　　　　　　　　　资料收集与处理

	访谈资料	内部文档	外部二手资料
案例企业 1	企划部、产品运营负责人各 1 名,重要合作企业负责人 2 名,用户 4 名,共 4 小时;编号:1M001-008	公司大事记、专家评语、公司介绍 PPT 等资料共 6 份,编号:1N001-006	公司网站信息、媒体报道、负责人演讲、极光大数据、简书报告、《中国日报》《中国文化报》《中国艺术报》等报道共 14 份,编号:1S001-014
案例企业 2	经理人 1 名、编辑 3 名,重要合作企业负责人 3 名,用户 3 名,共 5 小时;编号:2M001-010	员工手册 2 份、编辑培训资料 2 份、公司介绍文档 1 份,编号:2N001-005	公司网站信息、微信公众号信息、搜狐、新浪、凤凰网等报道及负责人采访等资料共 11 份,编号:2S001-011
案例企业 3	经理人 1 名、企划部负责人 3 名,重要合作企业负责人 2 名,用户 4 名,共 4 小时;资料编号:3M001-010	公司介绍文档、品牌建设 PPT、大事记等资料共 7 份,编号:3N001-007	公司网站信息、中国日报网、网易科技网等报道及责人采访等资料共 6 份,编号:3S001-006

续表

	访谈资料	内部文档	外部二手资料
案例企业4	经理人1名、编辑2名、职员2名、要合作企业负责人2名、用户4名，共5小时；编号：4M001-011	公司介绍PPT、员工培训资料、大事记攻击；编号：3N001-003	公司网站信息、微信公众号信息、每日经济新闻网报道、创业者受访等资料共7份，编号：4S001-007
案例企业5	经理人1名、企划部负责人1名、要合作企业负责人2名、用户3名，共2.5小时；编号：5M001-007	公司介绍PPT；大事记；产品手册等资料共6份，编号：5N001-006	公司网站信息、简书报告、《21世纪商业评论》、和讯网、官微等相关资料共9份，编号：5S001-009
案例企业6	经理人1名、企划部负责人2名、要合作企业负责人3名、用户3名，共4.5小时；编号：6M001-009	员工手册、公司介绍文档、重大活动纪要等资料共4份；编号：6N001-004	公司网站信息、猩创客、36氪、和讯等媒体报道、微信公众号信息等资料共12份，编号：6S001-012
案例企业7	运营管理人员1名、产品经理1名、要合作企业负责人2名、用户3名，共3小时；编号：7M001-007	产品手册、品牌建设PPT等资料共5份，编号：7N001-005	公司网站信息；和讯、36氪等报道等资料共9份，编号：7S001-009

资料来源：笔者根据相关资料整理。

由于资料量较大，受制于有限的时间和精力，笔者邀请两位高校青年教师共同参与资料的分析及编码工作。他们都是管理学博士，对商业模式、价值共创有着较深刻的研究，因此对理论具有较高的敏感性。这种学术素质"对扎根理论研究至关重要"（贾旭东和谭新辉，2010），让编码者对研究材料有更深刻理解，有助于从错综复杂的材料中发现概念，确保编码工作集中、高效地进行。

第四节 构成要素的多案例扎根理论资料分析

笔者忠于原始材料，根据扎根理论，按照开放性编码、主轴性编码、选择性编码的流程，完成对资料的分解、抽象化、概念化、范畴化。

一 开放性编码

为了确保开放性编码工作的信度，笔者随机抽取了3份资料，按照事先制定的编码原则，让团队成员以开发、中立的立场，对3份资料进行了预编码。利用公式：编码一致性 $=\dfrac{3K}{X_1+X_2+X_3}$（其中 K 为一致编码数，X_1、X_2、X_3 分别为编码者的编码数量），发现编码结果的一致性达到90.2%。团队成员对编码结果充分认可。之后，开放性编码工作正式开始。

开放性编码按照"贴标签→概念化→范畴化"的一般流程进行，以图在资料之间、资料与概念间的反复比较、分析、归纳中形成概念。利用"NVivo 11"作为辅助工具对资料进行逐句分析，标记其中有关商业模式的信息，并对这些信息进行初步提炼。我们从相对成熟的理论中选取概念，对编码单元进行概念化，其目的在于便于理解。在发现文本指涉近似的信息时，将其合并，最终形成78个自由节点（编码的前缀为"a"）。将彼此联系的自由节点划分成1类，在这一过程中形成树状节点20个（编码的前缀为"A"）。在经过分析、筛选和反复比较后，抽象出了78个概念（见表4-3）和20个范畴（见表4-4）。78个概念出现的频次不一，其中出现频次最高的概念是："创意价值协同共生"（38次）、"外部组织网络化"（35次）、"及时交流"（35次）、"让渡共创绩效"（34次）等。

表4-3　　　　　　　　　　概念化举例分析

案例证据资料	概念化
在移动端，"90后""00后"年轻用户占比超过90%（1M001）； 作为二次元垂直社区之一，吸引了一批爱好Cosplay、二次元漫画和轻小说创作的亚文化群（3N004）； 着眼于那些传统手办企业忽视的市场（7M003）； ……	a1 市场细分
Z世代的文化消费是一个蓝海（5S007）； ……	a2 潜在市场
栖息于网络的"90后""00后"动漫爱好者是我们的潜在用户群（4M006）； 面向御宅文化爱好者，以及他们所影响的朋友们（3S001）； 潜在用户主要是青少年，他们大多是具有购买能力的在校学生（4M002） ……	a3 潜在客户

续表

案例证据资料	概念化
期待以"轻内容"打开市场的新局面（2M004）； 以活泼轻松的主题设计，从线下反哺线上（6N004）； ……	a4 产品和服务的内容主题设计 ……
……	……
共 105 份材料	共 78 个概念

资料来源：笔者根据相关资料整理。

表 4-4　　　　　　　　　　开放性编码结果

概念化（条目数）	范畴化	范畴的性质	范畴的属性及面向
a1 市场细分（23） a2 潜在市场（26） a3 潜在客户（30）	以概念 a1—a3 范畴化为：A1 目标市场	目标市场的基本情况	市场规模； 大/小
a4 产品和服务的内容主题设计（16） a5 产品和服务的形态设计（17） a6 产品和服务的提供方式设计（9） a7 产品和服务的质量保证（12）	以概念 a4—a7 范畴化为：A2 价值主张预设	二次元企业洞察市场需求，并据此做出的假设	预设的水平； 高/低
a8 部门间协作化（19） a9 企业组织柔性化（17） a10 部门结构（26）	以概念 a8—a10 范畴化为：A3 企业内部组织架构	二次元企业内部的组织架构形式	组织架构水平； 高/低
a11 价值链接（23） a12 价值关联（18） a13 价值合作伙伴（14） a14 价值网所处地位（17） a15 外部组织网络化（35） a16 价值共赢（9） a17 利益相关者（11）	以概念 a11—a17 范畴化为：A4 外部价值共创网络架构	价值共创网络的组织架构形式	组织架构水平； 高/低

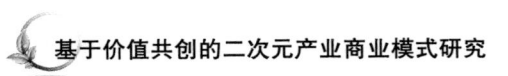

续表

概念化（条目数）	范畴化	范畴的性质	范畴的属性及面向
a18 互助合作（23） a19 资源整合（14） a20 资源激活（9） a21 资源反哺（18） a22 价值网络资源的利用（18） a23 内部价值创造（9） a24 快速反应（14）	以概念 a18—a24 范畴化为：A5 价值创造活动	商业模式中的价值创造的动态活动过程	活动水平；高/低
a25 创意联动（26） a26 流量联动（18） a27 功能联动（16）	以概念 a25—a27 范畴化为：A6 价值联动	价值共创网络中的联动原则	联动程度；强/弱
a28 服务价值协同共生（30） a29 IP价值协同共生（18） a30 品牌价值协同共生（23） a31 创意价值协同共生（38）	以概念 a28—a31 范畴化为：A7 价值协同共生	二次元企业价值共创所遵循的原则	协同共生程度；强/弱
a32 流程管理及控制（14） a33 合作关系维系（9）	以概念 a32, a33 范畴化为：A8 流程规范	二次元企业对商业模式的运营管理原则	规范程度；高/低
a34 产品及时分销（18） a35 产品低成本传播（16）	以概念 a34, a35 范畴化为：A9 产品通路	产品的流通路径，产品流向顾客的通道及路径	通畅程度；高/低
a36 信息资源开发（14） a37 信息多网搜索覆盖（18） a38 信息便捷传播（23） a39 线上、线下交互（16） a40 全渠道连接（17）	以概念 a36—a40 范畴化为：A10 信息通路	信息的流通路径，企业顾客信心交互的基础	通畅程度；高/低
a41 及时交流（35） a42 迅速反馈（30）	以概念 a41, a42 范畴化为：A11 交流与反馈作用	产品通路与信息通路的交流与反馈的作用	交流与反馈水平；高/低

第四章 基于价值共创的二次元产业商业模式的构建

续表

概念化（条目数）	范畴化	范畴的性质	范畴的属性及面向
a43 产品及服务种类（18） a44 产品及服务个性（23） a45 产品及服务品质（16） a46 产品及服务收费（16） a47 产品及服务组合（17）	以概念 a43—a47 范畴化为：A12 产品流	产品（从广义上而言服务即产品）作为流动性的共创价值的载体	产品流水平； 复杂/简单
a48 直接变现（29） a49 间接变现（24）	以概念 a48—a49 范畴化为：A13 变现	利用直接或间接手段将商业模式运营绩效转化成现金收益	变现量； 大/小
a50 互帮式营销（18） a51 参与式营销（22） a52 体验式营销（14）	以概念 a50—a52 范畴化为：A14 营销	为了实现产品销售目标所进行的推动产品销售变现的活动	营销强度； 强/弱
a53 收入单元（17） a54 收入模式（23） a55 核心收入（14）	以概念 a53—a55 范畴化为：A15 收入	产品和服务的销售变现是二次元企业的收入来源，反映了二次元企业的收入情况	收入能力； 强/弱
a56 服务盈利（9） a57 产品盈利（18）	以概念 a56，a57 范畴化为：A16 盈利	二次元企业通过向客户提供产品和服务获取盈利收入	盈利规模； 大/小
a58 收入分成（14） a59 分配公平（22） a60 利润分配（23） a61 体验价值共创（14）	以概念 a58—a61 范畴化为：A17 价值共享	企业与合作伙伴、顾客分享价值共创绩效	绩效规模 大/小
a62 心理满足（18） a63 参与快感（17） a64 情感分享（22） a65 网友赞赏（9） a66 社群地位（23） a67 二次元群体认同（11） a68 利益共同体（13） a69 品牌认同（22）	以概念 a62—a69 范畴化为：A18 感知价值	顾客在参与价值共创过程中所感知、获得的价值	价值大小； 大/小
a70 提升参与体验（17） a71 强化诱导式刺激（18） a72 让渡共创绩效（34）	以概念 a70—a72 范畴化为：A19 引导顾客参与	企业将顾客作为操纵性资源被纳入商业模式中，引导顾客参与价值活动	引导程度； 高/低

89

续表

概念化（条目数）	范畴化	范畴的性质	范畴的属性及面向
a73 顾客与顾客互动（32） a74 顾客与企业互动（23） a75 顾客参与研发（18） a76 顾客参与生产（30） a77 顾客参与销售（17） a78 顾客参与消费（14）	以概念 a73—a78 范畴化为：A20 顾客参与	顾客参与价值共创的方式	参与程度；高/低

资料来源：笔者根据相关资料整理。

二 主轴性编码

在完成开放式编码、实现范畴化之后，通过聚类分析，从20个独立范畴中发现范畴间的潜在逻辑，进而将相关范畴联结起来，以此来发展主范畴和副范畴。这些潜在逻辑关系包括过程关系、情景关系、因果关系、策略关系、语义关系、序列关系等。针对这一过程，Strauss 和 Corbin 提出了，"条件→现象→情景→中介条件→行动→结果"（许爱林，2012）的典范模式。换言之，主轴性编码的要旨不是建构完备的理论体系，而是进一步范畴化。

笔者在考虑价值共创视角及二次元产业情景特征的前提下，经过反复对比及对相关资料的交互验证，发现其逻辑关系，笔者根据20个范畴的逻辑关系，最终归纳出5个主范畴（见表4-5），分别是企业顶层架构（AA1）中间活动的支持（AA2）渠道通路（AA3）产品流及共创绩效变现①（AA4）、顾客的情景参与（AA5）。例如，经过反复的比照与分析，将开放性编码所形成的范畴"目标市场（A1）""价值主张预设（A2）""企业内部组织架构（A3）""外部价值共创网络架构（A4）"，整合为"企业顶层架构（AA1）"这一轴线。即二次元企业为实现目标市场的突破（条件），设定了适宜的价值主张（行动策略），围绕价值主张，二次元企业架构起企业内部组织和外部价值共创网络（结果），实现二次元企业的顶层架构。

---

① 从广义而言，服务也是一种产品，此处产品流属于广义层面，包含产品与服务。

表 4-5　　　　主轴性编码形成的主范畴及其关系内涵

主范畴	副范畴	关系内涵
AA1 企业顶层架构	A1 目标市场 A2 价值主张预设 A3 企业内部组织架构 A4 外部价值共创网络架构	企业顶层架构是二次元企业对商业运营持的总体组织方案，该方案源自二次元企业对目标市场的认识，这种认识体现在企业预设的价值主张上，而企业预设的价值主张影响着企业内部组织的架构与外部价值共创网络的架构
AA2 中间活动的支持	A5 价值创造活动 A6 价值联动 A7 价值协同共生 A8 流程规范	中间活动的支持是二次元企业在企业顶层架构的指导下在市场环境中的实践行动。这种实践行动体现在一系列价值创造活动中。价值联动、价值协同共生与流程规范描述了价值创造活动的属性
AA3 渠道通路	A9 产品通路 A10 信息通路 A11 交流与反馈作用	渠道通路是具体的市场状况下二次元企业为实现与顾客的信息与价值交流而所搭建的信息、产品的流通路径。产品通路与信息通路是渠道通路的两种类型，渠道通路的作用在于其交流与反馈作用
AA4 产品流及共创绩效变现	A12 产品流 A13 变现 A14 营销 A15 收入 A16 盈利 A17 价值共享	产品流与共创绩效变现是二次元企业开展中间活动的目的，产品流的形式及共创绩效的情况受到中间活动及顾客的情景参与情况的影响。价值共享是变现的目的，营销是推动变现的手段，收入与盈利是变现的结果
AA5 顾客的情景参与	A18 感知价值 A19 引导顾客参与 A20 顾客参与	顾客的情景参与广泛分布在企业顶层架构、中间活动的支持、产品流及共创绩效变现的流程中。顾客的情景参与需要渠道通路的支持，在基于价值共创的二次元产业商业模式中，顾客的情景参与体现在两个方面。一是二次元企业搭建渠道通路引导顾客参与到商业运营的各个环节；二是顾客也会自发地参与到相关活动中。获取感知价值是顾客情景参与的动因

资料来源：笔者根据相关资料整理。

三 选择性编码

Strauss 和 Corbin 认为（1997）由主轴性编码所形成的主范畴触及研究对象内涵的"某部分"，但目前仍"无法掌握全部精髓"。这就需要通过选择性编码的流程，发掘能统领主范畴的核心范畴将主范畴系统地整合，以此完整地阐释研究对象的内涵。笔者将主轴性编码所获得5大主范畴置于原始资料中，通过对副范畴、主范畴、原始资料的反复对比，并与已有理论进行比较，最终确定了"在基于价值共创的二次元产业商业模式中企业、顾客、伙伴企业价值共创"的核心范畴。围绕这一核心范畴，开发了故事线，以"故事线"的形式将相关范畴纳入简单而紧凑的理论框架中：二次元企业为实现市场目标，进行顶层架构（AA1 企业顶层架构），在渠道通路（AA3 渠道通路）的支持下，它们将顾客纳入商业模式运营中；在顾客、合作伙伴的参与下，二次元企业开展价值活动（AA2 中间活动的支持），通过规范流程使价值活动联动与共生，实现价值共创；二次元企业引导顾客参与产品的营销活动中（AA5 顾客情景参与），它们借助产品的销售变现获取收益并实现共创绩效的变现（AA4 产品流及共创绩效变现），顾客通过参与企业的商业运营获取了感知价值。通过对主范畴的继续考察，更加明确了范畴间的关系，在此基础上，结合先前获取的主、副范畴及其内在逻辑关系的信息（见表4-4），据此，可以发展出基于价值共创的二次元产业商业模式本体构成的框架，图4-10 呈现的便是核心范畴对其他范畴的统领结构。

四 理论饱和度检验

理论是否饱和是判断停止收集和分析数据的标准，当信息无法进一步发展新的类属范畴时，理论便实现了"饱和"状态。为了保证研究的信度，采用了以下两个办法：第一，与研究商业模式及价值共创的博士生进行深度访谈，所获取的概念均涵盖于前文的类属范畴中。第二，用剩余的21份案例内容的材料用于理论饱和性检验。结果显示，从资料中提炼的概念均在前文发展的类属范畴中。本书研究发展的范畴已接近完备，对于企业顶层架构、中间活动的支持、渠道通路、产品流及共创绩效变现、顾客的情景参与5个主范畴已无法提炼出有关"基于价值共创的二次元产业商业模式"的新范畴。内容太多，无法一一列出，仅以下4条为举证（见表4-6）。

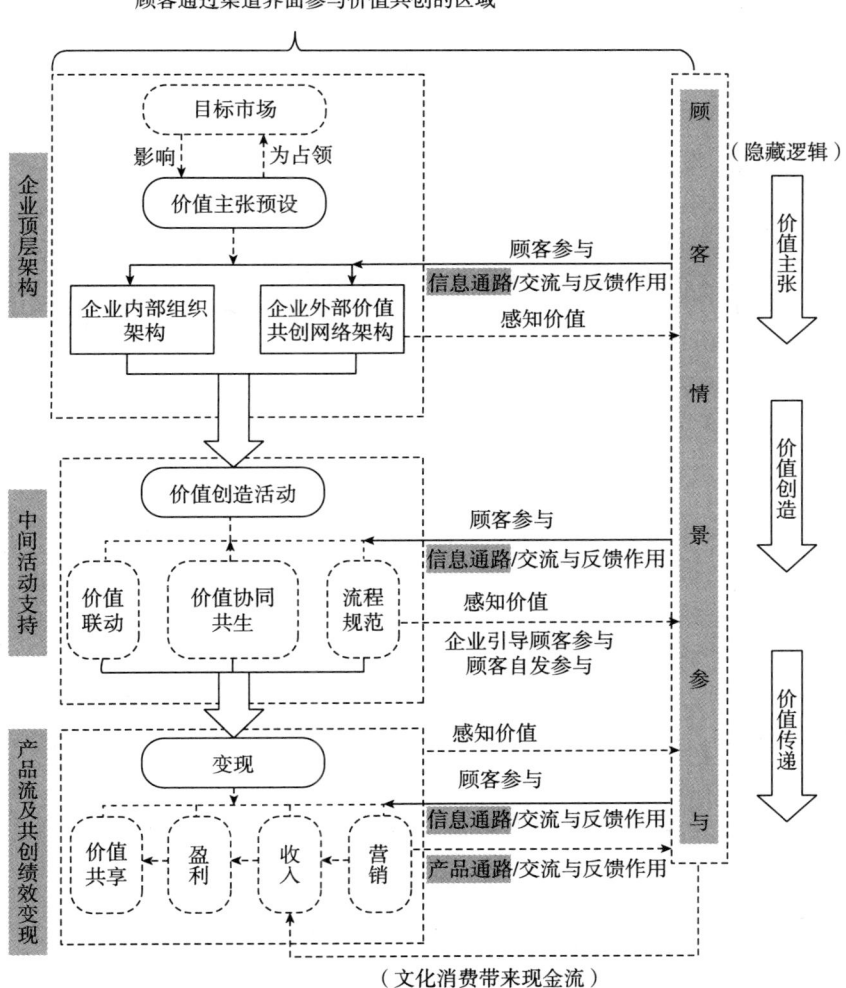

图4-10 二次元产业商业模式的构成框架

资料来源：笔者根据相关资料整理。

表 4-6　　　　　　　　　理论饱和度检验举证

举证资料	编码
2M009 通过对 UGC 的加工与编辑，将用户发布的内容转化成能吸引其他用户付费的内容资源	a19 资源整合 A5 价值创造活动 AA2 中间活动的支持
1S010 把控少年、少女、冒险、搞笑、奇幻等海量内容源头，激活 IP 资源	a20 资源激活 A5 价值创造活动 AA2 中间活动的支持
1S011 以优质 IP 为基础，共享二次元用户资源，实现产业链前端与后端的联动	a26 流量联动 A6 价值联动 AA2 中间活动的支持
7M004 粉丝的创意给设计团队带来了灵感，他们投入大量的精力对这一系列的手办产品进行深度创意	a25 创意联动 A6 价值联动 AA2 中间活动的支持

资料来源：笔者根据相关资料整理。

第五节　二次元产业商业模式的要素体系

借助扎根理论分析质性案例资料，发现基于价值共创的二次元产业商业模式可以从两个维度来阐释：一是结构维度，即商业模式是企业在市场环境下采用的独特的组织结构。二是功能维度，即商业模式具有引导企业价值共创的功能。本节结合质性资料中的典型引用，从这两个维度分别阐释基于价值共创的二次元产业商业模式的要素构成，以构建其要素体系。

一　结构维度的要素构成：五个结构界面

罗峰（2014）认为，结构是商业模式功能的内在根源。基于结构的商业模式理论认为，商业模式是一个包含多个结构模块的要素系统。借助扎根理论研究方法，经过反复循环的编码和归纳分析，发现从结构维度来看，基于价值共创的二次元产业商业模式可以划分为企业顶层架构、中间活动的支持、渠道通路、产品流及共创绩效变现、顾客的情景参与五个界面。笔者通过持续比较资料，进一步发现主范畴之间的关系（见图4-11）。

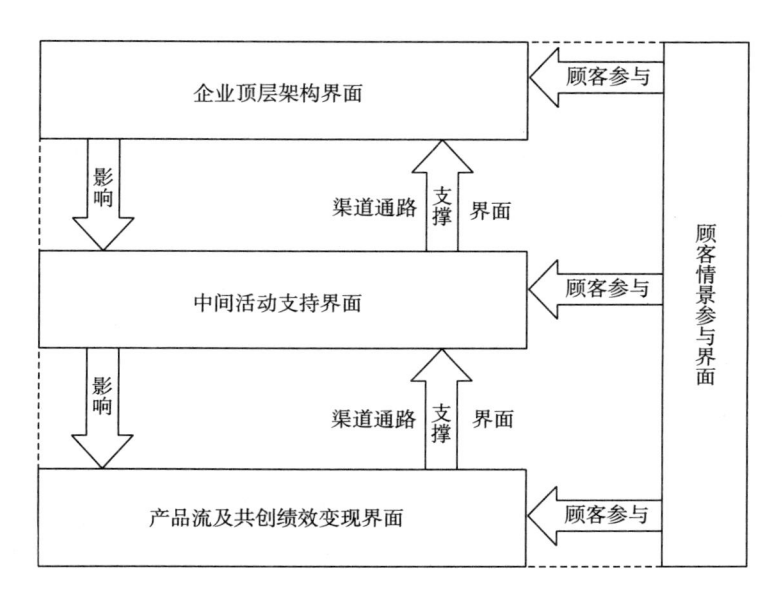

图4-11 二次元产业商业模式主范畴之间的关联性

资料来源：笔者根据相关资料整理。

企业顶层架构界面描述了二次元企业在保证战略目标落地的基础上，结合内外部信息，确立价值主张、合理化组织框架、全面系统地满足企业可持续发展的行为总和。企业顶层架构界面围绕着价值主张这个核心展开。由于价值主张必须具有可操作性，企业预设的价值主张需要考虑市场目标及相关环境。企业内部的组织架构和外部的价值共创网络的架构是企业顶层架构的重要形式。在基于价值共创的二次元产业商业模式企业顶层架构界面的设计中，企业需要明确如何架构内部组织，需要明晰价值共创网络中有哪些企业、组织、机构，需要确定自身与哪些企业建立合作伙伴关系。

中间活动支持界面描述了二次元企业在顶层架构的指导下于一定的市场环境中的所采取的价值活动的集合，在二次元产业商业模式中，价值活动表现为联动、协同、共生与流程规范（如3M006公司借助对制作工具标准化、模板化，让社区用户的内容生产更加规范，这带来了社区用户更优质的内容产出）。值得一提的是，中间活动支持界面的业务形态受企业顶层架构界面（如 2M002 公司调整了部门架构，开拓对外版权合作业务，加速进入了新的业务领域）与顾客的情景参与界面的双向影响（如 7M003 大量用户给我们留言希望公司尽快开发新的手办，并将该手办投入中国市场；7M002 在忠诚用户的强烈建议下，公司加速推进了手办定制业务）。从资料分析中发现，在基于价值共创的二次元产业商业模式中，顾客是中间活动的重要参与者，顾客借助交互渠道参与商业模式中，影响着企业的运营（如 3M006 我们鼓励用户加入"圈子"，并组织运营活动活跃用户，促进用户间的互动及内容产出，这有利于社区氛围的营造）。

渠道通路界面描述了二次元企业与二次元顾客间信息和产品传递的方式、路径和策略。价值共创需要建立在"交互"的基础上，而"交互"需要渠道的支持。在商业模式中，二次元企业通过建立渠道通路方便顾客参与商业模式运营中（如 6M001 公司运营了新浪博客、微信公众号及新浪微博，目前微博粉丝达 4 万人，为了让用户更密切地参与交流还设立了 QQ 群）。渠道通路界面可以从两个层面来理解：一是顾客与企业的信息交互渠道，即顾客参与企业价值共创的交互渠道，在基于扎根理论的资料分析中发现，二次元领域的企业和顾客借助交互渠道如产品论坛、微信公众号、邮件等进行互动（如 5M002 运营了微博、微信等多个自媒体，为企业与顾客搭建交流渠道），这是实现异质性资源整合和价值共创的基础；二是企业产品的分发渠道，二次元领域的企业需要通过对分发渠道的管理和运营让产品和服务流通到顾客。

产品流及共创绩效变现界面描述了二次元企业的产品组合方式、营销策略等问题，反映了企业的收入结构、盈利方式。商业模式输出的是产品、服务的价值（纪慧生等，2010），产品是商业模式商业价值的载体，企业需要通过顾客的消费行为产生现金流创造企业价值（任小勋等，2015）。在商业模式运营中，企业的顶层架构、中间活动的开展都需要产品流与共创绩效变现界面的支持（如 3M003 社区流量的变现给公司带来了一些现金流，支持新业务的进一步开展）。

第四章　基于价值共创的二次元产业商业模式的构建

顾客情景参与界面是基于价值共创的二次元产业商业模式区别于传统商业模式的最显著的特征，描述了商业模式中顾客的情景参与及企业引导顾客参与的策略。Lengnick（1996）认为，顾客可以直接或间接地影响企业的运营和结果。方志远（2012）指出，在商业模式中产品、顾客和企业及其伙伴通过多种方式彼此相连。在基于价值共创的二次元产业商业模式中，顾客的情景参与体现在两个方面：一是二次元企业搭建渠道通路引导顾客参与商业运营的各个环节（如3M006社区搭建互动平台，将小圈子的二次元爱好者聚集起来，这些活跃的用户通过精心制作或搬运内容为公司节省了运营成本）。二是顾客也会自发地参与相关活动中（如7M002大量粉丝成为产品的"推销员"，主动将我们的产品推荐给他们的朋友）。获取感知价值是顾客情景参与的动因（如3M003用户希望通过分享知识、发布cos、lo服以及手绘等内容展示自我，成为社区的明星，以此收获群体认同，他们由此获得了独特的参与体验）。

从资料分析中发现，在基于价值共创的二次元产业商业模式中，二次元企业积极引导顾客参与价值共创中（如3M002社区设立了登录、签到、打卡的奖励体系，以此培养用户参与的习惯，社区给予那些每日动态点赞大于10、评论数大于10的用户代币奖励，用户可以利用代币换取动漫周边产品），与此同时，顾客对7个案例样本企业的商业模式存在不同程度的参与。在企业顶层架构界面，顾客可以为企业发展建言献策，在企业出现负面消息时，一些资深的顾客甚至会充当企业临时的危机公关者，他们主动向周边的人澄清或解释人们对企业的误解，以维护企业的声誉；在中间活动支持界面，顾客是二次元产业商业模式中价值活动的参与者和价值创造者，他们参与不同的产品设计和开发活动，充当着新产品的共同创造者的角色（如1M005在动漫的筹备过程中，工作室与核心动画用户进行了密切的交流，从故事设定到声优选择，核心粉丝都有参与）；在渠道通路界面，顾客是渠道的建设者和维护者；在产品流及共创绩效变现界面，顾客是二次元产品与服务的志愿者和最终消耗者，他们参与企业的产品测试、发现产品新的使用方法、向企业其他顾客分享产品信息、帮助其他顾客解决产品使用过程中的问题从而提升其他顾客的产品消费体验，他们还通过自己的消费活动实现商业模式价值的变现。顾客的情景参与影响着产品流与共创绩效的变现（如1M002很多用户参与内容生态建设中，公司通过内容与流量的双向赋能加速IP的孵化与变现）。

二 功能维度的要素构成：三个核心机制

价值共创的功能隐藏在基于价值共创的二次元产业商业模式要素和规则的背后。结合资料观察理论性编码图，围绕价值共创这一核心逻辑，发现结构维度五界面的背后，隐藏着价值共创的三个运行机制：价值主张、价值创造、价值传递。

Webster等（2002）认为价值主张是企业最重要的组织原则，是企业存在和发展的基础（Carayannis，2008），在商业模式中主要是二次元企业根据企业内外部的因素决定预设怎样的二次元产品和服务方案以此实现价值目标的机制。在基于价值共创的二次元产业商业模式的结构中（见图4-11），"AA1 企业顶层架构"是二次元企业对商业运营持的总体组织方案，处于商业模式"顶层"的位置，而在主范畴"AA1 企业顶层架构"中，副范畴"A2 价值主张预设"处于企业顶层架构界面核心位置，它反映了企业对目标市场的判断（如1M001为满足中国新一代漫画爱好者的喜好，公司致力于发掘精品原创漫画重视漫画的故事性和画面感），影响着企业的外部价值共创网络的架构与内部组织结构的架构（如1S003为了带来更多精品、大体量的漫画资源，公司加强了网络编辑的业务能力培训，设立优秀原创漫画作者的发掘机构）。价值主张处于商业模式的"上层"，这一研究发现与张双文（2007）、陈文基等（2011）学者的观点不谋而合。在基于价值共创的二次元产业商业模式中，价值主张对二次企业本身是企业价值观念的反应，能引导企业的商业行为，对外而言，价值主张是二次元企业对顾客、利益相关者的一种承诺。价值主张的核心是发掘企业价值与顾客价值、社会价值的结合点，其表现为：二次元企业能为二次元爱好者提供什么样的二次元产品或服务（如5S006我们致力于打造一个能让二次元爱好者找到心仪的二次元周边商品、分享购物体验、发现志趣相同朋友的平台）；能为社会的文化发展带来什么样的

第四章　基于价值共创的二次元产业商业模式的构建

意义（如1M004公司推出的作品重视对中国传统文化的传承与"二次元化"演绎，关注二次元动漫背后的文化与社会价值，尝试利用青少年二次元爱好者喜闻乐见的形式、以轻松的方式来讲述中国的历史、文化与精神）；能给企业自身带来什么样的潜在价值（如2M006从架空的魔幻、玄幻题材，到校园恋爱题材，再到异世界的科幻题材，试图打造迎合大众口味的原创轻小说，以提高付费阅读收入）。由于价值主张必须具有可操作性，企业的预设价值主张必须要考虑企业自身的状况及市场环境。

价值创造主要是二次元企业基于价值共创网络投入资金、人力、创意等价值资源，与价值共创网络中的成员，共同产出实现价值主张的二次元产品或服务的一种机制，它是支撑二次元企业实现战略目标的途径。在主范畴"AA2 中间活动的支持"中，副范畴价值创造活动是核心内容，"A6 价值联动""A7 价值协同共生""A8 流程规范"均是在描述价值创造活动的属性。笔者在资料分析中发现基于价值共创的二次元产业商业模式像一条纽带将多元化的参与主体联结起来，参与主体在价值共创网络中的各项活动与价值创造息息相关（如6S006 漫展位于二次元产业链下端，动画公司的产品的内容运营为产业链下端沉淀了优质的IP，并培育了大体量的用户，增加了线下活动的变现机会），价值是二次元企业与合作伙伴、顾客共同创造的。价值创造不仅发生在二次元企业文化产品生产的过程（如1S003 创意团队征集素材，提出最吸引人的故事，工作室将故事转化成能吸引用户付费的产品），也在相互影响的企业与顾客的交互过程（如1M003 该动漫由漫画团队和影视团队互相配合共同创造，漫迷参与的宣发扩大了产品的影响力）。

价值传递主要是基于价值共创的二次元产业商业模式的参与主体间如何传递价值、实现价值"共赢"的机制。主范畴产品流与共创绩效变现从价值维度上隐藏着价值传递的逻辑。由于二次元创意想法、作品、思路、影响力等载体具有收益的"外溢"效应，在商业模式中，知识、创意等价值资源可以被价值共创网络中不同主体利用，一旦基础创意产品开发后，可以传播给相关二次元企业模仿、再创意

（如 1N006 公司旗下二次元 IP 实现与多个伙伴合作，覆盖动画、Cosplay、电商、动漫瓶等多种品类，这种二次元 IP 的跨界开发，吸引到更多年轻用户的目光），并在二次元顾客的文化消费、传播与再创意中形成 IP 或扩大其影响力。在这一过程中，价值可以沿着价值网络从前端环节传递至后端环节，并对后端环节的绩效产生影响（如 1M005 动漫延续了同名网络小说的故事类型，用户的 UGC 给改编带来了新创意，动漫工作室一直保持与用户沟通，公司通过这个内容源开发的跨界开发，让这个 IP 形成了新价值）。

第六节　本章小结

　　本章将基于价值共创的二次元产业商业模式划分为内容主导、平台主导、线下活动主导、周边衍生四个业务策略类别，并进行规范研究。在此基础上，基于扎根理论研究方法，从这四个业务策略中选取典型案例企业，通过访谈调研、文献资料，对相关案例企业资料进行质性理论研究，构建了基于价值共创的二次元产业商业模式的要素体系。研究发现基于价值共创的二次元产业商业模式的要素体系由结构维度的"五个结构界面"和功能维度的"三个核心机制"构成，前者包括企业顶层架构界面、顾客情景参与界面、中间活动支持界面、产品流及共创绩效变现界面和渠道通路界面；后者包含价值主张、价值创造、价值传递三个核心机制。"五个结构界面""三个核心机制"相互关联、彼此互补，共同阐释了基于价值共创的二次元产业商业模式。

第五章

基于价值共创的二次元产业商业模式的运行机制研究

第四章通过扎根理论研究方法分析发现，基于价值共创的二次元产业商业模式的要素体系包含结构和功能两个维度，本章在第四章的基础上，通过模型分析法与理论分析法，对功能维度下的"三个核心机制"进行进一步的研究，其原因的在于：一是尽管第四章结合质性资料中的典型引用对这两个维度的要素进行了阐释，但受制于扎根理论归纳性探索的方法论本质，其在阐释功能维度的要素即三个核心机制的运行上存在局限，无法透彻地阐释价值主张、价值流动、价值传递的内在核心本质。二是当前在理论界，存在重视商业模式研究要素分析、忽视运行机制分析的现象，目前国内缺少结合文化产业特征的商业模式运行机制的系统研究（宗利永等，2015）。三是笔者在考察中国二次元产业时发现，二次元市场主体在商业模式运营实践中存在三大困境：无法在商业诉求与文化治理诉求中科学地设置商业模式的价值主张，无法在二次元创意中挣脱"单打独斗"的束缚、与商业模式的参与者实现价值的高效协同创造，无法在IP等非物质价值传递中实现商业价值的持续挖掘；与此同时，政府也面临着如何引导基于价值共创的二次元产业商业模式建设的问题，而研究这"三个核心机制"有助于这些现实问题的破解。

故本章聚焦于回答基于价值共创的二次元产业商业模式"怎么样（运行）"的问题，是对第四章研究的深化与延续，同时也是对理论问题与现实问题的回应。本章具体安排如下：首先，探讨了位于基于价值共创的二次元产业商业模式"最上层"的价值主张是怎样设定的问题，为此，在凸显文化效益与经济效益的双重目标情境下，建构了多主体参与的价值主张博弈模型。其次，基于价值共创理论，结合合作博弈的思想，从价值关系的嵌入、互补性资源的整合及价值活动的联动三个方面探讨了价值创造机制，为二次元企业在基于价值共创的二次元产业商业模式中实现价值的高效协同创造提供思路。最后，针对基于价值共创的二次元产业商业模式中价值传递机制的复杂性，以随机网络作为分析工具探讨其价值传递机制。

第一节　二次元产业商业模式的价值主张机制

价值主张（value proposition）是企业向潜在顾客提出的满足其需求和偏好的声明，同时也是一种沟通工具，它将企业和顾客连接起来（Webster，1994），为价值创造网络的构建指明了方向（孔栋，2016）。本书认为价值主张是企业在一定的制度环境下对"能为顾客创造些什么价值""能为顾客提供些什么价值"的清晰表达。在第四章，通过扎根理论分析发现，二次元企业在企业顶层架构界面，会依据目标市场，预设价值主张。由于二次元产业与其他产业不同，需要兼顾商业性与文化性，那么位于基于价值共创的二次元产业商业模式"最上层"的价值主张是如何"共创"的呢？

一　价值主张的预设

价值主张是企业对顾客做出的明确承诺，是企业对未知商业模式、未知的市场、潜在消费者需求以及未来的企业运作等所持有的洞察（王雪冬等，2014）。二次元企业要想在商业模式中成功让渡价值、创造利润，需要提出合理的价值主张。价值主张设计的要务在于"准确地描述企业业务的本质，清晰地表达企业的意图，并使其发生"（Barnes et al.，2009）。二次元企业为了迎合市场，往往会提出其他产品和服务所没有的主张，以促进用户的购买决策。由于二次元内容、平台、衍生品和线下活动等不同领域的企业的结构不同、组织框架迥异，不同领域的二次元企业预设的价值主张也有所差异。一般而言，在不考虑政策因素影响的情况下，内容企业的价值主张以为二次元顾客提供优质的内容产品为要点，其价值主张需要尽可能地给顾客带来消费愉悦感、尽可能地满足顾客对二次元文化的期待；平台企业以给顾客创造更好的社交与娱乐体验为要旨，其价值主张需要尽可能地节省顾客之间、顾客与内容企业的信息传递的成本，尽可能地实现信息顺畅的传递，尽可能地为二次元社群创造优良的社交氛围；线下活动的运营企业以创造独特的现场观感和体验为核心，其价值主张需要尽可能地将活动策划得更精致，尽可能地维持好活动期间的秩序，尽可能地邀请到明星嘉宾。即便在同一领域，由于不同二次元企业的资源能力、发展战略存在差异，它们预设的价值主张也不尽相同。

由于价值主张必须是适应社会与市场，并且是实现的，加之，二次元产业具有文化与市场双重属性，二次元企业预设的价值主张不仅会影响二次元企业面向顾客的产品和服务策略，而且会影响受众的精神成长。由于二次元文化产品的受众主要为青少年群体，他们的价值形态还在形成中，因此，二次元企业的价值主张行为与政府的文化治理工作息息相关。在我国由于二次元产业承担着重要的文化传播与文化教育作用，因此，政府不会放任二次元企业的价值主张行为。换言之，在现实环境中，二次元企业由于资源和能力制约，无法预设出"全方位""绝对完美"的价值主张。例如，二次元企业预设的价值主张，有时不足以吸引顾客的关注并获得顾客认可，又如，有时候企业预设的价值主张能够吸引顾客的关注却偏离主流价值导向。

因此，二次元企业预设的价值主张并不一定是市场环境下最终的价值主张，它最初可能并不适应于二次元企业的商业运营。那么，在现实市场环境下，二次元企业如何在商业诉求与文化治理诉求中科学地调整自己的价值主张？二次元企业在商业模式中预设的价值主张如何成功转化成能为组织和个体共同"理解"的价值主张？在这个过程中利益相关者会采取些什么策略？由于二次元市场主体的价值主张具有文化治理效应，在市场状况下政府如何实现对基于价值共创的二次元产业商业模式价值主张的引导？这成为接下来需要探讨的问题。

二 多主体参与的价值主张博弈模型的构建

考虑到在基于价值共创的二次元产业商业模式中政府、二次元顾客是二次元企业的价值主张的直接利益相关者，价值主张的设置会影响这些主体的利益并影响其行为决策。笔者立足于国内当前二次元市场环境，建构博弈模型，分析基于价值共创的二次元产业商业模式的价值主张机制。

（一）价值主张博弈模型的基本假设

假设5-1：二次元企业、政府和二次元顾客是价值主张的直接利益相关者，其中二次元企业指从事二次元产品生产、运营的商业组织机构，政府指各级政府以及涉及二次元文化领域引导措施政策制定及实施的行政机构，二次元顾客是指为了进行二次元文化活动而为二次元文化产品支付一定费用的消费者。在二次元企业提出价值主张的过程中，政府、二次元企业和顾客是博弈的三方。

假设5-2：博弈方二次元企业、政府和二次元顾客均是完全理性的个体或组织，它（他）们都最大化自己的利益。

假设5-3：价值主张的博弈是完全信息静态博弈，博弈三方的决策空间是公开、透明的。

（二）相关主体的行为策略及相关经济参数

政府、二次元企业和二次元顾客参与企业价值主张博弈的目的各异，寻求的收益也不同。二次元企业是为了获得更多的商业价值，赢得政府的补贴和顾客对其品牌的认可。二次元顾客期待更小的二次元文化消费支出及更高质量的二次元文化消费体验与更高的二次元消费收益。政府期待传播主流文化，引导青少年成长，收获社会文化治理效益。借鉴已有文献[1]，此处就各博弈方的策略及相关经济参数做出

---

[1] 笔者在查阅文献过程中发现徐爱等利用博弈论的知识研究过政府、企业、消费者三方在家电供应链的博弈，翟运开等研究了远程医疗的应用与推广实践中，政府、医院和患者的博弈关系，详见徐爱等《家电绿色供应链中政府、企业、消费者三方博弈分析》，《科技管理研究》2012年第23期；翟运开等《远程医疗背景下政府、医院和患者三方博弈分析》，《中国卫生经济》2018年第7期。

第五章 基于价值共创的二次元产业商业模式的运行机制研究

如下设定。

政府的策略及相关经济参数：在价值主张的博弈中，政府的行为策略有实施产业引导政策和不实施引导政策两种。政府的引导政策主要有两种形式：其一，政府在市场环境中对先进的价值主张进行补贴，例如政府对提出传播社会主流文化、满足文化治理诉求的价值主张的企业进行减税、财政补贴等。其二，政府通过购买二次元企业生产的传播社会主流文化、满足文化治理诉求的产品，并免费提供给二次元顾客，从而降低了二次元顾客日常文化消费的成本，这形成了对顾客的间接补贴。令政府对企业的补贴为 C_{g1}，对顾客的补贴为 C_{g2}，设政府对顾客二次元文化消费的间接补贴率为 ε，顾客在接受企业产品时的日常二次元文化消费支出为 C_c，则存在 $C_{g2}=\varepsilon C_c$。二次元产业的发展能给社会带来文化收益，此处，令政府在引导策略下获得的社会收益为 R_{g1}，在不引导策略下的社会收益为 R_{g2}。

二次元企业策略及相关经济参数：二次元企业可以决定提出先进的价值主张即传播社会主流文化、满足文化治理诉求的价值主张，和提出普通的价值主张即传播大众文化、满足大众化娱乐诉求的价值主张①两种策略，选择提出先进价值主张策略的二次元企业，其产品具有积极的文化引导效应，提出普通价值主张的二次元企业，其产品具有娱乐大众的效应，却不具备文化治理的效应。无论价值主张是否先进，企业都需要投入资金、创意、人力等，令二次元企业在商业模式中提出先进的价值主张时的支出为 C_{f1}，其相关产品的市场收益为 R_{f1}，令二次元企业提出普通价值主张的支出为 C_{f2}，其相关产品的市场收益为 R_{f2}。

二次元顾客策略及相关经济参数：二次元顾客有接受企业产品和不接受企业产品两种策略。若二次元顾客接受企业的产品，这意味顾客认可企业提出的价值主张，并且在二次元文化消费过程中会放弃其

---

① 当前大多政府对动画、游戏、二次元 IP 电影的创意生产进行严格的管理，尤其在国内，我国政府针对动画、游戏、二次元 IP 电影的创意生产建立了严苛的制作备案、出版备案机制，这杜绝了企业预设"落后"价值主张的行为，故此处不讨论"落后"价值主张的问题。

他同类型的产品，选择企业价值主张机制下的产品，即顾客会为其付费。二次元顾客不接受是指顾客不会选择这种产品。由于政府对顾客二次元文化消费的间接补贴率为 ε，则顾客在接受政府补贴状态下的日常二次元文化消费支出为 $(1-\varepsilon)C_c$，当顾客接受到先进的价值主张时，会在线上或者线下给予相关企业好评，此时企业能获得声誉收益，令企业的社会形象和品牌声誉收益为 B。同时，令顾客在接受到这个企业先进的价值主张时的收益为 R_{c1}，在接受到这个企业普通的价值主张时的收益为 R_{c2}。若顾客不接受这个企业的价值主张，顾客获得的收益为 0，此时企业获得的产品收益为 0 且声誉收益为 0。

根据以上分析，相关参数变量描述如表 5-1 所示。

表 5-1　　政府、二次元企业、顾客经济参数变量描述

	成本	收益
政府（Government）参数变量	C_{g1} 是政府对提出先进价值主张的二次元企业的补贴；C_{g2} 是政府对二次元顾客进行的补贴，政府会购买一些二次元产品免费提供给顾客，由于政府的行为能降低顾客的二次元文化消费开销，令政府对顾客的文化消费间接补贴率为 ε	R_{g1} 是政府在引导策略下获得的社会收益；R_{g2} 是政府在不引导策略下的社会收益
二次元企业（ACGN Firms）参数变量	C_{f1} 是二次元企业提出先进价值主张的成本，包括企业的资金、创意投入、人力等；C_{f2} 二次元企业提出普通价值主张的成本	R_{f1} 是二次元企业提出先进价值主张后所获得的产品销售收益；R_{f2} 是二次元企业提出普通价值主张后所获得的产品销售收益；B 是顾客接受到先进的价值主张时企业获得的社会形象和品牌声誉
二次元顾客（ACGN Customers）参数变量	C_c 是二次元顾客在接受企业产品时的日常二次元文化消费支出，则顾客在政府补贴状态下的日常二次元文化消费支出为 $(1-\varepsilon)C_c$	R_{c1} 是二次元顾客在接受先进价值主张时的收益；R_{c2} 是二次元顾客在接受普通价值主张时的收益

资料来源：笔者根据相关资料整理。

政府、二次元企业和二次元顾客三方所构成的博弈关系包含 8 种不同

第五章 基于价值共创的二次元产业商业模式的运行机制研究

的策略组合，这8种策略下价值主张博弈主体的收益矩阵如表5-2所示。

表5-2　　　　　　政府、二次元企业、顾客收益矩阵

序号	策略组合	政府收益	二次元企业收益	二次元顾客收益
1	（引导，先进，接受）	$R_{g1}-C_{g1}-\varepsilon C_c$	$R_{f1}-C_{f1}+C_{g1}+B$	$R_{c1}-(1-\varepsilon)C_c$
2	（引导，先进，不接受）	$R_{g1}-C_{g1}-\varepsilon C_c$	$-C_{f1}+C_{g1}$	0
3	（引导，普通，接受）	$R_{g1}-C_{g1}-\varepsilon C_c$	$R_{f2}-C_{f2}$	$R_{c2}-(1-\varepsilon)C_c$
4	（引导，普通，不接受）	$R_{g1}-C_{g1}-\varepsilon C_c$	$-C_{f2}$	0
5	（不引导，先进，接受）	R_{g2}	$R_{f1}-C_{f1}+B$	$R_{c1}-C_c$
6	（不引导，先进，不接受）	R_{g2}	$-C_{f1}$	0
7	（不引导，普通，接受）	R_{g2}	$R_{f2}-C_{f2}$	$R_{c2}-C_c$
8	（不引导，普通，不接受）	R_{g2}	$-C_{f2}$	0

资料来源：笔者根据相关资料整理。

（三）三方博弈的纯策略纳什均衡分析

通过对表5-2所示"政府、二次元企业、顾客收益矩阵"分析求解，可以得出价值主张博弈模型的8种纯策略纳什均衡结果及条件（见表5-3）。

表5-3　　　　　　纯策略纳什均衡结果

序号	策略组合	条件
1	（引导，先进，接受）	$R_{g1}-C_{g1}-\varepsilon C_c \geq R_{g2}$； $R_{f1}-C_{f1}+C_{g1}+B \geq R_{f2}-C_{f2}$；$R_{c1}-(1-\varepsilon)C_c \geq 0$
2	（引导，先进，不接受）	$R_{g1}-C_{g1}-\varepsilon C_c \geq R_{g2}$；$-C_{f1}+C_{g1} \geq -C_{f2}$；$0 \geq R_{c1}-(1-\varepsilon)C_c$
3	（引导，普通，接受）	$R_{g1}-C_{g1}-\varepsilon C_c \geq R_{g2}$； $R_{f2}-C_{f2} \geq R_{f1}-C_{f1}+B$；$R_{c2}-(1-\varepsilon)C_c \geq 0$
4	（引导，普通，不接受）	$R_{g1}-C_{g1}-\varepsilon C_c \geq R_{g2}$；$-C_{f2} \geq -C_{f1}+C_{g1}$；$0 \geq R_{c2}-(1-\varepsilon)C_c$
5	（不引导，先进，接受）	$R_{g2} \geq R_{g1}-C_{g1}-\varepsilon C$；$R_{f1}-C_{f1}+B \geq R_{f2}-C_{f2}$；$R_{c1}-C_c \geq 0$
6	（不引导，先进，不接受）	$R_{g2} \geq R_{g1}-C_{g1}-\varepsilon C_c$；$-C_{f1} \geq -C_{f2}$；$0 \geq R_{c1}-C_c$
7	（不引导，普通，接受）	$R_{g2} \geq R_{g1}-C_{g1}-\varepsilon C_c$；$R_{f2}-C_{f2} \geq R_{f1}-C_{f1}+B$；$R_{c2}-C_c \geq 0$
8	（不引导，普通，不接受）	$R_{g2} \geq R_{g1}-C_{g1}-\varepsilon C_c$；$-C_{f2} \geq -C_{f1}$；$0 \geq R_{c2}-C_c$

资料来源：笔者根据相关资料整理。

分析上述纯策略均衡，策略组合 2（引导、先进、不接受）是一种不理想的状态。此时，政府实施了引导策略，然而由于先进文化产品给顾客带来的收益不足以弥补政府文化消费补贴下二次元顾客的支出，二次元顾客选择不接受企业的先进价值主张，这使二次元企业尽管获得了政府的补贴但却未能实现市场盈利。在现实情况中，这种现象较为合理的解释是，由于二次元企业在提出先进价值主张的过程中未能平衡文化产品的教育属性与消费属性，使先进价值主张脱离了二次元顾客的审美取向，这导致尽管二次元企业在商业模式中提出了先进价值主张，然而政府的文化治理却收效甚微。

策略组合 3（引导、普通、接受）和策略组合 4（引导、普通、不接受）是政府实施引导策略时，二次元文化市场所出现的恶性情况。策略组合 3 下，顾客选择接受普通文化产品，此时二次元企业提出普通价值主张下的收益大于其提出先进价值主张下的收益（包括产品销售收益、政府补贴收益、企业社会形象和品牌声誉收益等）。这意味着，尽管政府实施了引导策略，但却未能实现对二次元文化市场的引导，此时，市场上二次元企业倾向于在商业模式中提出普通价值主张，普通二次元产品泛滥，二次元顾客痴迷于追求肤浅、快感式的二次元文化消费。策略组合 4 下，由于二次元顾客未接受二次元企业的价值主张，二次元企业无法获得产品销售收益，此时由于二次元企业提出先进价值主张时的支出比提出普通价值主张时的支出更大（企业提出先进价值主张成本与其获得政府补贴的差额大于企业提出普通价值主张时的支出），二次元企业会选择支出更小的策略，即提出普通价值主张。策略组合 3 和策略组合 4 的恶性情况在现实市场状况下一般不会出现，导致这些状况出现的较为合理的解释是政府的引导措施失当。

策略组合 5（不引导、先进、接受）和策略组合 1（引导、先进、接受）是比较理想的策略组合。策略组合 5 是政府没有实施引导的情况，此时，二次元企业在商业模式中提出先进价值主张所获得的收益（包括产品收益和品牌及声誉收益）大于企业提出普通价值主张时的收益，而二次元顾客对二次元企业提出的先进价值主张的接受度又比较高，即便他们在未获得政府的消费补贴的情况下，也觉得物有所值。这是社会所期待的二次元文化产业的发展方向，这种策略组合可能出现在二次元行业整体觉悟水平高、二次元企业社会责任感强烈、企业对社会效益极其重视以及二次元受众的文化消费取向积极健康的情况下。然而在现实市场状况下，这种局面出现的可能性并不高。策略组合1是现实市场状况下存在可能性较高的策略组合。这策略组合1下，政府尽管花费了大量成本对二次元文化生产及文化消费进行引导，然而，政府获得的收益远远不足以弥补其实施引导政策时的支出。所以若从政府作为"期待收益最大化的理性人"的前提条件来考察策略组合1，它达不到纯策略均衡。

（四）三方博弈的混合策略纳什均衡分析

令政府实施引导政策的概率为 P_1，则政府不实施引导的概率为 $1-P_1$；二次元企业提出先进价值主张的概率为 P_2，则二次元企业提出普通价值主张的概率为 $1-P_2$，顾客在接受企业产品时的概率为 P_3，则顾客不接受的概率为 $1-P_3$。

通过对政府、企业、顾客的不同策略组合下收益矩阵进行分析，可以得出政府、二次元企业、二次元顾客各自的总效用函数，此处分别用 U_1、U_2、U_3 表示。

政府的总效用函数 U_1 为：

$$\begin{aligned}U_1 =\ & P_1[P_2P_3(R_{g1}-C_{g1}-\varepsilon C_C)+P_2(1-P_3)(R_{g1}-C_{g1}-\varepsilon C_C)\\&+(1-P_2)P_3(R_{g1}-C_{g1}-\varepsilon C_C)\\&+(1-P_2)(1-P_3)(R_{g1}-C_{g1}-\varepsilon C_C)]\\&+(1-P_1)[P_2P_3R_{g2}+P_2(1-P_3)R_{g2}\\&+(1-P_2)P_3R_{g2}+(1-P_2)(1-P_3)R_{g2}]\\=\ & P_1(R_{g1}-C_{g1}-\varepsilon C_c)+(1-P_1)R_{g2} \quad (5-1)\end{aligned}$$

对政府的总效用函数 U_1 求关于 P_1 的偏导，可得：

$$\frac{\partial U_1}{\partial P_1}=R_{g1}-C_{g1}-\varepsilon C_c-R_{g2} \quad (5-2)$$

根据式(5-2)可以看出，政府总效用函数 U_1 关于 P_1 的偏导的值仅与政府的各项参数相关，不受企业和顾客的决策影响。当 $R_{g1}-R_{g2}>$

$C_{g1}+\varepsilon C_c$ 时，$\dfrac{\partial U_1}{\partial P_1}>0$，此时政府选择实施引导政策下的社会效益 R_{g1} 要大于不实施引导政策下的社会效益 R_{g2}，而且两种政策环境下的社会效益差额足以弥补政府施行引导政策时的政府补贴开支，在这种条件下，政府会实施引导政策（$P_1=1$）。反之，当 $R_{g1}-R_{g2}<C_{g1}+\varepsilon C$ 时，$\dfrac{\partial U_1}{\partial P_1}<0$，此时如果社会效益增量不足以弥补政府施行引导政策时的政府支出，则政府不会实施引导政策（$P_1=0$）。当 $R_{g1}-R_{g2}=C_{g1}+\varepsilon C$ 时，$\dfrac{\partial U_1}{\partial P_1}=0$，政府选择是否采取引导政策的期望收益相等，$P_1$ 可在 [0, 1] 内任意取值，由于这种情况是一种巧合情况，并且会导致此博弈模型存在无数组纳什均衡解，因此此处笔者不进行讨论。在实际环境中，由于大多政府对文化治理十分重视，即便实施引导政策的成本巨大，不少政府仍然倾向于选择实施引导政策，此时，政府若根据社会效益增量的差额来确定引导政策的强度，可以实现政府收益的最大化。

根据政府的决策，可以分两种情况进行讨论。

第一种情况：在政府选择实施引导政策（$P_1=1$）的情况下，分析企业和顾客的效用函数。

企业的总效用函数 $U_2(P_1=1)$ 为：

$$U_2(P_1=1) = P_2[P_3(R_{f1}-C_{f1}+C_{g1}+B)+(1-P_3)(-C_{f1}+C_{g1})] \\ + (1-P_2)[P_3(R_{f2}-C_{f2})+(1-P_3)(-C_{f2})] \\ = P_2(P_3R_{f1}+P_3B+C_{g1}-C_{f1})+(1-P_2)(P_3R_{f2}-C_{f2})$$

(5-3)

对二次元企业的总效用函数 $U_2(P_1=1)$ 求关于 P_2 的偏导，可得：

$$\dfrac{\partial U_2(P_1=1)}{\partial P_2} = (P_3R_{f1}+P_3B+C_{g1}-C_{f1})-(P_3R_{f2}-C_{f2})$$

(5-4)

二次元顾客的总效用函数 $U_3(P_1=1)$ 为：

第五章 基于价值共创的二次元产业商业模式的运行机制研究

$$U_3(P_1 = 1) = P_3[P_2(R_{c1} - C_c + \varepsilon C_c) \\
+ (1 - P_2)(R_{c2} - C_c + \varepsilon C_c)] + 0 \\
= P_3[P_2(R_{c1} - R_{c2}) + \varepsilon C_c + (R_{c2} - C_c)] \quad (5-5)$$

对二次元顾客的总效用函数 $U_3(P_1=1)$ 求关于 P_3 的偏导,可得:

$$\frac{\partial U_3(P_1 = 1)}{\partial P_3} = P_2(R_{c1} - R_{c2}) + \varepsilon C_c + (R_{c2} - C_c) \quad (5-6)$$

使用式(5-4)、式(5-6)构建方程组如下:

$$\begin{cases} \dfrac{\partial U_2(P_1 = 1)}{\partial P_2} = (P_3 R_{f1} + P_3 B + C_{g1} - C_{f1}) - (P_3 R_{f2} - C_{f2}) = 0 \\ \dfrac{\partial U_3(P_1 = 1)}{\partial P_3} = P_2(R_{c1} - R_{c2}) + C_c + (R_{c2} - C_c) = 0 \end{cases}$$

求解可得在政府选择实施引导政策的情况下,二次元企业和二次元顾客混合策略纳什均衡解:

$$P_3(P_1 = 1) = \frac{C_{g1} - (C_{f1} - C_{f2})}{R_{f2} - (R_{f1} + B)} \quad (5-7)$$

$$P_2(P_1 = 1) = \frac{\varepsilon C_c + (R_{c2} - C_c)}{R_{c2} - R_{c1}} \quad (5-8)$$

第二种情况:在政府选择不实施引导政策($P_1=0$)时,分析二次元企业和二次元顾客的效用函数。

二次元企业的总效用函数 $U_2(P_1=0)$ 为:

$$U_2(P_1 = 0) = P_2[P_3(R_{f1} - C_{f1} + B) + (1 - P_3)(- C_{f1})] \\
+ (1 - P_2)[P_3(R_{f2} - C_{f2}) + (1 - P_3)(- C_{f2})] \\
= P_2(P_3 R_{f1} + P_3 B - C_{f1}) + (1 - P_2)(P_3 R_{f2} - C_{f2}) \quad (5-9)$$

对二次元企业的总效用函数 $U_2(P_1=0)$ 求关于 P_2 的偏导,可得:

$$\frac{\partial U_2(P_1 = 0)}{\partial P_2} = (P_3 R_{f1} + P_3 B - C_{f1}) - (P_3 R_{f2} - C_{f2}) \quad (5-10)$$

二次元顾客的总效用函数 $U_3(P_1=0)$ 为:

$$U_3(P_1 = 0) = P_3[P_2(R_{c1} - C_c) + (1 - P_2)(R_{c2} - C_c)] + 0$$
$$= P_3[P_2(R_{c1} - R_{c2}) + (R_{c2} - C_c)] \quad (5-11)$$

对二次元顾客的总效用函数 $U_3(P_1=0)$ 求关于 P_3 的偏导，可得：

$$\frac{\partial U_3(P_1 = 0)}{\partial P_3} = P_2(R_{c1} - R_{c2}) + (R_{c2} - C_c) \quad (5-12)$$

使用式（5-10）、式（5-12）构建方程组如下：

$$\begin{cases} \dfrac{\partial U_2(P_1 = 0)}{\partial P_2} = (P_3 R_{f1} + P_3 B - C_{f1}) - (P_3 R_{f2} - C_{f2}) = 0 \\ \dfrac{\partial U_3(P_1 = 0)}{\partial P_3} = P_2(R_{c1} - R_{c2}) + (R_{c2} - C_c) = 0 \end{cases}$$

求解可得在政府选择不实施引导政策的情况下，企业和顾客混合策略纳什均衡解：

$$P_3(P_1 = 0) = \frac{C_{f2} - C_{f1}}{R_{f2} - (R_{f1} + B)} \quad (5-13)$$

$$P_2(P_1 = 0) = \frac{R_{c2} - C_c}{R_{c2} - R_{c1}} \quad (5-14)$$

三 多主体参与的价值主张博弈模型的分析

已知政府策略为纯策略，模型存在混合策略纳什均衡的前提是二次元企业与二次元顾客效用函数一阶导数等于零有解，且求出来的 P_2 和 P_3 满足条件 P_2、$P_3 \in (0, 1)$。下面笔者针对政府的两种不同策略（$P_1=1$ 及 $P_2=0$）情形下的混合策略纳什均衡分别进行讨论。

（一）政府选择实施引导政策（$P_1=1$）下的混合策略纳什均衡存在条件分析

从上文模型分析中可得，当政府实施引导政策时，混合策略纳什均衡的解为式（5-7）即 $P_3(P_1 = 1) = \dfrac{C_{g1} - (C_{f1} - C_{f2})}{R_{f2} - (R_{f1} + B)}$、式（5-8）即 $P_2(P_1 = 1) = \dfrac{\varepsilon C_c + (R_{c2} - C_c)}{R_{c2} - R_{c1}}$，由混合策略纳什均衡存在的条件为 $0 < P_2$、$P_3 < 1$，可得出，如果存在混合策略纳什均衡，必须满足以下条件。

第五章 基于价值共创的二次元产业商业模式的运行机制研究

二次元企业的参数条件1：

$0 < C_{g1} - (C_{f1} - C_{f2}) < R_{f2} - (R_{f1} + B)$

或条件2

$0 > C_{g1} - (C_{f1} - C_{f2}) > R_{f2} - (R_{f1} + B)$

二次元顾客的参数条件3：

$0 < R_{c2} - (1-\varepsilon) C_c < R_{c2} - R_{c1}$

或条件4

$0 > R_{c2} - (1-\varepsilon) C_c > R_{c2} - R_{c1}$

假设，在条件1的情况下，仍然保持 $R_{f2} - (R_{f1} + B) > 0$，降低政府补助金额 C_{g1}，使得 $C_{g1} - (C_{f1} - C_{f2}) < 0$，那么 $\frac{\partial U_2}{\partial P_2} < 0$。也就是说，在政府施行引导政策的大环境下，二次元企业在商业模式中提出普通价值主张后所获得的收益要大于提出先进价值主张所获得的收益之和（产品收益和社会形象和品牌声誉收益之和），而二次元企业提出先进价值主张又要付出更多的成本情况下，如果二次元企业获得的政府补贴的金额过低，以致补贴无法弥补企业在提出先进价值主张时的成本损失（成本损失额等于提出先进价值主张的成本与提出普通价值主张的成本差额），二次元企业为了实现更高的运营绩效，必定会选择放弃基于价值共创的商业模式，选择提出普通价值主张，此时，二次元企业的选择就变为纯策略。

同样假设在条件1的情况下，仍然保持 $R_{f2} - (R_{f1} + B) > 0$，如果提高政府补贴金额 C_{g1}，使 $C_{g1} - (C_{f1} - C_{f2}) < R_{f2} - (R_{f1} + B)$，那么 $\frac{\partial U_2}{\partial P_2} > 0$。也就是说，如果大力提高政府对二次元企业的补贴，使二次元企业所获得的政府补贴不仅能弥补其企业在提出先进价值主张时的成本损失，而且能弥补企业在提出先进、普通价值主张后的产品收益的差额。此时，二次元企业为了商业效益，必定会选择在基于价值共创的商业模式中提出先进价值主张，企业的选择也就变为纯策略。当然，在现实环境下，政府给予二次元企业的补助不可能是无限大的，政府在确定引导力度的时候需要考虑政府在两种政策环境下所获得的社会效益增量的大小。

（二）政府选择实施引导政策（$P_1=1$）下企业选择的混合策略影响因素分析

在政府选择实施引导政策情况下，在满足条件 $0<R_{c2}-(1-\varepsilon)C_c<R_{c2}-R_{c1}$（条件3）时，分析二次元企业的混合策略纳什均衡解 $P_2(P_1=1)=\dfrac{\varepsilon C_c+(R_{c2}-C_c)}{R_{c2}-R_{c1}}$ 式（5-8）。分析，$P_2(P_1=1)$ 对各个相关参数的偏导，可得：

$$\frac{\partial P_2(P_1=1)}{\partial R_{c2}}=-\frac{\varepsilon C_c+(R_{c2}-C_c)}{(R_{c2}-R_{c1})^2}<0,$$

$$\frac{\partial P_2(P_1=1)}{\partial R_{c1}}=\frac{\varepsilon C_c+(R_{c2}-C_c)}{(R_{c2}-R_{c1})^2}>0,$$

$$\frac{\partial P_2(P_1=1)}{\partial \varepsilon}=\frac{C_c}{R_{c2}-R_{c1}}>0。$$

在条件3的参数设定下，二次元顾客从普通文化产品中获得的收益要大于从先进产品中获得的收益，且二次元顾客在购买先进文化产品的时候收不抵支。在这种情况下，需要二次元企业在商业模式运行中选择先进价值的主张概率较高才能够达到纳什均衡。这时二次元企业选择提出先进价值主张的概率 P_2 是二次元顾客获得政府补助比例 ε、顾客接受企业先进价值主张时的收益 R_{c1} 的递增函数，也是二次元顾客接受二次元企业普通价值主张时的收益 R_{c2} 的递减函数。这说明在二次元顾客总体文化支出稳定的情况下，当政府倾向于增加对二次元顾客的文化消费补贴时，先进产品在二次元顾客日常文化消费中的占比升高，随着二次元顾客日益频繁地消费先进文化产品，他们逐渐形成了消费先进产品的习惯，二次元顾客在日常文化消费中就会偏向于选择企业先进价值主张机制下的产品，二次元企业也会跟随大众文化消费的趋势，在商业模式运营中更倾向于选择提出先进的价值主张。而当二次元顾客在接受二次元企业先进价值主张后获得更多收益时，即二次元顾客在先进产品的消费中获得了更多的文化知识、愉悦感、快感体验等收益时，二次元顾客会更愿意在日常文化消费中为先进价值主张买单，此时二次元企业更倾向于提出先进的价值主张。而当二次元顾客接受企业普通价值主张获得更多的收益时，二次元顾客会倾向于购买普通产品，随着普通产品在文化市场的走俏，二次元企业在商业模式中提出先进价值主张行为的积极性会受到挫伤，这无疑会对政府的文化治理产生负面影响。因此，提高二次元群体文化品位，提高先进文化产品的品质，增加二次元顾客在接受二次元企业先进价值主张时所获得的收益，能提高二次元企业在商业模式运营中提出先进价值主张的积极性，当越来越多的二次元企业选择提出先进价值主张并专注于提高二次元顾客的消费收益时，市场上的先进产品的质量和数量将得到提升，此时更多的二次元顾客会倾向于选择接受先进的价值主张，由此可以形成良性循环。

在政府选择实施引导政策情况下，在满足条件 $0>R_{c2}-(1-\varepsilon)C_c>R_{c2}-R_{c1}$（条件4）时，可得：

$$\frac{\partial P_2(P_1=1)}{\partial R_{c2}} = -\frac{\varepsilon C_c+(R_{c2}-C_c)}{(R_{c2}-R_{c1})^2} > 0,$$

$$\frac{\partial P_2(P_1=1)}{\partial R_{c1}} = \frac{\varepsilon C_c+(R_{c2}-C_c)}{(R_{c2}-R_{c1})^2} < 0,$$

$$\frac{\partial P_2(P_1=1)}{\partial \varepsilon} = \frac{C_c}{R_{c2}-R_{c1}} < 0。$$

在条件4的参数设定下，二次元顾客从普通文化产品中所获得的收益要小于从先进产品中所获得的收益，且二次元顾客在购买普通文化产品的时候收不抵支。在这种情况下，若二次元企业选择提出先进价值的主张概率较低，该模型就能够达到纳什均衡。如果此时政府加大对顾客选择先进产品的补贴力度，会导致二次元企业无论提出何种价值主张都能获得较好的收益，这会挫伤二次元企业提出先进价值主张的热情。在现实文化市场环境中，当二次元顾客整体文化品位较高的背景下，过大的政府补贴会对二次元产业的发展及二次元产业商业模式的优化造成负面影响，因此政府应该把握好引导政策的力度、避免盲目的补贴行为。

（三）政府选择实施引导政策（$P_1=1$）下顾客混合策略的影响因素分析

在政府选择实施引导政策情况下，同时满足条件 $0<C_{f2}-C_{f1}<C_{g1}-(C_{f1}-C_{f2})<R_{f2}-(R_{f1}+B)$（条件1）时，分析顾客的混合策略纳什均衡解 $P_3(P_1=1)=\dfrac{C_{g1}-(C_{f1}-C_{f2})}{R_{f2}-(R_{f1}+B)}$ 式（5-7），分析 $P_3(P_1=1)$ 对各个相关参数的偏导，可得：

$$\frac{\partial P_3(P_1=1)}{\partial C_{g1}}=\frac{1}{R_{f2}-(R_{f1}+B)}>0,$$

$$\frac{\partial P_3(P_1=1)}{\partial C_{f1}}=\frac{-1}{R_{f2}-(R_{f1}+B)}<0,$$

$$\frac{\partial P_3(P_1=1)}{\partial C_{f2}}=\frac{1}{R_{f2}-(R_{f1}+B)}>0,$$

$$\frac{\partial P_3(P_1=1)}{\partial B}=\frac{C_{g1}-(C_{f1}-C_{f2})}{[R_{f2}-(R_{f1}+B)]^2}>0,$$

$$\frac{\partial P_3(P_1=1)}{\partial R_{f1}}=\frac{C_{g1}-(C_{f1}-C_{f2})}{[R_{f2}-(R_{f1}+B)]^2}>0,$$

$$\frac{\partial P_3(P_1=1)}{\partial R_{f2}}=-\frac{C_{g1}-(C_{f1}-C_{f2})}{[R_{f2}-(R_{f1}+B)]^2}<0。$$

在条件1的参数设定下，二次元企业选择提出普通价值主张时其所获得的净收益要大于提出先进价值主张时其所获得的净收益。在这种环境中，当政府实施引导策略、二次元顾客选择接受二次元企业价值主张的概率较大才能达到纳什均衡。而且二次元顾客接受企业价值主张的概率 P_3 是企业获得政府补助大小 C_{g1}、企业选择先进价值主张时的收益 R_{f1}、企业提出普通价值主张时的成本 C_{f2}、顾客选择企业先进价值主张时企业获得的社会形象和品牌声誉收益 B 的递增函数，也是企业选择提出普通价值主张时的收益 R_{f2}、企业选择提出先进价值主张时的成本 C_{g2} 的递减函数。这说明，当政府选择引导性策略时，二次元企业在商业模式运行中通过提出先进价值主张、传播先进文化，可以获得了更多的政府补贴，这起到了正面的示范效应，从而激励了整个二次元行业提出先进价值主张、传播先进价值的行为。而随着越来越多的企业在商业模式中提出先进价值主张，先进产品会逐渐从文化供应市场的边缘走向主流，二次元顾客选择接受先进价值主张的概率也会增加。此外，由于当二次元顾客在接受二次元企业先进的价值主张后，提出这一价值主张的企业获得更高的社会形象和品牌声誉，这种"品牌效应"也会激励二次元企业在商业模式中提出先进价值主张的行为。

在政府选择实施引导政策情况下，在满足条件 $0 < C_{g1} - (C_{f1} - C_{f2}) < R_{f2} - (R_{f1}+B)$（条件2）时，可得：

$$\frac{\partial P_3(P_1=1)}{\partial C_{g1}} = \frac{1}{R_{f2}-(R_{f1}+B)} < 0,$$

$$\frac{\partial P_3(P_1=1)}{\partial C_{f1}} = \frac{-1}{R_{f2}-(R_{f1}+B)} > 0,$$

$$\frac{\partial P_3(P_1=1)}{\partial C_{f2}} = \frac{1}{R_{f2}-(R_{f1}+B)} < 0,$$

$$\frac{\partial P_3(P_1=1)}{\partial B} = \frac{C_{g1}-(C_{f1}-C_{f2})}{[R_{f2}-(R_{f1}+B)]^2} < 0,$$

$$\frac{\partial P_3(P_1=1)}{\partial R_{f1}} = \frac{C_{g1}-(C_{f1}-C_{f2})}{[R_{f2}-(R_{f1}+B)]^2} < 0,$$

$$\frac{\partial P_3(P_1=1)}{\partial R_{f2}} = -\frac{C_{g1}-(C_{f1}-C_{f2})}{[R_{f2}-(R_{f1}+B)]^2} > 0。$$

在条件2的参数设定下，二次元企业选择提出先进主张时其所获得的净收益要大于提出普通价值主张时其所获得的净收益，如果，政府持续增加对二次元企业的补贴，此时即便二次元顾客对先进价值主张的接受度不高，也能够达到纳什均衡。造成这种情况可能的原因是政府的引导政策的力度过度。此时由于二次元企业过分依赖于政府的补贴，这可能会导致二次元企业在提出先进价值主张的过程中忽视顾客的诉求，使二次元企业推出的先进产品脱离市场需求、无法打动二次元顾客。

（四）政府选择不实施引导政策（$P_1=0$）下的混合策略纳什均衡存在条件分析

从上文模型分析中可得，当政府不实施引导政策时，混合策略纳什均衡的解为公式（5-13）$P_3(P_1=0)=\dfrac{C_{f2}-C_{f1}}{R_{f2}-(R_{f1}+B)}$、式（5-14）$P_2(P_1=0)=\dfrac{R_{c2}-C_c}{R_{c2}-R_{c1}}$，由混合策略纳什均衡存在的条件为 $0<P_2$、$P_3<1$，由此可得出，如果存在混合策略纳什均衡，必须满足以下条件。

二次元企业的参数条件5：

$0<C_{f2}-C_{f1}<R_{f2}-(R_{f1}+B)$

或条件6

$0>C_{f2}-C_{f1}>R_{f2}-(R_{f1}+B)$

二次元顾客的参数条件7：

$0<R_{c2}-C_c<R_{c2}-R_{c1}$

或条件8

$0>R_{c2}-C_c>R_{c2}-R_{c1}$

可以看出，当政府不实施引导政策时，二次元企业和二次元顾客的决策纯粹取决于两者的收益和成本之间的关系。分析条件5，在二次元企业提出先进价值主张的收益和成本都要小于提出普通价值主张的收益和成本时，如果提高二次元企业的品牌和声誉收益 B，使二次元企业获得的声誉收益足以弥补企业提出先进价值主张时的净收入与提出普通价值主张时的净收入差额 $[C_{f2}-C_{f1}>R_{f2}-(R_{f1}+B)]$。那么 $\dfrac{\partial U_2}{\partial P_2}>0$，此时，二次元企业会按照效益最大原则，一定选择生产先进产品，二次元企业的选择也就变为纯策略。

（五）政府选择不实施引导政策（$P_1=0$）下企业选择的混合策略影响因素分析

在政府选择不实施引导政策情况下，同时满足条件 $0<R_{c2}-C_c<R_{c2}-R_{c1}$（条件7）时，分析企业的混合策略纳什均衡解 $P_2(P_1=0)=\dfrac{R_{c2}-C_c}{R_{c2}-R_{c1}}$式

(5-14)。分析，$P_2(P_1=0)$ 对各个相关参数的偏导，可得：

$$\frac{\partial P_2(P_1=0)}{\partial R_{c2}} = \frac{-1}{(R_{c2}-R_{c1})^2} < 0,$$

$$\frac{\partial P_2(P_1=0)}{\partial R_{c1}} = \frac{1}{(R_{c2}-R_{c1})^2} > 0,$$

$$\frac{\partial P_2(P_1=0)}{\partial C_c} = \frac{-1}{R_{c2}-R_{c1}} < 0。$$

在条件 7 的参数设定下，二次元顾客从普通文化产品中获得的收益要大于从先进产品中获得的收益，且二次元顾客在购买先进文化产品的时候获得的收益小于支出，同时二次元顾客购买到普通文化产品时获得的收益大于支出。在这种情况下，需要二次元企业选择提出先进价值的主张概率较高才能够达到纳什均衡。这时二次元企业选择提出先进价值主张的概率 P_2 是顾客接受企业先进价值主张时的收益 R_{c1} 的递增函数，也是二次元顾客接受企业普通价值主张时的收益 R_{c2}、顾客选择接受企业产品所花费的支出 C_c 的递减函数。这说明在二次元顾客对先进文化产品接受度不高的情况下，社会需要积极介入二次元文化产品的生产与消费中。社会可以采取以下措施激励二次元企业在商业模式中提出先进价值主张的行为：提高顾客的二次元文化欣赏水平、引导二次元顾客树立正确的文化消费品位、优化先进文化产品的表现形式以提高顾客对此类产品的接受度、降低顾客购买文化产品时的基本开支等。当越来越多的二次元企业在商业模式中选择提出先进价值主张并专注于提高二次元顾客的消费收益时，市场上的先进产品的质量和数量将得到提升，更多的二次元顾客会倾向于选择接受先进的价值主张，由此可以形成良性循环。

（六）政府选择不实施引导政策（$P_1=0$）下顾客选择的混合策略影响因素分析

在政府选择不实施引导政策情况下，在满足条件 $0<C_{f2}-C_{f1}<R_{f2}-(R_{f1}+B)$（条件 5）时，分析顾客的混合策略纳什均衡解 $P_3(P_1=0) = \frac{C_{f2}-C_{f1}}{R_{f2}-(R_{f1}+B)}$ 式（5-13），分析，$P_3(P_1=0)$ 对各个相关参数的偏导，

可得：

$$\frac{\partial P_3(P_1=0)}{\partial C_{f1}} = \frac{-1}{R_{f2}-(R_{f1}+B)} < 0,$$

$$\frac{\partial P_3(P_1=0)}{\partial C_{f2}} = \frac{1}{R_{f2}-(R_{f1}+B)} > 0,$$

$$\frac{\partial P_3(P_1=0)}{\partial B} = \frac{C_{f2}-C_{f1}}{[R_{f2}-(R_{f1}+B)]^2} > 0,$$

$$\frac{\partial P_3(P_1=0)}{\partial R_{f1}} = \frac{C_{f2}-C_{f1}}{[R_{f2}-(R_{f1}+B)]^2} > 0,$$

$$\frac{\partial P_3(P_1=0)}{\partial R_{f2}} = \frac{C_{f1}-C_{f2}}{[R_{f2}-(R_{f1}+B)]^2} < 0。$$

在条件5的参数设定下，二次元企业选择提出普通价值主张时其所获得的净收益要大于提出先进价值主张时其所获得的净收益。在政府不实施引导策略的情况下，二次元顾客选择接受二次元企业价值主张的概率较大才能达到纳什均衡。而且二次元顾客接受二次元企业价值主张的概率 P_3 是二次元企业选择先进价值主张时的收益 R_{f1}、二次元企业提出普通价值主张时的成本 C_{f2}、二次元顾客选择二次元企业先进价值主张时二次元企业获得的社会形象和品牌声誉收益 B 的递增函数，也是二次元企业选择普通价值主张时的收益 R_{f2}、二次元企业选择先进价值主张时的成本 C_{g2} 的递减函数。这说明，当政府不实施引导性策略时，二次元顾客选择接受二次元企业价值主张的纳什均衡概率与二次元企业的生产经营参数相关。此时，顾客更倾向于接受那些兼具"软实力""硬实力"的企业的价值主张。当二次元企业具有较高的社会形象和品牌声誉，或者当二次元企业能够以较低的成本提出更优质的价值主张时，二次元顾客选择接受企业价值主张的概率也会增加。因此，在缺乏引导性政策的环境下，二次元企业不仅需要树立强烈的社会责任感，而且需要在市场竞争中自立自强。一方面，二次元企业需要下大力气优化生产方式、提高生产效率、提升产品品质，以提升自身的硬实力；另一方面，二次元企业需要重视品牌建设，以提高自身的软实力。只有这样，二次元企业所提出的先进价值主张才能为更多的顾客接受。

四 价值主张机制的研究发现与启示

本节采用博弈理论方法，在价值共创背景下，建立了"政府—二次元企业—二次元顾客"基于价值主张的三方博弈模型，分析了三者的策略选择的相关性及其影响因素。研究发现由于二次元文化产品具有文化教育属性，商业模式中的价值主张无法随意设置，它受到二次元企业自身状况及市场策略、政府的政策行为及二次元顾客的消费品好、购买能力、审美取向等诸多因素的影响，在基于价值共创的二次元产业商业模式中，价值主张可以描述为多边博弈机制下"共创"的价值主张。本节的研究成果可以为政府高效地引导二次元企业在基于价值共创的商业模式中提出先进的价值主张、为二次元企业在基于价值共创的商业模式中科学地设置价值主张提供理论参考。

本书研究获得以下启示。

（一）*政府文化治理的策略*

对于政府而言，要激励二次元企业在基于价值共创的商业模式中提出先进的价值主张以更好地实现社会价值的共创，可以采取以下三种思路。

第一，以激励企业在基于价值共创的商业模式中"常态化"的提出先进价值主张为着力点，建立完备的政策补贴体系，把握好补贴政策力度，引导二次元产业健康发展。政府的补贴力度过低，会无法激励二次元企业在商业模式中提出先进价值主张，而过高的补贴力度，会让二次元企业产生对政策的依赖。政府若仅仅关注如何"治标"，不重视二次元市场主体责任素质的提升及运营能力的提升，这会短期内推动了政府与二次元企业共创社会价值，然而这可能会导致二次元企业忽视顾客的诉求，使基于价值共创的商业模式脱离市场，一旦政府不再实施补贴政策时，这些企业会选择在商业模式中停止提出先进价值主张，而这些政策依赖型的商业模式随时可能死亡。此时，政府的补贴政策干扰了基于价值共创的商业模式建设，不利于二次元市场的发展。政府同时需要避免盲目的政策引导，因为这会使一些二次元企业耗费大量物力、财力、人力在基于价值共创的商业模式中去开发先进价值主张，而忽视对市场的拓展和竞争能力的培养和二次元文化产品质量的提升，这会导致市场上出现符合主流价值的二次元产品的数量的提升、二次元消费者却不接受的状况。因此，政府若想从根源上"治本"，在建立补贴机制时，需要以提高二次元产业的发展质量为着力点，需要将文化治理指标与二次元产业发展指标相结合，需要根据社会效益增量的差额来确定引导政策的强度。此外，政府应多方面完善补贴政策体系，加强对补贴效果的监控，对引导政策的形式、内容、强度等进行科学的制度性安排，避免过度补贴。同时政府需要建立引导基于价值共创的二次元产业商业模式发展的配套机制，将引导思路要由单纯的"补贴"，转变为多维度的引导。

第二，将政策补贴与二次元消费风尚引导相结合，引导多元主体共同参与积极消费风尚的培育，并利用积极的二次元消费风尚倒逼二次元市场主体在基于价值共创的商业模式中设置先进的价值主张。当政府采购优秀二次元作品免费或低价提供给二次元消费者时，政府能培育二次元消费者积极的消费习惯，提高消费者的文化品位，随着消费者消费品位的提升，消费者会倾向选择先进的二次元产品，这会倒逼二次元企业在商业模式中提出先进的价值主张。因此，要激励二次元企业在基于价值共创的商业模式中提出先进的价值主张，政府应该政策补贴与二次元消费风尚引导两手抓，形成政府、市场、社会多元主体共创共治的体系。例如，政府通过补贴政策自上而下引导二次元企业在商业模式中提出积极价值主张的同时，应鼓励漫画家协会、动漫协会等社会组织与非政府团体的组织协调协调作用，调动它们共同参与到积极消费风尚的营造中来，建立政府主导、社会团体参与的机制，这样才能更好地激励二次元企业在基于价值共创的商业模式中提出先进的价值主张、实现二次元文化治理的目的。

第三，将政策补贴与对优秀二次元作品的扶持、推介相结合，打消受众接受先进价值主张时的顾虑，并发挥那些在商业模式中提出先进价值主张的企业的示范效应。政府需要重视对先进二次元文化产品的扶持，加大对先进二次元文化产品的宣传与扶持力度，这能降低二次元爱好者选择先进价值主张时的顾虑，进而对受众购买先进二次元

第五章 基于价值共创的二次元产业商业模式的运行机制研究

文化产品的行为产生积极影响。当受众打消心中的疑虑，并认为接受先进价值主张也能获得丰富的二次元文化消费体验时，他们更愿意为先进二次元文化产品持续付费，此时，二次元企业为获取更高的产品销售收益，会选择迎合受众的喜好，进而倾向于在基于价值共创的商业模式中提出先进价值主张。此外，政府需要加强对提出先进价值主张的企业的宣传，这能提高这些企业的美誉度，并形成良好的示范效应，因此能激励更多的二次元企业建设基于价值共创的商业模式，并提出先进价值主张。

（二）二次元企业的价值主张策略

对于二次元领域的企业要想建设好基于价值共创的商业模式，并提出契合市场需求的价值主张，需要做好以下工作。

第一，做好政策功课，保持对二次元产业相关政策的敏感性，及时根据相关政策调整基于价值共创的商业模式中的价值主张，努力实现商业价值与社会价值的共创。二次元企业应前瞻性地将政府纳入价值主张的"共创"机制中，其价值主张设置应从市场导向转向"市场与政府导向"，从"市场本位""企业本位"转向"权衡政策红利、公共利益与企业利益"的方向上来。二次元企业应在商业模式建设中，战略性地承担社会责任，这一方面有利于我国社会文化的建设，另一方面这能够让企业自身更好地利用外部的政策资源、使企业能更好地适应外部变化。此外，做好政策功课、形成社会责任观还能增加二次元企业外部性的获益，如让企业获得政府补贴、收获了主流媒体的关注和主流社会的认可、良好口碑及企业商誉等，这也有利于二次元企业的运营绩效的提升与市场的拓展。

第二，把握二次元消费文化的走向，努力提升顾客在选择先进价值主张时的收益，让顾客在消费先进二次元文化产品时获得更多的文化知识、愉悦感、快感体验等收益，努力实现商业价值与顾客价值的共创。企业与顾客都希望达成互惠的价值主张契合（Anderson，2006），二次元领域的企业要想在商业模式中提出契合市场需求的价值主张，需要把握二次元消费文化的走向，这就需要企业做好市场调研，二次元企业在商业模式运营中可以选择通过封闭式的问卷调查或标准化的投票，引导顾客分享和反馈价值诉求，企业通过获得顾客精准信息、研究顾客利益诉求，获取设计价值主张的灵感。此外，二次元企业还要重视相关市场能力的建设，使这些价值诉求信息在企业的能力范围内得到实现，即二次元企业需要加速相关技术能力、人力能力、渠道能力和设备条件的建设，以确保顾客在接受企业价值主张时能获得更多的文化消费快感、获得更多的文化知识。

第三，在接受到政府、顾客的价值诉求信息后，要具备对这些价值诉求的捕捉能力、破译能力及满足能力，以在基于价值共创的商业模式中科学地设置价值主张。二次元企业应该通过与政府、顾客的"互动"，发现顾客的诉求和预期、理解文化治理需要和市场消费需求，进而找到多方价值的共鸣点。由于在价值主张的博弈中会出现价值诉求传递失真、理解不到位等情况，二次元领域的企业需要进一步收集信息、权衡信息可靠性，实现对价值诉求的甄别与再理解。此外，二次元企业需要在商业模式运行中结合自身的能力、资源、战略等因素发现初期所预设的价值主张的不足，从而对新的价值诉求进行组合、再造，进而重新定义和调整价值策略，以寻找到自身价值诉求与顾客价值诉求的结合点，实现与多方价值诉求的契合。

第二节　二次元产业商业模式的价值创造机制

第四章通过扎根理论研究发现，价值创造是基于价值共创的二次元产业商业模式的另一个重要的机制。本节通过对文献的归纳与演绎，结合合作博弈的思想，从中阐释价值创造中的共创逻辑，进而帮助二次元企业在商业模式建设中挣脱"单打独斗"思想的束缚、实现与利益相关者协同创造价值。

一　价值关系的嵌入与价值共创网络的构建

在确定价值主张之后，"企业必须要围绕价值主张构建价值网络"（原磊，2007）。根据价值网络的管理理论，嵌入价值关系是构建价值共创网络的前提，有利于二次元企业拥有较广阔的价值接口、更快捷

第五章　基于价值共创的二次元产业商业模式的运行机制研究

地获取价值共创所必需的创意、营销等资源。在基于价值共创的商业模式中，焦点二次元企业需要与二次元顾客、合作伙伴、社会组织建立起相互信任、相互协调的价值关系，在此基础上，才能将商业模式中不同的价值创造者和相互独立的价值流程连接起来，才能实现对价值共创网络中的知识、能力、信息技术等互补性资源的整合。价值关系让顾客、关联企业和其他利益主体成为商业模式中的内生变量，使他们可以相互合作与协调的方式在共同创造价值。关系嵌入中的关系指的是一种亲密、紧密的关系，参与者可以通过有目的的行动利用这种资源、从网络成员或关系结构中获得利益和价值。从制度经济学的视角来看，企业通过嵌入价值关系可以降低"信息成本、监督成本及管理成本"，实现"长久的经济价值"的获取（吴应宇和丁胜红，2011）。

　　关系嵌入指的是二次元企业与供应商、顾客及合作伙伴之间建立的一种非正式的链接，这种侧重于社会关系的链接以网络形式而存在，它能影响到知识分享程度（Andersson，2002）。在基于价值共创的二次元产业商业模式中，信任是二次元企业嵌入顾客价值关系的基础，二次元企业与顾客之间的良好关系成为顾客是否愿意参与接触过程的关键。在这种以信任为基础的亲密关系中，二次元顾客与企业通过互动，生成大量的有意识的和无意识的信息，形成知识共享，并加速相互学习的进程（Chang，2002）。契约是二次元企业与合作伙伴建立价值关系、形成价值共创网络的一种手段。在契约关系建立的过程中，成员间在经过多次的博弈和竞合的考验后，从最初的不信任的价值关系发展成互信合作的价值关系，到最终形成基于正式契约的稳固的价值关系。

　　嵌入价值关系会让企业与顾客、合作伙伴产生彼此倚赖与资源承诺，价值关系嵌入的程度越高，各成员之间的交叉联结会越密切（Rowley et al.，2002）。价值关系一般以网络关系强度、联系互动频率、关系稳定性等指标来测量。当这种价值关系强度、稳定度、互动频次达到一定程度时，各主体间便形成了价值共创网络。嵌入良好的价值共创网络能给价值共创主体带来机会，有利于网络成员资源互补、"能力匹配"（武柏宇和彭本红，2018）。借助关系的嵌入，企业可以获得顾客的多种资源与能力（Rowley et al., 2000），这有助于企业的运营绩效的提高和竞争优势的保持。价值共创网络将不同资源的拥有者联系起来，让参与方产生"廉价对话"的效果，让二次元企业实现对互补性资源的整合成为可能，为降低企业成本、实现商业模式的价值创造提供了基础条件。

二 互补性资源的整合

根据价值网络的理论，在嵌入价值关系后，企业具备了整合价值共创网络中资源的网络条件。在基于价值共创的二次元产业商业模式中，二次元企业往往是组织能力、顾客关系、社会资本、渠道、品牌、信誉等高级资源的拥有者，而二次元爱好者拥有着创意思维、注意力、影响力、感知力、反馈力等初级资源。二次元产业链上下游企业往往拥有着其他企业所缺乏的资源。由于不同组织拥有的资源具有一定的单一性，单独使用或孤立运作这些具有潜在价值的资源有时不足以实现价值创造，企业需要与利益相关者进行互补性资源的匹配与整合。创意、人力、财务、品牌、市场、研发等互补性资源的引入可以在资源广度和深度上对价值创造活动提供支持，扩展价值共创的空间。

Amit 等（1993）认为资源整合过程可以划分为"资源识别与选择、资源获取、资源开发及融合"三大环节。在基于价值共创的二次元产业商业模式中，二次元企业对互补性资源的整合也会经历类似三个环节。一是识别网络中的资源，即二次元企业利用自身的识别能力寻找到价值共创网络中的二次元创意、知识、营销等资源。二是嵌入价值关系、获取资源。二次元企业通过将不同伙伴嵌入自己商业模式的价值系统中，让初级资源与具有互补性的高级资源在商业模式的组织框架中相会，为获取、整合其他成员的"冗余"资源提供了机会。三是整合互补性资源。根据迈克尔·波特的理论，资源的互补过程是不产生新价值的。企业需要在市场需求和发展战略的指引下，通过重新配置内外资源，发现"客户需求与资源配置的最优组合"（吴群，2013）。嵌入价值共创网络的二次元企业利用价值关系可以寻找到互

第五章 基于价值共创的二次元产业商业模式的运行机制研究

补性资源，然后根据自身的目标，对这些资源进行最优化的组合。二次元企业从价值共创网络异质性资源，并将普通资源转换成商业资源（见图5-1），最终达到资源的重新组合与优化升级的目的。为了保证商业模式价值创造的实现，二次元企业需要慎重地选择资源整合的对象。商业模式发起企业在整合资源时既要有效地整合其他企业的高级互补性资源，也要整合顾客的初级互补性资源。二次元企业通过互补性资源的充分挖掘、利用获得"价值共创租金"，实现知识的分享和创新。

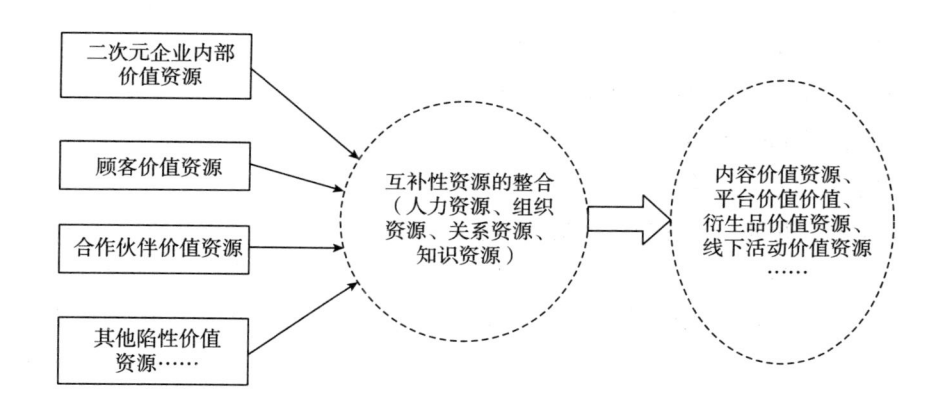

图 5-1 互补性资源的整合

资料来源：笔者根据相关资料整理。

随着数字时代的到来，二次元用户的资源已成为二次元企业在基于价值共创的商业模式中需要重点整合的资源。顾客对二次元产品的创意、对线下活动流程设计及提供方式的建议、对二次元产品或服务消费后的反馈意见等，已被一些二次元领域的企业纳入与文化资源、人力资源、信息资源同等地位的资源范畴。例如，在内容运营中，创意是企业在产品开发中获取成功的关键因素，创意理念生成于二次元领域的企业或顾客的灵感迸发中，依赖于企业、合作伙伴、顾客等多元参与者的交流、讨论和碰撞。二次元顾客拥有着大量的可操纵性资源，如创意、知识等，却缺乏分享和展示的渠道，因此，尽管这种资源具有价值但它却不是商业资源。只有当运营二次元内容的企业获取到这些资源,并为了转换这些创意资源而建立并实施一套整合方案时,这些资源才可能转换成商业资源。如内容企业首先与平台企业合作搭建平台,并通过给予二次元爱好者经济奖励、会员等级奖励等方式,激发他们的创意活力。顾客利用这个平台交流与共享创意,并在这一过程生成了大量粗糙的内容资源,如轻小说片段、画质粗糙漫画等。这些丰富多样且多元的内容创意尽管"量大"却"质不优",并且由于缺乏相应的内容整合、平台推广、营销宣传,这些资源还无法实现商业化。动画、漫画、轻小说等内容企业以点击量作为优质创意的筛选标准,筛选出优质的作品以构筑自己商业模式中的互补性资源。内容企业通过内容编辑者的整合,将这些发表在网络中的内容资源转化成能吸引用户付费的商业资源。此外,顾客资源具有中介性和双向度,它一端连接着企业内部的资源,另一端连接着外部环境(刘建新等,2006)。如在内容策略下,二次元内容企业将顾客的社交资源整合成为链接潜在用户群体的中介(见图5-2),企业可以通过口碑效应将企业内部信号传播到顾客的社交圈,实现产品的营销和品牌的构建。

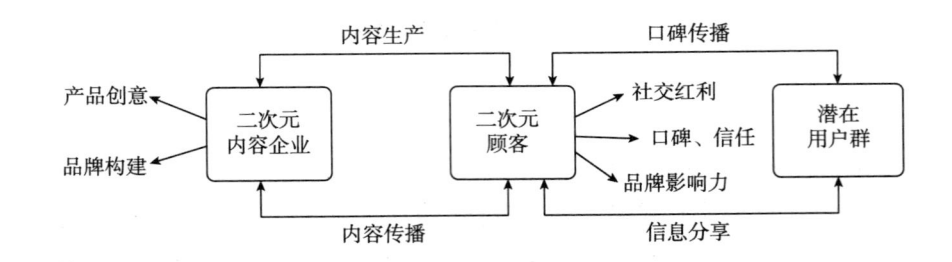

图 5-2 顾客作为企业链接潜在用户群体的中介

资料来源:笔者根据相关资料整理。

三 多主体参与的价值协同创造与共振

在基于价值共创的二次元产业商业模式中,多主体参与的价值的协同创造与共振是价值共创的形式,这些联动的价值活动涵盖二次元产品的设计生产、营销、传播以及售后服务等过程。围绕价值主张，二次元企业在顾客、合作伙伴、利益相关者的参与下，一方面通过生产性的价值协同创造，生成价值；另一方面通过增值性的价值共振活动，实现创意、知识等价值载体的增值。

（一）生产性的价值协同创造

根据古典经济学供给决定论，商品价值来自生产过程，由生产所创造（孙艳霞，2012）。在基于价值共创的二次元产业商业模式中，企业以协作的方式进行价值的共创。对于内容业务而言，动画、漫画、游戏、轻小说等创意开发者常常围绕一个主题，以协作的方式进行创意企划、内容编辑、加工与制作活动；对于平台业务而言，平台企业需要组建技术和管理团队，与内容提供商开展合作，将合作伙伴、用户制作或提供 ACG 视频、轻小说等资源以编辑、整合的方式转化为平台的商业资源；对于线下活动业务而言，线下活动运营商需要基于顾客的诉求及二次元产业链上游合作伙伴的诉求，确定漫展、Cosplay 表演的主题，并投入设备、人力、创意企划和组织线下活动；对于二次元周边衍生业务而言，二次元周边衍生企业需要基于市场调研信息，投入人力、物力进行相关衍生产品的创意与开发活动，并与相关的内容运营商、平台企业以协作的方式将粉丝转化成二次元周边的付费者。

在基于价值共创的二次元产业商业模式中，企业是生产性的价值协同创造的组织者，它们将顾客转化成为"价值共创者"，让顾客参与生产性的价值的协同创造中。由于顾客对自身需求有着清晰的认知，他们能够将外部的市场机会传递给二次元企业，当顾客参与企业新产品开发和设计时，可以降低产品开发的风险和产品错误开发的概率，提高产品的功能价值（彭艳君，2018）。例如，二次元漫画期刊《神漫》采取的措施是在互动交流中与顾客构建"合作互利"的关系。为了让顾客能够参与漫画的价值创造，《神漫》会不定期向顾客群体赠送明信片，杂志社鼓励读者借助向杂志社邮寄明信片的方式来分享个人的阅读体验信息及其对作品情节走向的期待。杂志社通过收集读者邮寄回的明信片了解读者的阅读心理和诉求，编辑部会对这些意见进行分类、筛选和整合，最后将相关信息反馈给漫画作家。一些漫画作家借助读者的"点子"确定作品的创作思路，并以此决定漫画作品未来的内容和情节走向。《神漫》为此还形成了一套基于读者反馈意见的编辑规则：杂志社通过对每期读者投票结果的分析，对连续得票率排名靠后的漫画作品进行停发处理。为了激励顾客参与漫画产品的生产的行为，《神漫》通过抽奖的方式对向杂志社反馈信息的读者进行奖励。对于读者而言，杂志社对读者反馈信息的及时回应，大大地提高了读者的消费体验感，读者通过高度参与内容生产，收获了个人满足感、群体认同感，并获得杂志社的经济奖励；对于杂志社而言，杂志社通过引导读者参与杂志社的内容产品的价值创造过程，获得了整合顾客资源的机会，读者反馈信息成为杂志社的市场资源，帮助杂志社优化了价值创造活动，让杂志社在中国漫画期刊市场竞争中获得了优势。

（二）增值性的价值共振

单纯的生产性的价值协同创造已经不能够满足市场的需求，价值创造中心从企业内部转向企业外部（武柏宇和彭本红，2018），多主体参与的共振成为价值创造的新形式。共振是指基于价值共创的二次元产业商业模式中各参与主体基于价值共创网络突破空间限制在顾客参与下，协同性地联动运转实现价值创造。这种价值共振活动具有一些特征。

1. 主体的多样性

价值共振活动是基于价值共创的二次元产业商业模式中，位于二次元产业链上下游的多个企业、组织或部门与顾客、合作伙伴等主体所进行的多主体共同参与、交互催化的系统性活动。价值活动的共振既包括二次元企业与顾客间的价值活动共振，也包括企业与企业间的价值活动共振。它遵循协同学原理，以促使顾客资源、合作伙伴资源融入价值共创系统为目标，以企业、顾客在价值活动中进行资源共享、互助耦合、共振促进为形式。向勇和白晓晴（2016）指出，文化生产场域是一个包含文学场、游戏场、动画场、电影场等多个面向的环路或集合，不同场域中包含不同的文化受众及不同类型的文化企业

第五章 基于价值共创的二次元产业商业模式的运行机制研究

或组织,价值创造可以通过不同场域行动者的价值共振来实现。

2. 形式的多维性

在基于价值共创的二次元产业商业模式中,价值活动的共振既有位于产业链上下游企业间纵向的形式互补的联动,也有位于产业链同一环节间横向的品牌化内容联动,还有横线纵向的交互联动(见图5-3)。

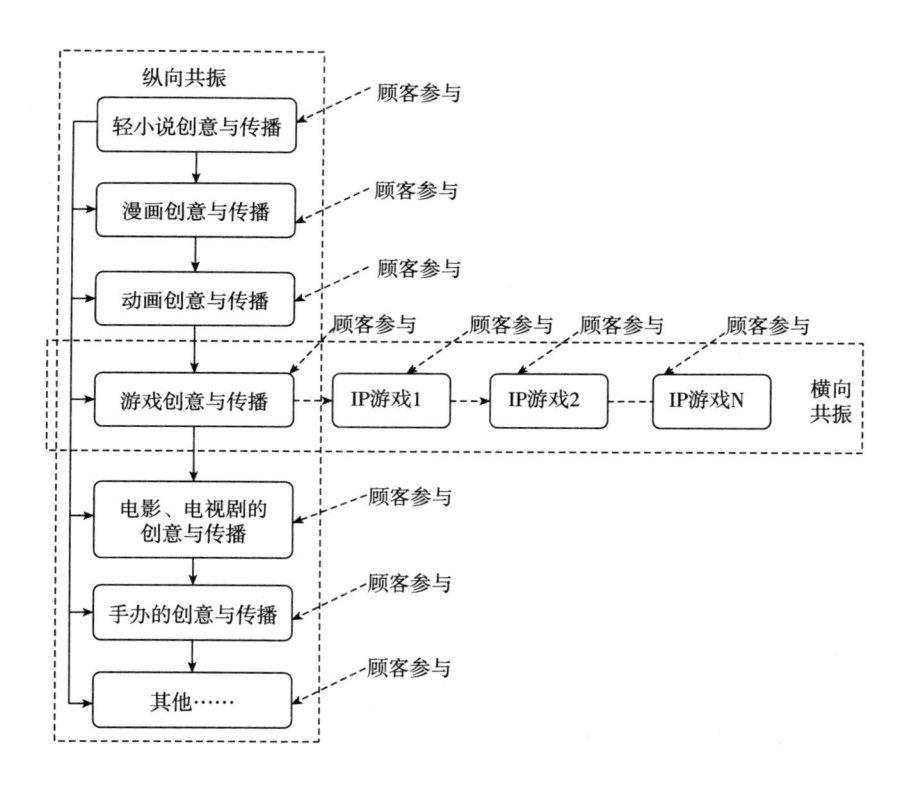

图 5-3 横向与纵向共振

资料来源:笔者根据相关资料整理。

3. 效应的叠加性

基于价值共创的二次元产业商业模式中的各参与主体拥有异质性的资源,同时,各方存在共同利益。白晓晴(2016)认为通过价值活动的共振能"优化资本结构、推动文化资本和经济资本增值"。为了

131

厘清其机理，笔者基于合作博弈理论，借助特征函数对价值活动共振进行分析。二次元产业商业模式中的每一项价值活动都涉及一定的资源，指定一个函数 $V(m,r)$ 表示不同企业的 m 活动在 r 资源的参与下所能获得的价值总量。$m_1 \oplus m_2$ 表示两个价值活动间的整合，若不存在共振关系，特征函数满足：

$$V(m_1 \oplus m_2, r_1 + r_2) = V(m_1, r_1) + V(m_2, r_2)$$

在基于价值共创的二次元产业商业模式中，二次元企业与一些顾客、合作伙伴存在共同利益，各参与方的互利关系以及彼此拥有的自主选择权。其参与商业模式的约束是不亏损，当它们的价值活动形成共振时，这些价值活动间具有超可加性，即满足：

$$V(m_1 \oplus m_2, r_1 + r_2) \geqslant V(m_1, r_1) + V(m_2, r_2)$$

在基于价值共创的二次元产业商业模式中，二次元企业 $K1$ 和二次元企业 $K2$ 是位于价值共创网络不同节点的企业，$m_i^{K_1}$ 为 K_1 的价值活动，$m_j^{K_2}$ 为 K_2 的价值活动，两家企业基于价值关系，在顾客参与下，形成价值活动的共振，这种共振可以表述为：

$$V_{m_i^{K_1} \oplus m_j^{K_2}} = V[m_i^{K_1} \oplus m_j^{K_2}, (r_{i_1}^{K_1}, r_{i_2}^{K_2}, \cdots) + (r_{j_1}^{K_1}, r_{j_2}^{K_2}, \cdots)]$$
$$\geqslant V(m_i^{K_1}, r_{i_1}^{K_1}, r_{i_2}^{K_2}, \cdots) + V(m_j^{K_2}, r_{j_1}^{K_1}, r_{j_2}^{K_2}, \cdots)$$
$$\geqslant V_{m_i^{K_1}} + V_{m_j^{K_2}}$$

在商业模式中，如果只有两个价值活动，则价值活动的共振组合方式只有一种，而当有 n 个价值活动时，价值活动共振的组合方式则有 C_n^2 种。可见，在复杂的价值共创网络下，函数的数量是非常庞大的。价值共创网络的系统性是形成这种效果的根源。系统论认为在系统中能产生协同作用，这种作用最理想的结果为协同效应（张进良等，2014），价值活动的共振效应体现在共振的协同性，即"1+1>2"（见图5-4），具体表现为，各主体在商业模式组织框架下通过价值活动的共振所创造的价值总量大于各主体单独进行商业运营所创造的价值量之和。

第五章 基于价值共创的二次元产业商业模式的运行机制研究

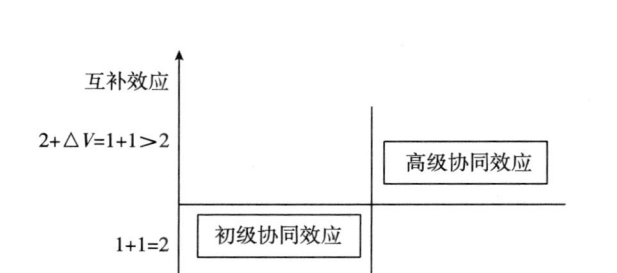

图 5-4 协同效应

资料来源：邱国栋、白景坤（2007）。

在我国，"二次元漫画+网络文学"是内容价值共振的重要形式。二次元动漫企业以动漫内容产品的开发与运营为中心来组织价值活动，为了实现产品价值的最大化，二次元动漫企业在顾客的参与下，会与产业链上游的网络文学企业联合起来实现价值共振。网络小说《元尊》是"大神"天蚕土豆所著的长篇玄幻小说，连载于纵横中文网。在小说连载期间，人气漫画家 Dr. 大吉开启《元尊》的同名漫画的创作，Dr. 大吉用锐萌的画风和精美的分镜为粉丝完美还原《元尊》书中世界，漫画逐渐在腾讯漫画、快看漫画等 30 余家平台上进行连载。文化创作像接力赛一样，二次元漫画的创意与网络文学的创作实现共振。虚拟化的任务形象、天马行空的故事设定，很容易吸引粉丝的参与。不少粉丝也慕名而来，聚集在二次元虚拟社区中参与元尊漫画与小说的传播与讨论，对虚拟的二次元角色进行贴标签、评论。漫画创作建立了官方 QQ 群，收集用户的创意，通过设置话题、引导话题讨论，与粉丝的贴标签、提点子、互动讨论的行为形成"共振"。2019 年 9 月《元尊》小说全网阅读量突破 10 亿人次，同名创作的漫画点击量突破 180 亿人次。在国内二次元业界，动漫企业借助与泛二次元用户、网络文学企业、影视企业、游戏企业、虚拟社区平台同步同频共振的价值创造活动，可以实现价值共创。

四 价值创造机制的研究发现与启示

研究发现，二次元企业需要嵌入价值关系，与利益相关者达成合作，形成价值共创网络，这为基于价值共创的商业模式中的价值共创打下基础。价值创造发生于价值共创网络中，二次元企业受制于自身有限的资源和能力，需要将价值共创网络中的互补性资源组合、集成，并利用互补性资源以生产性的价值协同的方式生成价值。相互协同的部门或组织投入的创意劳动成本和资源是形成经济价值的基础，但这不是全部，价值共创的另一种形式是产业链上下游企业间的纵向共振与产业链同一环节间的横向共振。

本书研究对二次元企业在商业模式运营中如何协调关系、利用价值共创网络中的资源、高效开展价值创造活动具有启示意义。

首先，二次元企业利用基于价值共创的商业模式开展价值创造活动前要充分认识、挖掘和整合产业链上下游企业及相关顾客的可供资源。二次元文化产品是在价值共创的网络中经过多个主体持续的价值创造、共振和互动产生的结果，并非二次元企业投入越多的创意、人力就能实现价值创造的效率的最大化。二次元企业在二次元内容创意或二次元服务的提供过程中，需要选择适当的伙伴、嵌入价值关系，以丰富资源的类型和资源的体量，并需要通过对跨界文化资本的识别和整合，推动文化资源向文化资本的转化。

其次，二次元企业利用基于价值共创的商业模式开展价值创造活动时需要加强相关主体间的信息沟通，建立共同的愿景，努力保持整体理性。在现实市场环境中，不同主体价值活动存在差异，这种差异既包括二次元顾客与企业投入的二次元创意差异性，又包括动画、漫画、游戏、轻小说等运营主体投入的营销、宣传的差异等，这些差异性会造成价值活动的"不同频"。此时，在合作博弈思想指导下，价值共创网络成员需要营造一种价值共创的氛围和乐于价值共创的理念，使价值共创网络成员间保持整体理性，这将有利于价值共振活动的开展。二次元企业应努力与价值共创网络中上下环节中相关各主体建立良好的价值关系，形成共同的商业愿景，增加价值共创活动的预期收益，这样各主体更容易达成默契，形成价值共创同盟。

最后，二次元企业利用基于价值共创的商业模式进行价值生产时应努力使自身价值创造活动的"频率"接近顾客与合作企业的价值活动的"频率"。二次元企业在商业模式的运营中需要关注顾客与合作企业的价值活动，加强与顾客、合作企业的交流与沟通，建立互动与共创机制，协调统筹策略行动，如二次元企业在进行二次元文化创意时，可以通过完善企业与合作伙伴的协调机制、建立粉丝社区等，引导、协调彼此的活动，使自身创意活动的"频率"接近顾客传播活动的"频率"或合作企业其他相关活动的"频率"，以实现更高效的价值创造。

第三节 二次元产业商业模式的价值传递机制

与传统产业不同，在二次元产业中文化创意、IP 影响力等具有价值的"外溢"效应，可以在传递过程中被不同主体利用。如何阐释基于价值共创的二次元商业模式中的价值传递机制？如何描述价值传递网络的组合方式？二次元企业如何在价值传递中实现价值"共赢"？随机网络提供了一个分析基于价值共创的二次元产业商业模式价值传递机制的重要工具。

一 GERT 网络理论的引入

GERT（Graphical Evaluation and Review Technique）网络即随机网络或图示评审技术，是一种基于 PERT（Program/Project Evaluation and Review Technique，计划评审技术）演化和发展起来的新型广义的随机网络分析法（王邦兆等，2015），常用于分析逻辑关系、时间参数、费用参数不确定、活动实现具有随机性的复杂网络（徐哲，2008）。与传统的网络技术不同，GERT 可以表达客观系统从一种状态转移到另一种状态的动态运行过程（冯允成等，1987）。因此，GERT 网络可以用来分析包含随机因素的复杂系统与过程，它被广泛地应用于供应链管理、应急管理、生产能力评估、资源配置、价值系统分析等多个领域。GERT 网络中的节点表示网络的状态，节点之间有向箭线表示状态之间的传递关系，网络中的箭线和流量具有一定的不确定性。当某一节点以一定概率转移到另一节点时，网络中反映活动的各种参数具备随机性。在状态转移中所有的传递关系可以表现为某些参数的变化。在现实复杂的二次元产业商业模式中，文化资源、资金、二次元产品、服务等在商业模式的参与主体间流动，商业模式中的价值传递受各种随机变化条件的影响，不可预知的因素较多，所以引入 GERT 网络理论来分析基于价值共创的二次元产业商业模式价值传递及机制。

二 价值传递 GERT 网络模型的构建

（一）网络模型的构建

在基于价值共创的二次元产业商业模式中，创意、知识、注意力等作为价值载体在商业模式的参与主体间传递，商业模式参与主体投入资金、人力、创意等资源，并通过资源整合、价值活动协同等活动实现价值的共同创造和增值。商业模式的参与主体由价值关系联系在一起，并形成一个复杂的组织。对于基于价值共创的二次元产业商业模式而言，参与主体间的每一次价值传递都可以视为商业模式这一组织系统的状态转移过程，可以按一定的概率发生或不发生。根据 GERT 网络理论，这一过程可以用该理论来建模。依据 GERT 网络的构建原理，以二次元产业商业模式的参与主体作为随机网络的节点，以参与主体间的价值流为网络中的流，以各参与主体的价值活动中的上下游关系作为网络的有向边。在商业模式价值传递 GERT 网络中，包含多个节点，每个节点存在输入和输出端，输入端包含异或型、或型、与型三种方式，输出端允许存在多个分支。同时，价值传递 GERT 网络允许存在回路和自环。

如图 5-5 所示，i 和 j 分别表示商业模式中两节点即商业模式中的某两个参与主体，H_{ij} 表示从节点 i 到节点 j 的价值流，P_{ij} 表示当节点 i 实现时，活动（i, j）将实现的概率，即节点 i 到节点 j 实现价值传递的概率，$x_{ij}(1)$，$x_{ij}(2)$，…，$x_{ij}(n)$ 分别表示节点 i 到节点 j 实现价值传递时的 n 个参数变量（传递参数），$i = 1, 2, …, m$；$j = 1, 2, …, l$，$n \geq 2$。

第五章　基于价值共创的二次元产业商业模式的运行机制研究

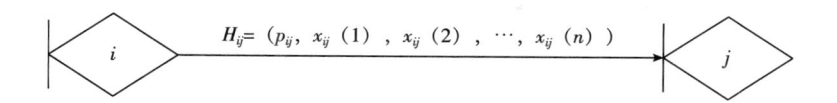

$$H_{ij}=(p_{ij},\ x_{ij}(1),\ x_{ij}(2),\ \cdots,\ x_{ij}(n))$$
$$i \longrightarrow j$$

图 5-5　GERT 网络的要素

资料来源：笔者自制。

尽管二次元产业不同商业模式的参与主体、组合方式不一，但商业模式任意两个节点都可以用节点 i 和 j 的逻辑进行分析，若第 i 和 j 节点存在价值传递时，则 $p_{ij}>0$；若第 i 和 j 节点之间不存在价值传递时，则 $p_{ij}=0$。对基于价值共创的二次元产业商业模式进行逻辑提炼和总结，可以将其转化成 GERT 网络。图 5-6 便是某二次元企业商业模式的价值传递 GERT 图，该图描述了二次元初始创意生成、创意作为产品的流通及传播、二次元创意衍生开发三个过程，《快把我哥带走》《画江湖之不良人》《十万个冷笑话》《一人之下》等知名二次元 IP 均以此模式进行运营。在初始创意生成阶段，漫画工作室在顾客、政府的共同参与下设定了价值主张，围绕价值主张，漫画工作室投入人力、财力和创意生成了漫画。在创意作为产品的流通及传播阶段，二次元漫画被图书出版企业编辑成实体书籍进行出版，被数字平台制作成电子书籍进行发布。创意作为产品被数字端、实体图书端的二次元消费者消费与传播，由于数字出版商、实体出版商的联动，该创意的传播效应的扩大，二次元漫画逐渐形成了一个具有丰富的改编和衍生价值的二次元 IP；在衍生阶段，二次元 IP 的衍生开发被划分为初期衍生开发和二次衍生开发两个阶段，在前一个阶段，二次元 IP 被动画制作商制作成了动画片，在二次衍生阶段，IP 又被电影制作商开发成了真人电影或动画电影、被游戏制作商开发成了游戏产品。

在基于价值共创的二次元产业商业模式价值传递 GERT 网络中，价值传递受到顾客参与等外生因素参量的作用，我们引入集成系数 α_{ij} 用以表示以顾客参与为代表的外生因素变量对基于价值共创的二次元产业商业模式价值传递过程的作用程度，则该商业模式的价值传递 GERT 图转化成如图 5-7 所示。

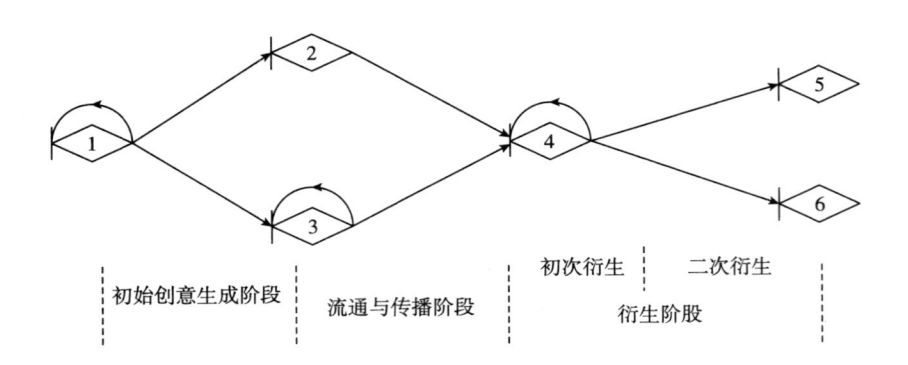

图 5-6　某内容商业模式的价值传递 GERT 网络结构

资料来源：笔者自制。

节点释义：1.漫画制作商　2.实体书出版社　3.数字漫画分发平台
　　　　　4.动画片制作商　5.游戏制作商　6.电影制作商

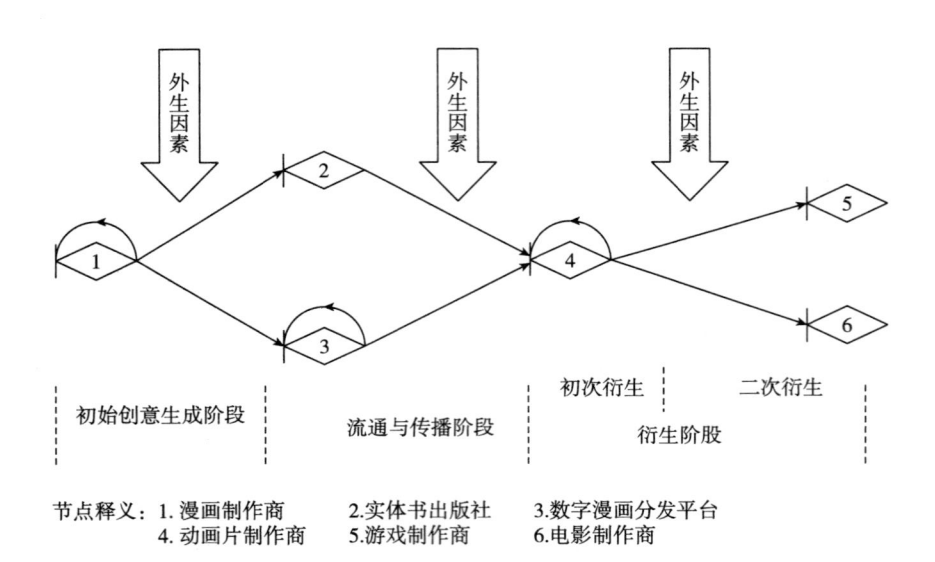

图 5-7　加入外生因素冲量后某内容商业模式的价值传递 GERT 网络结构

资料来源：笔者自制。

节点释义：1.漫画制作商　2.实体书出版社　3.数字漫画分发平台
　　　　　4.动画片制作商　5.游戏制作商　6.电影制作商

在商业模式中，存在外生因素参量作用与不作用两种情况。当 $\alpha_{ij} \neq 0$ 即受到外生因素作用时，定义网络节点 i 到节点 j 的传递函数为 G_{ij}；

而当 $\alpha_{ij}=0$ 即不存在外生因素作用时，传递函数为 G_{ij0}。那么 G_{ij} 与 G_{ij0} 的比值 μ_{ij} 可以表示为 ij 过程的外生因素作用强度，且网络中各价值传递过程 ij 的外生因素作用强度的乘积可以表示为价值传递 GERT 网络作用强度 μ。

$$\mu_{ij} = \frac{G_{ij}}{G_{ij0}}$$

$$\mu = \prod_{i=1,j=1}^{i=m,j=l} \mu_{ij}$$

（二）"信号流图"理论的引入与 GERT 网络的分析

当 GERT 网络的各节点通过矩母函数及发生概率来度量，则可以将视线转向该网络整体情况的研究。仅含"异或"节点，GERT 网络本质是一类线性系统，因此可以引入"信号流图"理论来解析网络中各节点之间的传递关系（陶良彦等，2017），并利用矩母函数计算和分析网络的各种概率分布。"信号流图"理论是一种应用广泛的图示方法，由梅森（Mason）于 1953 年提出，利用这种由节点和有向线段组成的几何图描述系统，可以简化复杂系统的传递函数的计算。

如图 5-8 所示，任意两个相邻节点 i 和节点 j 分别对应一个独立变量 x_i 和 x_j，它们之间存在着传递关系 t_{ij}。在信号流图中存在一个节点定律，即节点上的变量值 x_j 为该节点各前导节点传递值的总和，即

$$x_j = \sum_{\text{所有} j} x_i t_{ij}$$

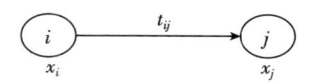

图 5-8 信号流图元素

（三）价值传递函数构建

在基于价值共创的二次元产业商业模式价值传递 GERT 网络中，商业模式各参与主体的总价值包含三个部分：源节点传递价值 A_1、本节点通过内部价值创造活动自我创造的价值 A_2、流向终结点的价值

A_3。若商业模式各个参与主体即各个企业或组织,对源节点传递的价值投入包括投入的资金(F)、投入的人力(L)和投入的创意(C),价值增量(I)=投入的资金(F)+投入的人力(L)+投入的创意(C),则价值增量为$j=1,2,\cdots,l$,且$n \geqslant 2$。

在基于价值共创的二次元产业商业模式中,各参与主体的价值活动能带来价值增值,且它们之间存在各种价值传递联系,据此构成了商业模式中的价值增值矩阵:

$$I = (F, L, C) = \begin{bmatrix} F_1 & F_2 & \cdots & F_n \\ L_1 & L_2 & \cdots & L_n \\ C_1 & C_2 & \cdots & C_n \end{bmatrix}$$

假设$x_{ij}(1),x_{ij}(2),\cdots,x_{ij}(n)$为价值传递过程中节点$i,j$间的$n$个参数变量,其中$i=1,2,\cdots,m;j=1,2,\cdots,l,n \geqslant 2$。这些参量相互独立,且矩母函数均存在,且活动的等价参量为$x_{ij}(1)$,$x_{ij}(2),\cdots,x_{ij}(n)$的线性组合,即$y_{ij}=\lambda_{ij}(1)x_{ij}(1)+\lambda_{ij}(2)x_{ij}(2)+\cdots+\lambda_{ij}(n)x_{ij}(n)+\alpha_{ij}$,其中$\lambda_{ij}(k)$为常系数,$\alpha_{ij}$为集成系数(设在价值传递网络中外生因素作用可控),若该过程的实现概率为p_{ij},则活动ij的价值传递函数G_{ij}为$x_{ij}(1),x_{ij}(2),\cdots,x_{ij}(n)$传递函数之积与$p_{ij}^{n-1}$的商,即

$$G_{ij}(y_1, y_2, \cdots, y_n) = \frac{\prod_{k=1}^{n} G_{X_{ij}(k)}(\lambda_{ij}(k)y_k)}{p_{ij}^{n-1}} \times e^{\alpha_{ij}}$$

且在任给定的价值传递G-GERT网络中,价值传递过程ij的外生作用强度为$\mu_{ij}=e^{\alpha_{ij}}$,相应地,外生因素作用强度$\mu=e^{\sum_{i=1,j=1}^{i=m,j=l}\alpha_{ij}}$。

在该网络中,若$G_r(Y_1, Y_2, \cdots, Y_n)$为商业模式节点$u$到节点$v$的第$r$条直达路径的等价传递函数($r=1,2,\cdots,R;R \geqslant 1$),$G_i(L_m)$为$m$阶环中的第$i$个环的等价传递系数,则经前人研究(俞斌等,2009),节点u到节点v的等价传递函数$G_{uv}(Y_1, Y_2, \cdots, Y_n)$满足:

即:$G_{uv}(Y_1, Y_2, \cdots, Y_n)=$

$$\frac{\sum_{r=1}^{n} G_r(Y_1, Y_2, \cdots, Y_n)[1 - \sum_m \sum_{i \neq r}(-1)^m G_i(L_m)]}{1 - \sum_m \sum_i (-1)^m G_i(L_m)}$$

（四）等价传递概率确定及等价矩母函数建立

在该价值传递 GERT 网络图中，等价传递概率 P_{uv} 表征的是商业模式参与主体 u 到参与主体 v 之间实现价值传递可能性的大小；通过矩母函数可以生成随机变量的各阶原点矩，进而求得各阶中心距。

在该网络中，从节点到节点的等价传递函数为 $G_{uv}(Y_1, Y_2, \cdots, Y_k, \cdots, Y_n)$，$u = 1, 2, \cdots, m$；$v = 1, 2, \cdots, l$；$k = 1, 2, \cdots, n$；$n \geqslant 2$，则参与主体节点 u 到参与主体节点 v 的等价传递概率 P_{uv} 等于 $G_{uv}(Y_1, Y_2, \cdots, Y_k, \cdots, Y_n)$ 将所有 Y_k 置 0 的值，且节点 u 到节点 v 的等价矩母函数为其等价传递函数与其等价传递概率的比值。

$$M_{UV}(Y) = \frac{G_{UV}(Y_1, Y_2, \cdots, Y_k, \cdots, Y_n)}{P_{UV}}$$

$$= \frac{G_{UV}(Y_1, Y_2, \cdots, Y_k, \cdots, Y_n)}{G_{UV}(0, 0, \cdots, 0, \cdots, 0)}$$

三 价值传递 GERT 网络模型的分析

通过分析价值传递 GERT 网络，能够获取基于价值共创的二次元产业商业模式中以顾客参与为代表的外生因素对价值传递的作用机理、价值共创网络中价值传递的大小及价值流流经节点后的增值情况等内容。

（一）网络中价值传递机制分析

借助外生因素，分析 $\mu = e^{\sum_{i=1,j=1}^{i=m,j=l} \alpha_{ij}}$ 可以分析价值传递的机制。

第一，以顾客参与为代表的外生因素会影响商业模式的价值传递。在模型中表现为，伴随着集成系数 α_{ij} 的增减，传递函数 G_{ij} 与 ij 过程的外生作用强度 μ_{ij} 也随之发生变化。α_{ij} 越小，传递函数 G_{ij} 与 μ_{ij} 就越小；α_{ij} 越大，G_{ij} 与 μ_{ij} 也就越大。

第二，二次企业规范流程让顾客合理地参与，政府营造优良的产业政策环境，政府强化法律规制塑造积极市场环境，这些"有利"的外生因素会对商业模式节点间及其整个系统的价值传递带来积极效应，能让价值在相关参与主体间汇聚。在模型中表现为当 $\alpha_{ij}>0$ 时，传递函数 G_{ij} 变大，$\mu_{ij}>1$；相应地，而当 $\sum_{i=1,j=1}^{i=m,j=n}\alpha_{ij}>0$ 时，$\mu>1$。

第三，若二次企业不规范流程，顾客不合理的参与，或者政策、市场环境不良，这些消极的外生因素会使价值参量产生了损耗，不利于二次元产业商业模式各节点及整个系统间的价值传递。在模型中表现为当 $\alpha_{ij}<0$ 时，传递函数 G_{ij} 变小，$\mu_{ij}<1$，；相应地，$\sum_{i=1,j=1}^{i=m,j=n}\alpha_{ij}<0$ 时，$\mu<1$。

第四，基于价值共创的二次元产业商业模式具有系统性，企业若要充分发挥顾客参与价值共创对商业模式价值传递的积极效应，需要积极的外生因素的护航，即需要政府积极的政策性引导的、需要政府对不合理市场行为的规制等。若二次企业规范流程，让顾客积极参与共创，但政策、市场环境不良，外生因素的作用也可能为 0。在模型中表现为，当 $\sum_{i=1,j=1}^{i=m,j=n}\alpha_{ij}=0$ 时，由于正向作用与负向作用相互中和，使得尽管 GERT 网络存在外生因素，但外生因素对价值传递整体上的作用为 0。

（二）价值增值量及其方差分析

在该二次元企业商业模式价值传递 GERT 网络图中，若 $G_{UV}(Y_1, Y_2, \cdots, Y_k, \cdots, Y_n)$ 为企业节点 u 到企业节点 v 的价值传递的等价传递函数，其中 $u=1, 2, \cdots, m$；$v=1, 2, \cdots, l$；$k=1, 2, \cdots, n$；$n \geq 2$，根据矩母函数的性质，对于 Y 各阶导数在 $Y=0$ 处的值为随机变量 x 的各阶原点矩，则从企业节点 u 到企业节点 v 的参变量 $x(k)$ 的一阶矩 $E[x(k)]$ 等于 $G_{UV}(Y_1, Y_2, \cdots, Y_k, \cdots, Y_n)$ 对参变量 $x(k)$ 对应的 Y_k 求偏导后置所有 Y_k 为 0 的值，即商业模式中二次元企业节点 u 到企业节点 v 实现的价值增值量：

$$E(x)=E[x(k)]=\frac{\partial}{\partial Y_k}\left[\frac{G_{uv}(Y_1, Y_2, \cdots, Y_k, \cdots, Y_n)}{G_{uv}(0, 0, \cdots, 0, \cdots, 0)}\right]$$
$$| Y_1=Y_2=\cdots=Y_k=\cdots=Y_n=0$$

同理，若 $G_{uv}(Y_1, Y_2, \cdots, Y_k, \cdots, Y_n)$ 为企业节点 u 到企业节点

v 的价值传递的等价传递函数，其中 $u=1, 2, \cdots, m$；$v=1, 2, \cdots, l$；$k=1, 2, \cdots, n$；$n \geqslant 2$，则从企业节点 u 到企业节点 v 的参变量 $x(k)$ 的价值增值量波动方差 $V[x(k)]$ 等于 $G_{uv}(Y_1, Y_2, \cdots, Y_k, \cdots, Y_n)$ 对价值参变量 $x(k)$ 对应的 Y_k 二阶偏导后置所有 Y_k 为 0 与价值增量的 $E[x(k)]$ 平均方差。

由 $E[x(k)^2] = \dfrac{\partial^2}{\partial Y_k^2} \left[\dfrac{G_{uv}(Y_1, Y_2, \cdots, Y_k, \cdots, Y_n)}{G_{uv}(0, 0, \cdots, 0, \cdots, 0)} \right]$

$\mid Y_1 = Y_2 = \cdots = Y_k = \cdots = Y_n = 0$

则 $V[x(k)] = E[x(k)^2] - \{E[x(k)]\}^2$

那么价值增值量的方差为

$V(x) = \dfrac{\partial^2}{\partial Y_i^2} \left[\dfrac{G_{uv}(Y_1, Y_2, \cdots Y_k, \cdots Y_4)}{G_{uv}(0, 0, \cdots, 0, \cdots, 0)} \right] \mid Y_1 = Y_2 = \cdots = Y_k = \cdots = Y_n = 0 - \left\{ \dfrac{\partial}{\partial S_i} \left[\dfrac{G_{uv}(Y_1, Y_2, \cdots Y_k, \cdots Y_4)}{G_{uv}(0, 0, \cdots 0, \cdots, 0)} \right] \mid Y_1 = Y_2 = \cdots = Y_k = \cdots = Y_n = 0 \right\}^2$

四 价值传递机制的研究发现与启示

(一) 研究发现

分析价值传递 GERT 网络模型的特性和其组织结构发现，基于价值共创的二次元产业商业模式可以看作节点和边的集合，在这个网络中，二次元产业领域不同类型的自我组织、自我管理的主体基于一定的目标在顾客参与下形成一个跨企业组织、柔性化、网络化的组织集成体，这种组织集成体能将各价值创造主体聚合起来，以此实现连接效应和规模效应。在基于价值共创的二次元产业商业模式下，价值传递在空间上和组织逻辑上趋向于复杂化、网络化。

在这个系统化、集成化的组织体系中，各主体在内部的组织维度上相互独立，但在价值维度上又相互关联，价值共创网络上的每个节点价值的增加或减少，都影响前端或后端节点的价值。因此，在基于价值共创的二次元产业商业模式中，焦点企业利用网络中的价值传递也可以实现"价值共创"，而价值共创的理想状态是组织结构中的每个节点（商业模式的每个参与主体）的进一步价值活动都能创造优势，即 GERT 模型中每个节点间的价值增值量大于零。GERT 网络中，不同节点企业相互协同、发挥自己的优势，分别在每个节点上给这个IP带来了"价值增量"。在这种网络化的价值传递价值下，不同节点企业"共创"了一个丰满的二次元IP形象和叙事世界。

顾客的合理地参与可以给这个组织系统的价值传递带来积极的效应。在GERT模型中表现为当 $\alpha_{ij}>0$ 时，传递函数 G_{ij} 变大，$\mu_{ij}>1$；相应地，而当 $\sum_{i=1,j=1}^{i=m,j=n}\alpha_{ij}>0$ 时，$\mu>1$。当然由于基于价值共创的二次元产业商业模式具有系统性，在充分引导顾客进行合理参与价值共创的同时，还需要政府积极的引导政策及恰当行政规制等外生因素的护航。

价值传递机制的研究发现一定程度上揭示了市场中成功二次元IP的商业运营模式的规律。例如，《快把我哥带走》《武庚纪》等二次元IP的价值在由动画、漫画、小说、影视剧、衍生品等多个企业所组成的GERT网络中传递，IP被GERT网络上的不同企业转化成不同媒介产品并以不同形式传递，由于节点企业的协同与"共创"，IP获得了"价值增值量"。二次元爱好者积极的互动式传播，促进了《快把我哥带走》IP价值在不同媒介平台之间自由流动与传递，使整个IP形象深入人心，这加速了IP价值的形成。这同时也解读了过去数年由于中国不少二次元企业在商业模式运营中过于重视对自身的IP经营管理，却忽视价值传递中的"共创"逻辑、忽视对伙伴企业、顾客等位于企业组织框架外部的价值活动的关注而导致的二次元IP运营效率低下、IP价值短期内被榨干等问题。随着中国二次元产业逐渐打通漫画、动画、游戏、文学、电影、短视频、音乐等产业链及二次元产品开发、二次元IP孵化流程的复杂化、非线性化，基于价值共创的二次元产业商业模式，这种网络化的组织与运行形式，可以更好地适应泛娱乐产业融合发展的趋势。

（二）研究启示

本书研究的启示意义体现在两个层面：一是本书研究对二次元企业如何利用基于价值共创的二次元产业商业模式的价值传递机制，更好地开展二次元IP运营活动、优化组织流程、实现价值共创具有启示意义。二是本书研究对国家如何推动二次元市场主体在商业运营中

第五章 基于价值共创的二次元产业商业模式的运行机制研究

的创意价值的传递、增值及循环利用具有积极的意义,此外本书研究还解读当了前中国市场二次元 IP 运营中的一些误区。

1. 企业层面

首先,二次元企业要拥有全局性的视野,在基于价值共创的二次元产业商业模式中要关注整体经营,引导各主体合理参与价值活动,以促进价值传递中的"共创"。二次元企业需要重视价值共创网络中的可供性要素,深刻认识到价值传递的系统性与网络性,将价值传递给适当的参与者。例如内容企业在转让二次元 IP 的内容衍生权时,可以甄选价值传递的"对象",选择那些具有二次元创意能力的企业,此外,授权方可以与被授权方签订了衍生运营的条款,避免"去原作化"的衍生运营,确保 IP 的所有方能介入相关工作中、引导各主体合理参与价值活动。其次,二次元企业在基于价值共创的商业模式运营中需要规范价值共创的组织流程,在 IP 运营中要加强对价值传递中相关业务单元的监测、协同和管理。价值共创网络以价值关联为基础,主体围绕二次元 IP、创意等价值载体进行运营活动,能不断接受或传递给其他节点的"互补性"的价值。这就要求二次元企业加强对顾客参与行为的引导,通过规范顾客的参与流程实现顾客的合理化参与。例如,轻小说平台可以通过制定论坛的发布规则、要求及指南,引导读者发布能引导其他阅读、宣传平台优秀作品、引发其他读者参与讨论的帖子。这同时要求相关参与主体杜绝快餐式的文化生产,在围绕某一个二次元 IP 进行商业运营时不能放松对相关运营活动的要求,相关二次元企业需要全面收集相关节点上二次元创意、经营、宣发等环节的信息,加强对相关业务单元的监测、协同和管理。

2. 国家层面

要想让基于价值共创的二次元产业商业模式更高效的运行,为基于价值共创的二次元产业商业模式中的创意价值的传递、增值及循环利用和二次元 IP 孵化创造更有利的条件,政府需要营造良好的产业环境。一方面,政府需要加强对知识产权的保护、加大对文化市场侵权盗版行为的打击力度,就目前的市场现状而言,政府需要不断细化知识产权的法则,提高执法效率和水平,以避免侵权盗版行为给二次元企业的价值共创网络带来负面影响。另一方面，政府需要破除阻碍二次元 IP 合作与"共创"过程中的机制障碍，优化价值传递的效率。就目前的市场现状而言，政府需要精简二次元内容项目的审批程序、解决相关企业的投融资问题，尽可能创造有利于动画、漫画、游戏、网络文学、影视等相关企业共同参与的外界条件。

第四节　本章小结

本章在功能维度"三个核心机制"的研究基础上，综合运用博弈论、GERT 网络等相关知识，并借助理论与文献研究，对基于价值共创的二次元产业商业模式的运行机制进行了系统分析，对相关理论问题与现实问题进行了回应。

首先，创新性地构建多边博弈模型，在凸显文化效益与经济效益的双重目标情境下，分析了二次元产业商业模式的价值主张机制，认为价值主张需要经历企业价值主张的预设，多主体参与的价值主张的博弈等过程，二次元产业商业模式中的价值主张是企业、顾客和政府共创的价值主张。政府要激励二次元企业在商业模式中提出先进的价值主张可以采取以下措施：以激励企业在基于价值共创的商业模式中"常态化"地提出先进价值主张为着力点，建立完备的政策补贴体系，把握好补贴政策力度，引导二次元产业健康发展；将政策补贴与二次元消费风尚引导相结合，引导多元主体共同参与积极消费风尚的培育，并利用积极的消费二次元风尚倒逼二次元市场主体在商业模式中设置先进的价值主张；将政策补贴与对优秀二次元作品的扶持、推介相结合，打消受众接受先进价值主张时的顾虑，并发挥那些提出先进价值主张企业的示范效应。二次元企业要想在基于价值共创的商业模式中提出契合市场需求的价值主张，需要做好政策功课，保持对二次元产业相关政策的敏感性，及时根据相关政策调整商业模式中的价值主张；把握二次元消费文化的走向，努力提升顾客在选择先进价值主张时的收益，努力实现商业价值与顾客价值的共创；具备对政府、顾

第五章 基于价值共创的二次元产业商业模式的运行机制研究

客的价值诉求的捕捉能力、破译能力及满足能力。

其次,分析了基于价值共创的二次元产业商业模式的价值创造机制,认为商业模式参与主体按照价值关系的嵌入、互补性资源的整合、价值的协同创造与共振。在基于价值共创的二次元产业商业模式中,二次元企业需要加强与顾客、合作企业的交流与沟通,努力与价值共创网络中的各主体建立良好的价值关系,此外,企业需要树立合作博弈观,在商业模式组织框架中应努力使自身价值活动的"频率"接近顾客与合作企业的价值"频率",以此实现与其他主体价值活动的"协同",进而实现更高效的价值创造。

最后,引入 GERT 网络模型,阐述了基于价值共创的二次元产业商业模式的价值传递机制。研究发现,这种网络化的组织形式,更好地适应了泛娱乐产业融合发展的趋势、有利于"漫游书影"联动效应的发挥,认为要提升基于价值共创的二次元产业商业模式的价值传递积极效应,需要让商业模式组织结构中每个参与主体的价值活动能创造优势,需要政府积极的引导政策及合理的法律规制以及顾客合理的参与。

第六章

案例分析与优化仿真分析

第四章、第五章构建了基于价值共创的二次元产业商业模式的理论体系,而理论体系的构建是为了服务于市场实践。本章是对基于价值共创的二次元产业商业模式的延伸研究,聚焦于解决理论"如何应用与拓展"的问题。本章首先以二次元领域代表性企业 K 公司为案例,借助前文的研究成果对其商业模式进行深入、系统地定性分析,让前文的理论研究成果得到应用。为了实现理论拓展,本章还借助计算仿真工具 e^3-value 建构仿真模型,对 K 公司商业模式进行可视化描述与仿真运算,以期探索其调整及优化方案。

第一节　K 公司商业模式的案例分析

一　研究方法与设计

案例研究方法与设计需要服从于研究主题,本书研究的目的主要是应用前文理论发现并阐释案例企业的商业运用逻辑、分析其商业模式,因此,采用以下方法设计。

(一) 选择单案例研究方法的理由

本章按照案例研究的规范步骤,采用典型单案例研究方法,其理由在于:第一,探讨"如何"的问题适用于案例研究方法(尚航标等,2014)。本案例研究的核心目的在于探讨"如何"将前文理论成果应用到在现实市场主体的商业模式分析即通过案例应用、解释理论，因此，选择单案例研究方法可以实现本书研究目的。第二，采用单案例研究方法适合于对案例进行深入、系统探索（Yin，1989），及对研究对象进行"丰富、详细和深入""更加聚焦的分析"（周文辉等，2016）。前文构建起基于价值共创的二次元产业商业模式的抽象理论体系，利用这些理论对单案例进行"丰富、详细和深入"的分析，有利于阐释理论的现实价值，可以为相似大环境下其他同类型二次元企业建构、优化商业模式提供更加贴近现实的借鉴和参考。

（二）案例企业选择

Patton（1987）指出，案例企业选择应遵循典型性、理论适配性的原则。本书研究以K公司为研究对象，其原因在于：首先，研究主题的吻合、具有理论适配性。K公司致力于探索基于顾客参与"价值共创""共享"的商业模式，因此可以从价值共创视角探索其商业模式，这与研究主题非常吻合。本书研究在调研K公司时，发现其商业模式的价值共创历史资料较为完整。其次，案例的典型性。K公司是中国非常成功的二次元文化虚拟社区，拥有大量泛二次元用户群。K公司与其顾客、相关合作企业形成了更为复杂的价值共创网络。此外，K公司曾面临盈利能力不强、产品单一等问题，此类问题在中国二次元产业商业模式管理中具有一定的代表性。因此，K公司的商业模式更具典型性，并更具研究价值。最后，资料具有易获得性。K公司曾受到媒体、学术界和咨询机构的关注，相关资料丰富。

（三）资料收集与研究程序

为了提高研究的信度和效度，本书研究采用多种资料来源与收集技术，所收集的资料（见表6-1）包括：一是一手资料。其中包括笔者在K公司官微及自媒体留言互动所获得的信息及个人产品消费体验感悟，以及笔者根据K公司高管演讲所整理出的录音文稿等。二是二手资料。其中包括企业年报、期刊论文、智库报告、主流媒体对企业高层的专访、相关学者对K公司商业模式的评论、新闻报道、对外宣传资料和视频、企业内部宣传手册、PPT讲稿、工作总结、K公司企业门户网站上的相关介绍等。笔者不仅收集了K公司的直接信息和数据资料，还关注了政府相关部门与K公司的互动信息，掌握了K公司与顾客、产业链上下游合作企业及主流媒体的相关活动信息。为减少信息偏差，所有资料遵循"三角检验"（triangulation）的原则，即笔者对资料进行多样化的相互补充，实现资料信息的交互验证，以此避免了共同方法偏差。对于不符合"三角检验"的信息加以核实或删除，进而提高案例研究的有效性、正当性、可靠性（Yin，1987）。最终，初始案例资料约11万字，经过整理获得有效信息共7万字，共50页。

表6-1　　　　　　　　　　资料收集情况

类型	来源	内容
一手资料	参与式体验	官微、自媒体及社交平台留言互动所获得的信息；产品消费体验；聆听高层演讲；与深度用户交流6次；非正式观察3次
二手资料	公开资料	极光大数据、青瓜传媒、艾媒研报、国元国际、中信证券、产品一百等智库报告9份；招股书1份，年报1份及各季度财报4份；公司网站信息；研究者的评论；光明网、人民网、《中国新闻出版广电报》、《中国商报》等20份报道
	内部资料	公司介绍PPT、公司宣传片、公司大事记、员工手册等
	其他资料	新闻报道

资料来源：笔者自制。

案例研究遵循"分析性归纳"的质性研究原则，其研究程序为：研究框架设计→资料收集→案例的定性分析与讨论，并往复循环地进行最后两阶段。首先，从历时性角度，回顾了文献，分析了其发展。其次，从共时性角度，利用"五个结构界面""三个核心机制"的理论对K公司商业模式进行了案例分析。在案例分析中，借助前文的相关理论与模型，分析其当前的商业模式本体构成及相关机制，整理、收集的资料建立信息链，以实现对前文理论的应用。

二　案例分析

从"五界面""三机制"的分析逻辑，实现对K公司当前的商业运营状况的定性阐释，最后综合两个维度的研究成果形成K公司商业模式的总体景观。

(一) 结构维度 K 公司商业模式的要素构成: 五个结构界面

1. 企业顶层架构界面

企业顶层架构界面反映了 K 公司商业模式的总体架构。K 公司基于对目标市场的认识,围绕价值主张展开企业顶层架构界面。K 公司企业顶层架构界面的管理有如下特点:在目标市场层面,K 公司以泛二次元文化消费市场为目标市场,确立了以青少年为核心目标群体,这一群体喜爱新奇、刺激的二次元文化产品和服务。由于青少年是一个意识形态尚未完全成熟的群体,是我国政府的重要教育与引导对象,K 公司在设定企业价值主张所采取的策略是:从政府文化治理诉求和二次元用户的消费诉求中确立企业的价值主张。基于价值主张,K 公司根据自己资源和能力情况寻找合作伙伴,架构起涵盖二次元视频、游戏、直播、社交服务、线下活动服务等业务领域企业及顾客的价值共创网络。

2. 中间活动支持界面

中间活动支持界面是 K 公司在顶层架构的基础上对市场实践行动的安排,其特点有:第一,K 公司商业模式各参与主体根据自身优势合理分工,分别承担不同的价值活动。K 公司是商业模式中的焦点企业,是平台的建设者、PGC 与 UGC 的集成者、平台规则的制定者、用户流量的聚集者,二次元视频、游戏、直播、社交服务、线下活动服务等业务领域企业是 K 公司商业模式的成员,它们主要承担虚拟社区中二次元文化产品或服务的生产与提供,广告商是 K 公司流量的需求者。第二,各主体以价值关联为基础,主体围绕二次元 IP、创意、品牌、影响力等在二次元产品的联运、营销、服务的提供、用户体验的创造上进行联动。第三,K 公司通过规范流程实现对中间活动的规制。发布在 K 公司的文化产品良莠不齐,部分违规内容对政府的二次元文化治理带来消极效应。为此,K 公司制定内容发布规则、发布自律公约,规范内容发布的流程,此外,K 公司还加强审核团队的建设,并充分利用用户的力量,制定了"风纪委员"机制。

3. 渠道通路界面

渠道通路是 K 公司为实现与二次元用户的信息交流与知识整合而

搭建的信息、产品的流通线路，是二次元用户实现对 K 公司商业模式情景参与的基础。K 公司渠道通路界面的管理特点有：就产品渠道而言，K 公司建立了贯穿线上线下的产品通路。K 公司作为虚拟社区自带线上渠道属性，然而，K 公司并不满足于单一的线上渠道。K 公司逐渐为社区搭建起线下产品通路。K 公司运营了 MacroLink 活动，该活动包含二次元虚拟演唱会、漫展、粉丝见面会、嘉宾签售会、交友会、电子竞技赛等富有体验性的服务产品。此外，K 公司启动"yoo 旅游"项目，开辟深度定制游服务的渠道。K 公司利用线下的产品通路，将 UP 主和社区用户的互动从线上引入到线下，促进了社区用户交流，使用户间发生更深、更强的连接。就信息渠道而言，K 公司采取的措施是，丰富信息渠道端口，抢占移动端用户。K 公司为了方便顾客及时获取信息，推出了 Android 版和 IOS 版客户端，抢占二次元文化虚拟社区的移动端业务。此外，K 公司还充分提升了渠道体验。例如，K 公司多次优化了页面，并在细微处优化顾客体验。此外，K 公司多次优化了视频上传工具，优化社区界面、简化视频上传流程，调整了弹幕字体大小及页面 UI 设计，不断给 UP 主及弹幕者创造更好的体验环境。

4. 产品流及共创绩效变现界面

产品流与共创绩效变现是 K 公司开展中间活动的目的，其管理特点有：第一，建立多元化的产品方案，严格选择联运内容产品。K 公司引入包括游戏代理和联运、线下活动、直播、增值服务、衍生品、二次元主题旅游、二次元新番等产品方案。为了让产品更符合二次元用户的口味，K 公司建立一套严苛的评测机制。例如在游戏内容的选择上，K 公司曾对 900 多款联运游戏进行了评测，却仅仅上线联运了 55 款符合社区氛围的游戏。第二，运营多个自媒体，充分调动社区用户的热情和时间参与产品营销。K 公司在微博、微信等多个新媒体平台运营了公众号，引导顾客参与讨论与营销。此外，K 公司还通过 UP 主充电计划，激励 UP 主制作、上传游戏视频。第三，建立收入分享机制，与合作伙伴分享价值共创的收益。为了激励合作伙伴和社区用户参与产品营销，K 公司依靠着合作伙伴参与的联合营销及用户参与的直播等手段进行产品营销，为激励联合营销行为，K公司还建立了收入分享机制，与相关参与者分享价值共创收益。

5. 顾客情景参与界面

用户借助K公司平台及其运营的交互渠道介入到企业顶层架构界面、中间活动支持界面和产品流及共创绩效变现界面，他们参与K公司商业运营，并在其商业模式中扮演着多重角色（见表6-2）。

表6-2　　　　　　　　　　顾客情景参与情况汇总

界面	顾客情景参与
企业顶层架构界面	用户通过发表提案、参加调研参与到K公司的价值主张设置中
中间活动支持界面	1. 用户是UGC内容的创造者和弹幕的发布者，大量UP主在K公司自制、分享大量ACG视频为K公司提供内容产品 2. 用户是"新番承包计划"中的承包人和社区内容生态的维系者 3. 用户是K公司联运游戏的把关人，社区用户为K公司"选择"联运的游戏
产品流及共创绩效变现界面	1. 用户在K公司创作同人作品、分享游戏攻略，变相地推动了游戏产品的传播与变现 2. 用户作为产品和服务的接受者和使用者，他们借助自己积累的产品的使用经验，帮助K公司宣传产品，为其他用户提供帮助，解决其他用户在产品消费中遇到的问题 3. 用户在K公司线下活动运营中，用户是K公司活动的推广者、K WORLD品牌影响力的缔造者，用户在各大社交平台发布线下活动的信息，并将这些信息分享给自己的朋友，因此，用户是K公司线下活动的义务宣传员，他们推动K公司线下产品的变现
渠道通路界面	1. 用户为K公司的平台界面的UI设计的优化、平台功能的改善提供建议 2. 用户参与K公司交互渠道的内测，并提出改良意见

资料来源：笔者根据相关资料整理。

为了激励顾客参与价值共创的行为，K公司对线下线上用户进行了信息分析，了解用户特征，并在商业模式顾客情景参与界面与其他界面的交互区域采取了以下策略（见表6-3）。

表 6-3　　　　K 公司在顾客情景参与界面采取的商业策略

要素	商业策略
对话 （Dialogue）	1. K 公司建立企业社区、运营了企业微博、微信号，为顾企提供对话渠道。 2. K 公司的高层管理人员开通微博，用户可以在其微博留言，与管理层进行实时沟通与互动。 3. K 公司建立了引导和鼓励用户围绕 K 公司新产品、新服务开发与设计的讨论和投票机制，并对经常参与"对话"的用户，给予礼品奖励
获取 （Access）	1. K 公司建立了界面友好、服务器稳定、容易访问的平台，并在 Android 手机端、IOS 设备端、智能电视端建立了可快速、自由登录的应用端口，降低了用户获取的难度。 2. K 公司频繁优化相关应用，缩短了社区用户相互交流、发表评论、获取信息的等待时间。 3. K 公司在虚拟社区定期发布新番剧、新的线下活动的信息，方便用户及时获取详情
风险评估 （Risk Assessment）	1. K 公司推出自定义水印功能、建立授权转载确认机制、划拨维权专项资金等措施，强化了对 UP 主自制内容的版权保护。因此，UP 主在进行 UGC 时不用过分担心内容被侵权的风险。 2. K 公司建立起"风纪委员会"机制，发动用户对社区内容进行自查自清，并设立"小黑屋"，对损害社区氛围的用户实行"违规一次，封禁三日；两次，封禁七日；三次，封停"。因此，社区用户不用担心被其他用户匿名"攻击""辱骂"的风险。 3. K 公司设立自由的退出会员的机制，降低了用户的退出约束风险。 4. K 公司启动"青少年防火墙""青少年权益保护中心"计划，降低了青少年用户受不适宜内容侵害的风险
透明性 （Transparency）	1. K 公司将新的产品和服务方案及时公布在社区中实现产品和服务方案的"透明化"。 2. K 公司将企业新的策略或决定，发布于微博、微信号，实现公司运营的透明。例如，当 K 公司被迫加入贴片广告后，董事长兼 CEO 陈睿发布公开信，及时公布了这一消息，并对不能履行"正版新番永加贴片广告"的承诺向用户道歉

资料来源：笔者根据相关资料整理。

（二）功能维度 K 公司商业模式的要素构成：三个核心机制

K 公司为实现价值共创，在商业模式运行的三个环节中进行了一系列的活动。

1. 价值主张机制

价值主张处于 K 公司各项商业活动的最上层。在 K 公司的商业模式中,价值主张是 K 公司在政府的引导下,通过多方博弈而形成的。在这一过程中,K 公司理解了政府文化治理的诉求和市场消费的需求,并从中发现了多方价值的共鸣点。

在 K 公司价值主张机制中,政府扮演着非常重要的角色。K 公司是中国最大的二次元文化社区,K 公司的价值主张会影响上千万的中国泛二次元爱好者的成长。为了对 K 公司的价值主张施加影响,共青团中央甚至高调宣布正式进驻 K 公司,不定时推送与国家历史、青年成长、国防建设相关的二次元名词、表情包、动漫形象的视频、图文信息等。K 公司作为市场主体,选择的商业策略是将政府纳入价值主张机制中、主动迎合政府文化治理的诉求。K 公司在商业模式中提出先进的价值主张,不仅上线了《那年那兔那些事儿》《我在故宫修文物》《领风者》等视频,还启动"青少年防火墙计划""青少年权益保护中心计划"等措施,此外,K 公司与共青团中央联合推出了"中国华服日"等活动(见表6-4)。

表6-4　　　　K 公司将政府纳入价值主张的典型证据

事件	成果
上线爱国主义动画《那年那兔那些事儿》,并对动画制作团队融资 2000 万元	《那年那兔那些事儿》动画受到共青团、中国军视网、《人民日报》点赞,动画在 K 公司的播放量破亿次
共青团中央高调宣布正式进驻 K 公司	团中央在 K 公司的公众页面,拥有数百万粉丝,其视频播放量达数以亿次计,阅读数超千万人次
启动"青少年防火墙"计划,建立"青少年权益保护中心"	担当起引导与保护青年成长的责任
与共青团中央共同发起"中国华服日"活动,将企业二次元吉祥物"22 娘""33 娘"换上古韵华服	传播中华民族传统服饰文化,受中国新闻网点赞

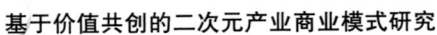

续表

事件	成果
为纪念马克思200周年诞辰,联合中央马克思主义理论研究和建设工程办公室、内蒙古自治区党委宣传部、中国社科院、内蒙古电影集团推出以"千年思想家"卡尔·马克思为主角的国产二次元动画《领风者》	在二次元爱好者群体中讲马克思的故事,促进马克思主义的传播,被共青团中央点赞

资料来源：笔者根据相关资料整理。

在执行层面,K公司建立了将用户纳入价值主张机制,将用户转化成价值主张的设计者。在价值主张的设计阶段,K公司的用户通过参与企业的投票、调研活动向K公司管理层提出自己的诉求,进而参与价值主张的共创。例如,2014年9月29日,K公司为了把握用户的价值诉求,发起了一项关于网络视频广告的调查。共有322978名用户参与了调查,其中82.17%的用户表示可以接受加入视频贴片广告,88.08%的用户表示无法接受30秒以上的广告,17.83%的用户表示完全无法接受广告(bilibili官网,2018)。K公司的管理层在经过反复论证与思考后,决定为了给社区用户创造更好的体验,对引进的正版新番不加视频贴片广告,K公司于2014年10月1日在网站发布了这一消息。同时发布的还有暖心的宣传语："无论梦想如何被嘲笑,他们不理解,但我们理解因为每个热爱二次元的人,都不孤单因为在K,有无数志同道合的伙伴,与你同在。"K公司在多主体参与的价值主张机制下,确立了价值主张(见图6-1),即构建一个积极健康、青少年用户共创共享在此二次元文化社区,为二次元用户提供健康、充满正能量的二次元文化产品和服务。

2. 价值创造机制

多形式的价值共创是K公司创造价值的核心方式,K公司价值创造的核心要点是：第一,确立清晰明确的战略定位,与多元化主体构建价值共创网络。这个网络由K公司(包括视频、游戏、直播、衍生品电商、线下活动等业务)及相关合作伙伴企业、用户组成。K公司价值共创网络的成员可以划分为平台的建设者与内容集成者,业务的

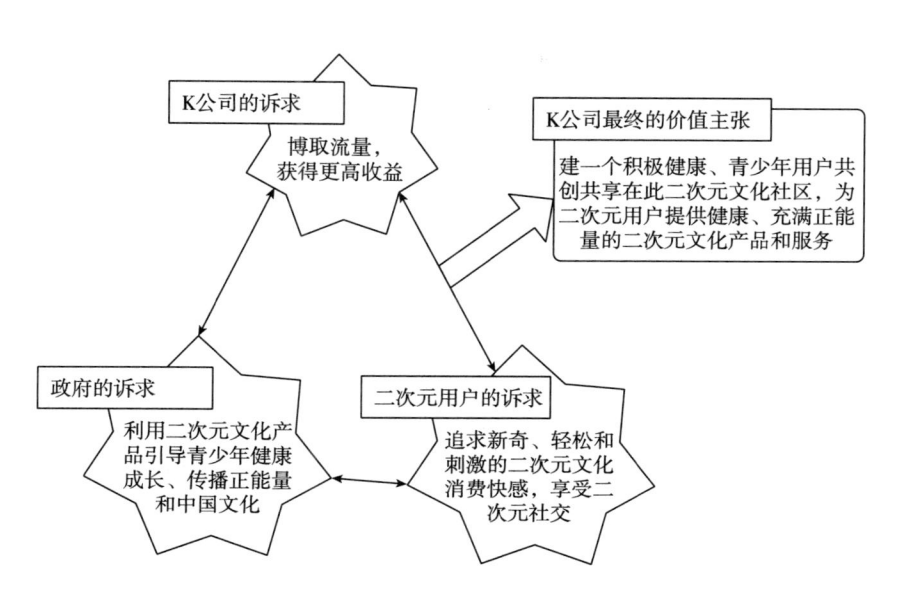

图 6-1 多主体参与的 K 公司的价值主张机制

资料来源：笔者根据相关资料整理。

提供者和文化产品和服务的消费者。第二，认识到用户是价值的共创者，整合用户的资源。K 公司聚集了大量二次元爱好者，他们拥有着大量的可操纵性资源，如 UGC 内容生产力、二次元知识等，却缺乏分享信息和展示自我的渠道。K 公司投入大量的资金，为泛二次元用户搭建信息分享平台，投入大量的人力、创意对用户发布于平台的内容进行编辑、加工、整合，将其转化成能吸引二次元用户的、具有丰富商业价值的 ACG 内容资源。K 公司以 ACG 视频吸引用户，并通过"整合用户 UGC→吸引用户→将用户转化成 UP 主→给予奖励、激发 UP 主生产高质量内容→形成社区 UGC 生态→吸引新用户"的正循环不断打造社区生态系统。第三，充分利用价值的协同创造与共振效应。K 公司在用户的参与下，与合作伙伴开展价值协同创造与共振。这些活动以协同学原理为指导，以 K 公司、社区用户、合作企业在价值活动进行互助耦合、协调促进为形式（见图 6-2），围绕 K 公司社区生态系统而展开，实现了 "1+1>2" 的效果。K 公司借助内容提供商、服务提供商的产品，围绕社区生态，开展价值活动。用户的参与

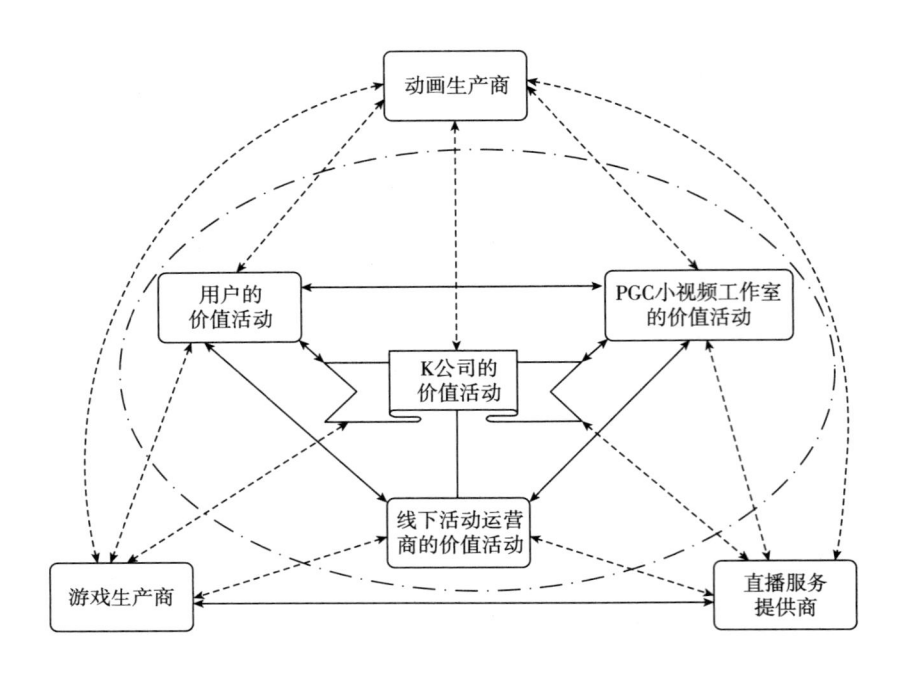

图 6-2　价值协同创造与共振

资料来源：笔者根据相关资料整理。

扩大了价值活动的效应，这加速了 K 公司社区的品牌化，让虚拟社区成为价值的聚合器。

3. 价值传递机制

K 公司在二次元动画企业、游戏企业、直播服务提供商等主体间搭建了一个复杂、密集且相互联动的价值共创网络，在这个网络中，各主体在内部的组织维度上相互独立，但在价值维度上又相互关联。由于 K 公司商业模式的两端分别连接着二次元用户和二次元文化产品和服务提供商，当 K 公司商业模式的文化供给端与消费端的组织和个体的体量增长时会增强价值传递中的网络效应。在价值传递中，K 公司一方面通过引入社交服务、二次元视频服务、直播服务、线下活动服务等拓宽平台用户连接广度，另一方面强化与合作伙伴间的连接联合，发挥彼此的优势，力图在 IP 运营中带来"价值增量"，并借此获得更多收益。例如，2016 年 9 月，K 公司游戏业务部从 DelightWorks

公司引入《命运—冠位指定》（Fate/Grand Order）游戏，优质游戏、良好游戏服务及 K 公司与 DelightWorks 公司的联合营销让该 IP 在社区用户的消费中不断发酵。不久，《命运—冠位指定》成为游戏讨论专区中成为最热门的主题，不少用户围绕游戏内容进行二次创作，生成了大量同人视频，这些视频被会员发布在视频专区，K 公司 ACG 视频业务部通过对这些视频的编辑整合，将这些视频转换成吸引价值流量的利器，其中不少视频的点击量超过了百万次。《命运—冠位指定》游戏给 K 公司的视频业务部门带来了更多的同人视频和更多流量，同时让 K 公司获得了举办线下活动的良机。K 公司借此举办"FGO 年末祭"线下活动，实现 IP 价值增值量的变现，同时将 K 公司的品牌影响力辐射到更广阔的区域。在此过程中，K 公司分别获得了游戏的运营收益、广告收益、线下活动的运营收益。

第二节　K 公司商业模式优化的仿真分析

为了以更直观和形象的方式评估 K 公司商业模式、探讨其商业模式适应性、探寻提升策略，此处引入计算仿真工具 e^3-value，借助第四章、第五章部分研究成果，对 K 公司商业模式进行量化分析，实现对 K 公司商业模式运营的多情境的仿真、评价与优化。e^3-value 是学者 Gordjin（2001）从价值网络的角度提出的商业模式的仿真方法，被应用于娱乐、新闻、互联网服务、银行、能源等多个领域的建模仿真。e^3-value 方法关注多主体的网络化价值创造，而不是单一企业的价值创造，它提供给研究者描述多个主体共同创造、分配价值的工具和方法（赵馨智，2016）。借助 e^3-value 方法，可以构建可视化的 K 公司商业模式参考模型，在明确价值交换条件及相关参数的基础上，能够实现对设定条件下 K 公司商业模式运行效果的仿真及评价。在此基础上，利用前文的研究成果，可以指导 K 公司仿真模型的优化。

一　仿真模型的构建

（一）建模步骤

基于 e^3-value 方法的仿真分析涉及参与者、价值对象、价值端口、价值交换、价值活动、价值界面等要素，一般包含以下核心环节：识别模型的参与者，明确相关参与者的需求，确定创造者及其接受者，明确价值交换的细节，输入相关参数进行仿真，调整模型变量，探索优化方案。本书研究的建模与仿真步骤如图 6-3 所示。

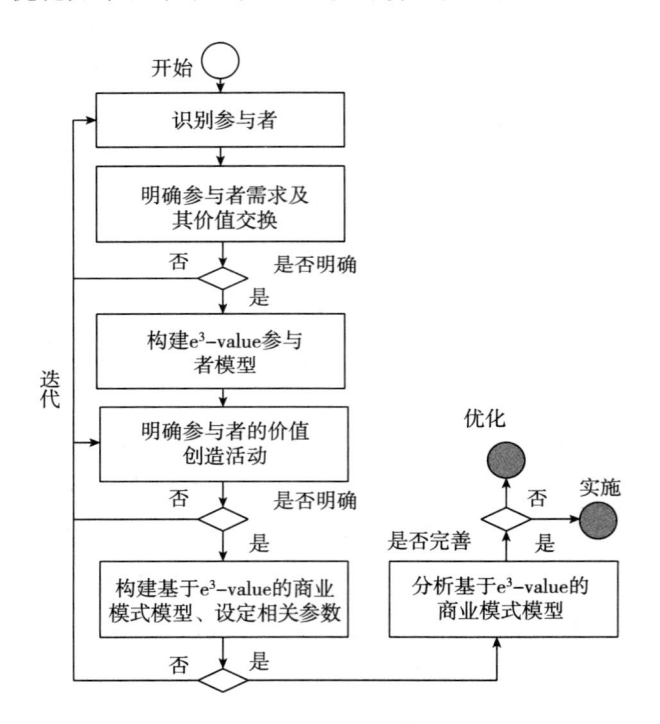

图 6-3　本书研究的建模与仿真步骤

资料来源：笔者根据相关资料整理。

（二）模型关键要素的确定

基于第六章第一节对 K 公司商业模式定性分析中的部分资料，笔者整理出 e^3-value 仿真模型的核心要素。

1. 价值主张

K 公司作为商业模式中的核心企业，其核心价值主张是，构建一个青少年用户共创共享、健康成长的二次元文化社区，为二次元用户提供健康的二次元文化服务。

2. 价值共创网络的参与者

K公司是商业模式中的核心企业，K公司商业模式的参与者包括ACG视频生产及运营商，游戏生产及运营商，直播服务提供商，广告商，二次元周边衍生品零售企业，二次元用户，这些参与者以市场群体的形式而存在。

3. 价值对象

价值对象的流动可以用以描述商业模式的价值流，K公司商业模式的价值对象可以划分成四类：一是货币，包括版权费用，用户付费，广告费。二是服务，包括直播服务、视频观看服务、游戏服务、平台服务、增值服务及其他消费体验。三是产品，包括视频、游戏、二次元周边衍生品，UGC。四是信息，包括用户的大数据信息，用户的注意力等。

4. 价值活动与顾客的情景参与

K公司的价值活动包括平台的维护与运营、视频内容（含PGC与UGC）、游戏内容的集成与运营、增值服务的提供、直播服务的集成及线下活动的运营与管理，这些活动服务于二次元虚拟文化社区的生态建设，以满足二次元用户的二次元文化消费需求为目标。此外，为了满足二次元商家投放广告的需求，K公司还开展广告集成的价值活动。K公司商业模式中的情景参与可以分为消费性价值活动和生产性价值活动两类，前者包括游戏付费、网购二次元周边衍生品、观看直播、观看视频、享受增值服务及其他服务；后者包括UGC生产（例如制作、上传与发布视频、图片等）、直播服务的提供等。位于产业链上游的PGC视频生产商、游戏生产商以相关内容产品的开发与运营为价值活动。

5. 价值共创绩效

共创绩效可以通过e^3-value仿真模型的运算结果来模拟。

根据以上提炼的要素，借助e^3-value工具可建立如图6-4所示的K公司商业模式的可视化结构模型。

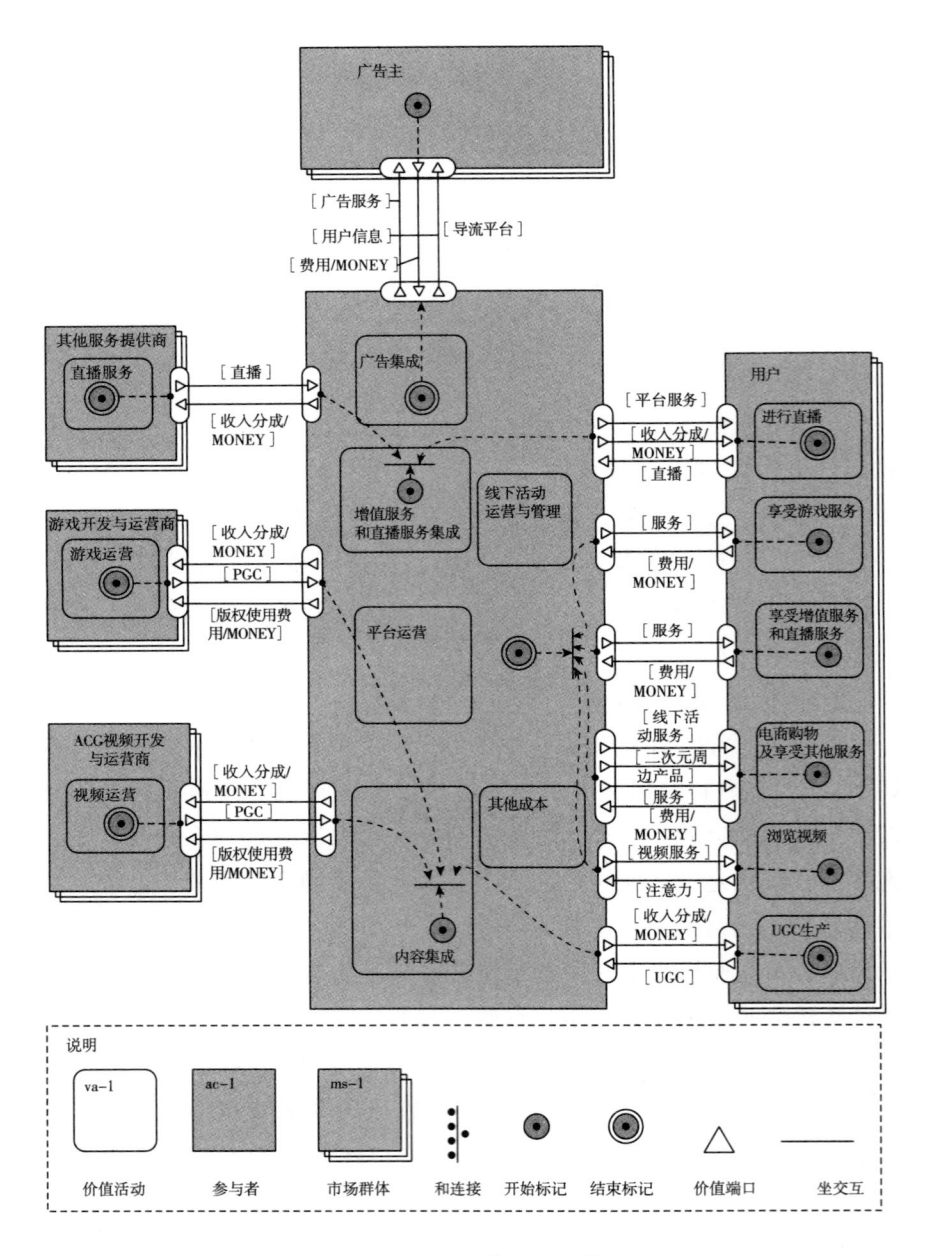

图 6-4　K 公司 e^3-value 模型

资料来源：笔者根据相关资料整理。

二 仿真模型的参数设置

对 K 公司当前商业模式的运营状况进行仿真分析，需要科学设置相关参数。为了增强仿真模型的信度，使仿真模型能更贴近企业的商业模式运营现状，笔者采取了以下措施：第一，以 K 公司最近的运营数据为基准，对 K 公司某财年的公报进行分析，整理出基础数据，设定相关参数。第二，对 K 公司及同类型的企业进行了调研，收集了相关的智库报告、主流媒体报道等资料，并征询相关专家意见，实现对无法直接获取的相关参数的科学设定。第三，在仿真模型的参数设置过程中遵循实际运营数据优先的原则，即在无法获取直接运营数据的情形才使用假设的参数。

（一）现实运营数据的提炼与分析

通过对 K 公司财报的分析与数据提炼，笔者发现 K 公司当年活跃用户达 87002450 人，活跃用户平均每人每年给 K 公司带来的手游收入为 33.7499806 元、增值服务与直播收入为 6.7313392 元、电商（自营）及其他支出为 1.6489995 元。2018 年，K 公司的广告收入达 463490000 元。巨大的活跃用户量是 K 公司吸引广告商投放广告的基础，当前虚拟社区的广告投放主要采取 CPC 模式（Cost Per Click），以用户的每次点击进行广告计费。设 K 公司采用 CPC 广告模式，则通过财报数据可以推出平均每年每位活跃用户给 K 公司带来的广告收入为 5.327 元。按照年度财报，K 公司的成本支出分为 4 类：平台运营成本为 857530000 元，其中包括员工成本 238793000 元和服务器及宽带成本 618737000 元；内容成本为 543009000 元，其中包括视频版权成本，游戏版权成本；收入分享成本 1630881000 元，收入分享成本包括给游戏开发商、内容开发商、UGC 生产者、直播服务提供商的分成；其他成本 242073000 元。

（二）相关参数的设定与分析

为了将商业模式的内容运营收益进行量化，在分析、调研与征求专家意见的基础上做出以下设定：在内容成本中，游戏版权成本占内容成本 60%，视频版权成本占内容成本 40%；在收入分享成本中，游戏开发商的分成占 45%，视频内容开发商的分成占 15%，UGC 的分

163

成（UP主分成）占20%，直播提供商的分成占15%，用户直播分成占5%。由于K公司与游戏开发商、视频内容开发商、直播服务提供商、UGC生产者分享的收入是以一定比例从活跃用户对相关产品的付费中抽成而来，则在其他因素不变的情况下，K公司的收入分享成本与活跃用户数成正比。

三 仿真模型的运算及运算结果分析

将以上参数输入 e^3-value 模型，得到当年K公司商业运营的经济收益的Excel表（见表6-5）：

从表6-5中数据可知，按照当年的运营情况，K公司可获利855437988元，模拟得到的收益数据与当年财报数据基本相匹配。此时位于价值共创网络的ACG视频开发与运营商通过与K公司的合作获得的收益为461835750元（见表6-6），而游戏运营与开发商获得的收益为1059701850元（见表6-7），其他服务提供商的收益为244632150元（见表6-8）。需要指出的是，利用 e^3-value 分析工具模拟K公司商业模式的目的并不在于对其盈利数据的重复运算，其真实意义在于，e^3-value 仿真模型提供给我们调整相关参数、进行数据分析的手段。通过"What-if"的多次仿真，可以模拟出不同场景下K公司的商业模式运营状况，揭示K公司基于价值共创的商业模式中关键要素的关联和影响机理。在此基础上，利用前文的研究成果，为企合理化运营决策、降低运营风险、优化商业模式的组织架构提供路径。

通过调整参数，发现在 e^3-value 的仿真模型中影响K公司商业运营收益的关键变量有：一是用户平均付费额及活跃用户数量；二是收入分享成本；三是平台的成本，包括员工成本和服务器、宽带成本、内容成本及其他成本。根据前文的研究发现，用户是商业运营的参与者，是基于价值共创的二次元产业商业模式的关键要素，收入分享的比例会影响着价值共创网联络的稳定性。接下来就用户平均付费额、活跃用户数量、收入分享成本这几个关键变量开展讨论。

表 6-5　初始赋值时 K 公司收益模拟

Value Interface	Value Port	Value Transfer	Occurrences	Valuation	Economic Value	Total
K 公司-UGC： {UGC，收入分成/MONEY}	in：UGC		1	0	-326176200	
	out：收入分成/MONEY	(all transfers)	1	326176200	-326176200	
K 公司-游戏商：{PGC，收入分成/MONEY，版权使用费用/MONEY}	in：PGC		1	0	-1059701850	
	out：收入分成/MONEY	(all transfers)	1	733896450	-733896450	
	out：版权使用费用/MONEY	(all transfers)	1	325805400	-325805400	
K 公司-ACG 视频商：{PGC，版权使用费用/MONEY，收入分成/MONEY}	in：PGC		1	0	-461835750	
	out：版权使用费用/MONEY	(all transfers)	1	217203600	-217203600	
	out：收入分成/MONEY	(all transfers)	1	244632150	-244632150	
K 公司-用户直播：{直播，收入分成/MONEY，平台服务}	(all transfers)	1			-81544050	

续表

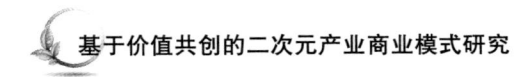

Value Interface	Value Port	Value Transfer	Occurrences	Valuation	Economic Value	Total
K公司-用户享受增值服务与直播： {服务，费用/MONEY}	in: 直播	(all transfers)	1	0	0	
	out: 收入分成/MONEY	(all transfers)	1	81544050	−81544050	
	out: 平台服务	(all transfers)	1	0	0	
			87002450	0	585643002.2	
	out: 服务	(all transfers)	87002450	0	0	
	in: 费用/MONEY	(all transfers)	87002450	6.7313392	585643002.2	
K公司-用户浏览网页： {注意力，视频服务}	in: 注意力	(all transfers)	87002450	0	0	
	out: 视频服务	(all transfers)	87002450	0	0	
K公司-用户电商及其他服务： {费用/MONEY，二次元周边产品，服务，线下活动服务}			87002450	0	143466996.5	
	in: 费用/MONEY	(all transfers)	87002450	1.6489995	143466996.5	
	out: 二次元周边产品	(all transfers)	87002450	0	0	
	out: 服务	(all transfers)	87002450	0	0	
	out: 线下活动服务	(all transfers)	87002450	0	0	

续表

Value Interface	Value Port	Value Transfer	Occurrences	Valuation	Economic Value	Total
K公司-用户享受游戏：{费用/MONEY，服务}	in: 费用/MONEY	(all transfers)	87002450	33.749981	2936331000	
	out: 服务	(all transfers)	87002450	0	2936331000	
K公司-其他服务提供商：{直播，收入分成/MONEY}	in: 直播	(all transfers)	1	0	-244632150	
	out: 收入分成/MONEY	(all transfers)	1	244632150	-244632150	
K公司-广告主（广告）：{用户信息，广告服务，费用/MONEY}	out: 用户信息	(all transfers)	1	0	463490000	
	out: 广告服务	(all transfers)	1	0	463490000	
	in: 费用/MONEY	(all transfers)	1	463490000		
INVESTMENT					0	
EXPENSES					1099603000	
total for actor						85543 7998

资料来源：笔者利用 e³ editor 运算生成。

167

基于价值共创的二次元产业商业模式研究

表6-6　初始赋值时ACG视频开发与运营商收益模拟

Value Interface	Value Port	Value Transfer	Occurrences	Valuation	Economic Value	Total
ACG视频商-K公司：{收入分成/MONEY, 版权使用费用/MONEY, PGC}			1		461835750	
	in: 收入分成/MONEY	(all transfers)	1	244632150	244632150	
	in: 版权使用费用/MONEY	(all transfers)	1	217203600	217203600	
	out: PGC		1	0	0	
COUNT						
INVESTMENT					0	
EXPENSES					0	
total for actor						461835750

资料来源：笔者利用e³ editor运算生成。

表6-7　初始赋值时游戏开发与运营商收益模拟

Value Interface	Value Port	Value Transfer	Occurrences	Valuation	Economic Value	Total
游戏商-K公司：{收入分成/MONEY, 版权使用费用/MONEY, PGC}			1		1059701850	
	in: 收入分成/MONEY	(all transfers)	1	733896450	733896450	
	in: 版权使用费用/MONEY	(all transfers)	1	325805400	325805400	

续表

Value Interface	Value Port	Value Transfer	Occurrences	Valuation	Economic Value	Total
	out: PGC	(all transfers)	1	0	0	
COUNT			1			
INVESTMENT					0	
EXPENSES					0	
total for actor						1059701850

资料来源：笔者利用 e³editor 运算生成。

表6-8 初始赋值时其他服务提供商收益模拟

Value Interface	Value Port	Value Transfer	Occurrences	Valuation	Economic Value	Total
其他服务提供商-K公司：收入分成/MONEY，直播	in: 收入分成/MONEY	(all transfers)	1	244632150	244632150	
	out: 直播	(all transfers)	1	0	0	
COUNT			1			
INVESTMENT					0	
EXPENSES					0	
total for actor						244632150

资料来源：笔者利用 e³editor 运算生成。

（一）活跃用户数量及用户平均付费额的敏感性分析

敏感性分析（sensitivity analysis）是一种定量分析方法。以 e^3-value 的仿真模型中用户平均付费额及活跃用户数量为敏感性分析的因素，在保持其他变量不变的情况下，按一定比例调整这一变量的值，分析其对 K 公司收益的影响程度。选择活跃用户数、人均手游付费额、人均增值服务与直播付费额、人均广告价值、人均电子商务及其他付费额为敏感性分析因素，按-10%、-5%、5%、10%的比例变动，考察相关因素变化时 K 公司的收益变化率（见表6-9）。

表6-9　　　　　　　　收入因素的单因素敏感性分析

类型	变动率	-10%	-5%	5%	10%
人均手游付费额	K公司收益（元）	561804900	708621450	1002254550	1149071100
	收益变动率（%）	-34.33	-17.16	17.16	34.33
人均增值服务与直播付费额	K公司收益（元）	796873700	826155850	884720150	914002300
	收益变动率（%）	-6.85	-3.42	3.42	6.85
人均电子商务及其他付费额	K公司收益（元）	841091300	848264650	862611350	869784700
	收益变动率（%）	-1.68	-0.84	0.84	1.68
活跃用户数	K公司收益（元）	605633000	730535500	980340500	1105243000
	收益变动率（%）	-29.20	-14.60	14.60	29.20

资料来源：笔者利用 e^3 editor 运算生成。

分析表6-9可知在用户平均付费额及活跃用户数量等相关变量中，人均手游付费额是影响 K 公司收益的最大变量，当其在±5%、±10%的范围调整时，K 公司收益最大变动率达±34.33%。目前，手游业务在 K 公司业务收入中的占比过高，过分依赖于手游业务，给 K 公司商业模式的稳定性带来了巨大的隐患，不利于企业长期、稳定的发展。活跃用户数量也是影响 K 公司的收益的重要变量，当其在±5%、±10%的范围调整时，K 公司收益最大变动率可达±29.20%。在当前运营状况中，提高活跃用户比例、提升用户总量，提升用户对人均增值服务与直播、人均电子商务及其他业务的付费额，提升用户付费比例是 K 公司提高商业模式运行绩效的可行之道。

（二）用户数量与 K 公司盈亏临界点分析

K 公司作为二次元虚拟社区，庞大的二次元用户不仅参与到其商业运营活动，也是其商业变现的基础。在当年的运营状况下，即当 K 公司的平台的运营成本、内容成本收入分享比例、用户平均付费额保持不变时，调整活跃用户的参数，对 K 公司的收益进行仿真运算。仿真发现 K 公司收支平衡的临界点在活跃用户数为 57209130 人时。当活跃用户的数量小于这个临界点时，K 公司处于亏损状态，此时对 K 公司商业运营的经济收益进行仿真运算，生成 Excel 表（见表 6-10）。中国二次元市场是一个千亿级的蓝海市场。因此，随着互联网和移动终端的日益普及，K 公司若保持自身在行业内的竞争优势，其泛二次元用户数量仍然有很大的增长空间。所以，K 公司在维持现有运营状况的情况下，若不断吸引新用户加入使社区活跃用户数超过这个临界点，并不断提升用户的付费比例，K 公司是能够实现持续盈利的。

（三）合作伙伴收入分享比例调整下 K 公司的绩效分析

就收入分享比例而言，K 公司作为平台运营商，需要集成大量的内容资源，为了激励用户的 UGC 价值活动及鼓励游戏、视频内容生产运营商提供更多优质的资源，K 公司需要与价值共创网络中的成员分享收益。在实际运营中，K 公司推出了一系列的价值共创绩效的分享计划，以激励用户及合作伙伴企业的正向价值活动。例如，2016 年起，K 公司推行"UP 主充电计划"，并以 3∶7 的比例与 UP 主分享价值共创绩效；2018 年，K 公司实施"悬赏计划"，以 5∶5 的比例与 UP 主分享收益。在调研了 K 公司多项价值共创绩效的分享计划后，笔者取其分享比例的中位数 4∶6，即假设 K 公司统一以 4∶6 的比例进行收入分享，同时假设，K 公司为了减少收入分成支出，计划将收入分享比例调整为 5∶5。由于调整了收益分享比例，这会影响了合作伙伴和用户提供的内容生产热情，使得 K 公司获得的优质内容数量减少，这对虚拟社区的生态产生了负面影响，假设 K 公司活跃用户的数量因此减少了 5%。在其他参数不变的情况下，将新参数带入模型中，可以生成 K 公司收益的 Excel 表（见表 6-11），此时 K 公司的盈利为 988758344 元。

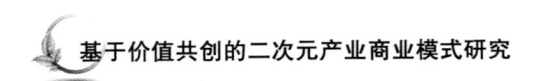

表6-10 活跃用户数为亏损临界点时的K公司收益模拟

Value Interface	Value Port	Value Transfer	Occurrences	Valuation	Economic Value	Total
K公司-用户享受游戏：{服务，费用/MONEY}	out: 服务		57209130	0	1930807028	
	in: 费用/MONEY	(all transfers)	57209130	33.7499881	1930807028	
K公司-UGC: {费用/MONEY, UGC}	out: 费用/MONEY	(all transfers)	1	214479668.4	-214479668.4	
	in: UGC	(all transfers)	1	0	-214479668.4	
K公司-用户电商及其他服务：{费用/MONEY, 线下活动服务, 二次元周边产品, 服务}	in: 费用/MONEY	(all transfers)	57209130	1.6489995	94337826.77	
	out: 线下活动服务	(all transfers)	57209130	0	94337826.77	
	out: 二次元周边产品	(all transfers)	57209130	0	0	
	out: 服务			0	0	
K公司-ACG视频商：{PGC, 版权使用费用/MONEY, 收入分成/MONEY}	in: PGC	(all transfers)	1	0	-378063351.3	
			1	0	0	

续表

Value Interface	Value Port	Value Transfer	Occurrences	Valuation	Economic Value	Total
K公司-用户浏览网页：{视频服务，注意力}	out: 版权使用费用/MONEY	(all transfers)	1	217203600	-217203600	
	out: 收入分成/MONEY	(all transfers)	1	160859751.3	-160859751.3	
	out: 视频服务		57209130	0	0	
	in: 注意力		57209130	0	0	
K公司-其他服务提供商：{费用/MONEY，直播}	out: 费用/MONEY	(all transfers)	1	160859751.3	-160859751.3	
	in: 直播	(all transfers)	1	0	0	
K公司-广告主（广告）：{用户信息，广告服务，费用/MONEY}	out: 用户信息	(all transfers)	1	304771413.5	304771413.5	
	out: 广告服务	(all transfers)	1	0	0	
	in: 费用/MONEY	(all transfers)	1	304771413.5	304771413.5	
K公司-用户享受增值服务与直播：{费用/MONEY，服务}	out: 费用/MONEY		57209130		385094059.4	
	in: 费用/MONEY	(all transfers)	57209130	6.7313392	385094059.4	

173

续表

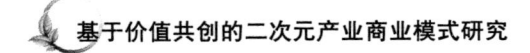

Value Interface	Value Port	Value Transfer	Occurrences	Valuation	Economic Value	Total
K公司-游戏商：{收入分成/MONEY，版权使用费用/MONEY，PGC}	out: 服务	(all transfers)	57209130	0	0	
	out: 收入分成/MONEY	(all transfers)	1	482579254	-808384654	
	out: 版权使用费用/MONEY	(all transfers)	1	325805400	-482579254	
	in: PGC	(all transfers)	1	0	-325805400	
K公司-用户直播：{费用/MONEY，平台服务，直播}	out: 费用/MONEY	(all transfers)	1	53619917.11	-53619917.11	
	out: 平台服务	(all transfers)	1	0	-53619917.11	
	in: 直播	(all transfers)	1	0	0	
INVESTMENT					0	
EXPENSES					1099603000	
total for actor						-14.8436

资料来源：笔者利用 e³editor 运算生成。

第六章 案例分析与优化仿真分析

表6-11 调整收入分成比例后的K公司收益模拟

Value Interface	Value Port	Value Transfer	Occurrences	Valuation	Economic Value	Total
K公司-其他服务提供商：{费用/MONEY，直播}	out: 费用/MONEY	(all transfers)	1	193667119	-193667118.8	
	in: 直播	(all transfers)	1	0	-193667118.8	
K公司-UGC：{收入分成/MONEY，UGC}	out: 收入分成/MONEY	(all transfers)	1	258222825	-258222825	
	in: UGC	(all transfers)	1	0	-258222825	
K公司-用户电商及其他服务：{二次元周边产品，线下活动服务，费用/MONEY}	out: 二次元周边产品	(all transfers)	82652328		136293647.5	
	out: 线下活动服务	(all transfers)	82652328	0	0	
	out: 服务	(all transfers)	82652328	0	0	
	in: 费用/MONEY	(all transfers)	82652328	1.6489995	136293647.5	
K公司-ACG视频商：{PGC，版权使用费用/MONEY，收入分成/MONEY}	in: PGC	(all transfers)	1	0	-410870718.8	
			1	0	0	

175

续表

Value Interface	Value Port	Value Transfer	Occurrences	Valuation	Economic Value	Total
K公司-用户浏览网页：{视频服务，注意力}	out: 版权使用费用/MONEY	(all transfers)	1	217203600	-217203600	
	out: 收入分成/MONEY	(all transfers)	1	193667119	-193667118.8	
	out: 视频服务		82652328	0	0	
	in: 注意力	(all transfers)	82652328	0	0	
K公司-用户享游戏：{费用/MONEY，服务}	in: 费用/MONEY	(all transfers)	82652328	33.7499806	2789514467	
	out: 服务	(all transfers)	82652328	0	2789514467	
K公司-用户享增值服务与直播：{服务，费用/MONEY}	out: 服务	(all transfers)	82652328	0	556360855.4	
	in: 费用/MONEY	(all transfers)	82652328	6.7313392	556360855.4	
K公司-广告主（广告）：{费用/MONEY，用户信息，广告服务}	in: 费用/MONEY	(all transfers)	1	440315500	440315500	
	out: 用户信息	(all transfers)	1	0	440315500	

续表

Value Interface	Value Port	Value Transfer	Occurrences	Valuation	Economic Value	Total
K公司-游戏商：{版权使用费用/MONEY，收入分成/MONEY，PGC}	out: 广告服务	(all transfers)	1	0	0	
	out: 版权使用费用/MONEY	(all transfers)	1	325805400	-906806756.3	
	out: 收入分成/MONEY	(all transfers)	1	581001356	-325805400	
	in: PGC	(all transfers)	1	0	-581001356.3	
K公司-用户直播：{平台服务，收入分成/MONEY，直播}	out: 平台服务	(all transfers)	1	0	0	
	out: 收入分成/MONEY	(all transfers)	1	64555706.3	-64555706.25	
	in: 直播	(all transfers)	1	0	-64555706.25	
INVESTMENT					0	
EXPENSES					0	
total for actor					1099603000	988758344

资料来源：笔者利用 e^3 editor 运算生成。

177

K公司可以通过调整收入分享比例实现收益增长。那是否将收益分享比例调整为5∶5时，K公司就一定能实现营收增长？答案是否定的。由于调整收益分享比例会影响优质内容的数量，这会危害社区生态，造成活跃用户数减少。通过仿真运算发现，当这种危害造成社区活跃用户减少至78464686人时（即活跃用户的数量因社区生态受到破坏而减少为原来的90.187%时），将收益分享比例调整为5∶5，并不能让K公司实现营收增长。此时K公司的收益表如下（见表6-12），收益额为855437992元，ACG视频开发与运营商的收益为401058430.8元（见表6-13），游戏运营与开发商从K公司获得的收益为877369892.4元（见表6-14），其他服务提供商的收益为183854830.8元（见表6-14）。相比初始赋值阶段，K公司的收益减少量微乎其微，然而位于K公司商业模式价值共创网络的成员却损失惨重。此时相比初始赋值状态，ACG视频开发与运营商、游戏运营与开发商、其他服务提供商从K公司获得的收益分别降低了13.16%、17.21%、24.84%，用户参与K公司直播、UGC所获得的收益分别降低了19.99%、16.67%。

因此，在调整收入分享比例的问题上，K公司需要谨慎，要在保持价值共创网络稳定性的情况下进行。若突然大幅度的调整，或突然肆意压缩收入分享比例，会减弱合作伙伴、用户的价值共创热情，破坏价值共创网络的稳定性，这会影响商业模式运营的绩效，甚至会适得其反，得不偿失，甚至会降低K公司自身的运营收益。这也印证了本书第五章第三节的研究发现：基于价值共创的二次元产业商业模式具有"网络外部性"的特点，即企业外部的组织或个体的价值活动会影响价值共创网络中相关主体的运营绩效。

四 仿真模型的调整及优化

借助 e^3-value 分析工具对K公司商业模式进行仿真模拟的意义还在于，e^3-value 分析工具为增强商业模式的生存性和盈利性提供了手段，为寻找到有效调整、提升基于价值共创的K公司商业模式提供了方法和思路。

第六章 案例分析与优化仿真分析

表6-12 调整收入分成比例但收益未增长时K公司收益模拟

Value Interface	Value Port	Value Transfer	Occurrences	Valuation	Economic Value	Total
K公司-用户直播：{平台服务，收入分成/MONEY，直播}	out: 平台服务	(all transfers)	1	0	-61284943.6	
	out: 收入分成/MONEY	(all transfers)	1	61284943.6	-61284943.6	
	in: 直播	(all transfers)	1	0	0	
K公司-用户享受增值服务与直播：{服务，费用/MONEY}	out: 服务	(all transfers)	78464686	0	528172416.7	
	in: 费用/MONEY	(all transfers)	78464686	6.7313392	528172416.7	
K公司-用户电商及其他服务：{线下活动服务，服务，二次元周边产品，费用/MONEY}	out: 线下活动服务	(all transfers)	78464686		129388228	
	out: 服务	(all transfers)	78464686	0	0	
	out: 二次元周边产品	(all transfers)	78464686	0	0	
	in: 费用/MONEY	(all transfers)	78464686	1.6489995	129388228	
K公司-用户浏览网页：{视频服务，注意力}					0	

179

续表

Value Interface	Value Port	Value Transfer	Occurrences	Valuation	Economic Value	Total
K公司-广告主（广告）：{费用/MONEY，广告服务，用户信息}	out：视频服务		78464686	0	0	
	in：注意力		78464686	0	0	
	in：费用/MONEY	（all transfers）	1	418006589.4	418006589.4	
	out：广告服务	（all transfers）	1	0	0	
	out：用户信息	（all transfers）	1	0	0	
K公司-用户享受游戏：{费用/MONEY，服务}			78464686		2648181630	
	in：费用/MONEY	（all transfers）	78464686	33.7499806	2648181630	
	out：服务	（all transfers）	1	0	0	
K公司-ACG视频商：{PGC，收入分成/MONEY，版权使用费用/MONEY}	in：PGC	（all transfers）	1	0	-401058430.8	
	out：收入分成/MONEY	（all transfers）	1	183854830.8	-183854830.8	
	out：版权使用费用/MONEY	（all transfers）	1	217203600	-217203600	
K公司-其他服务提供商：{费用/MONEY，直播}		（all transfers）	1	183854830.8	-183854830.8	

第六章　案例分析与优化仿真分析

续表

Value Interface	Value Port	Value Transfer	Occurrences	Valuation	Economic Value	Total
K公司-UGC: {UGC, 收入分成/MONEY}	out: 费用/MONEY	(all transfers)	1	183854831	-183854830.8	
	in: 直播	(all transfers)	1	0	0	
	in: UGC	(all transfers)	1	0	-245139774.4	
	out: 收入分成/MONEY	(all transfers)	1	245139774	-245139774.4	
K公司-游戏商: {PGC, 收入分成/MONEY, 版权使用费用/MONEY}	in: PGC	(all transfers)	1	0	-877369892.4	
	out: 收入分成/MONEY	(all transfers)	1	551564492	-551564492.4	
	out: 版权使用费用/MONEY	(all transfers)	1	325805400	-325805400	
INVESTMENT					0	
EXPENSES					1099603000	
total for actor						855437992

资料来源：笔者利用 e^3 editor 运算生成。

181

表6-13　调整收入分成比例但收益未增长时 ACG 视频开发与运营商收益模拟

Value Interface	Value Port	Value Transfer	Occurrences	Valuation	Economic Value	Total
ACG 视频商-K 公司：{版权使用费用/MONEY，收入分成/MONEY，PGC}						401058430.8
	in：版权使用费用/MONEY	(all transfers)	1	217203600	217203600	
	in：收入分成/MONEY	(all transfers)	1	183854830.8	183854830.8	
	out：PGC		1	0	0	
COUNT			1			
INVESTMENT					0	
EXPENSES					0	
total for actor						401058430.8

资料来源：笔者利用 e³ editor 运算生成。

表6-14　调整收入分成比例后游戏开发与运营商收益模拟

Value Interface	Value Port	Value Transfer	Occurrences	Valuation	Economic Value	Total
游戏商-K 公司：{PGC，收入分成/MONEY，版权使用费用/MONEY}						8773669892.4
	out：PGC	(all transfers)	1	0	0	
	in：收入分成/MONEY	(all transfers)	1	551564492.4	551564492.4	

第六章 案例分析与优化仿真分析

续表

Value Interface	Value Port	Value Transfer	Occurrences	Valuation	Economic Value	Total
	in: 版权使用费用/MONEY	(all transfers)	1	325805400	325805400	
COUNT	1					
INVESTMENT					0	
EXPENSES					0	
total for actor						877369892.4

资料来源：笔者利用 e^3 editor 运算生成。

表 6-15　调整收入分成比例后其他服务提供商收益模拟

Value Interface	Value Port	Value Transfer	Occurrences	Valuation	Economic Value	Total
其他服务商-K公司：{直播，费用/MONEY}	out: 直播	(all transfers)	1	0	0	
	in: 费用/MONEY	(all transfers)	1	183854830.8	183854830.8	
COUNT	1					
INVESTMENT					0	
EXPENSES					0	
total for actor						183854831

资料来源：笔者利用 e^3 editor 运算生成。

183

(一) 模型调整分析

1. 存在的不足

为了科学地分析商业模式,笔者在借助 e^3-value 分析工具调整参数、分析参数测算结果及商业模式简化模型的基础上,结合收集到的信息与资料,对 K 公司商业模式进行研判,发现 K 公司商业模式存在以下不足。

(1) K 公司价值共创的盈利项目过于集中。K 公司形成了与手游商、广告商、直播商、增值服务商、二次元周边衍生品销售商、用户等多个价值共创伙伴创造商业价值的模式,然而在借助 e^3-value 仿真模型进行敏感性分析时发现,人均手游付费额是对 K 公司收益影响最大的变量。事实上,手游业务占企业收入的 71.11%。过分依赖于一项业务、一款产品不利于 K 公司商业模式的稳定性。

(2) 用户 UGC 的商业价值未充分挖掘。用户 UGC 是用户参与 K 公司价值共创的一种重要方式,K 公司以收入分成的形式鼓励用户生成了大量优质的 UGC,然而分析 e^3-value 仿真模型发现,这些内容仅仅以增值服务的形式"间接"变现,K 公司并未能通过商业运营让用户 UGC 的商业价值实现最大化。

(3) 价值共创网络成员合作和共创方式的单一性。尽管,K 公司与合作企业、广告商建立了合作机制,然而,部分合作方式是一次性、低效的。例如,在与广告主合作层面,K 公司只承揽了广告主的广告发布业务,若 K 公司能加入到广告主的产品销售分成中,不仅能扩大 K 公司的价值获取能力,还能增加 K 公司广告运营的积极性,实现多主体的价值共赢。

2. 优化方法

基于以上分析,优化基于价值共创的 K 公司商业模式可以从以下几个方面入手。

(1) 加强对互补性资源的整合,多元化业务形态。基于本书第五章的研究成果可知,K 公司若加强对互补资源的整合,有利于价值共创。K 公司作为国内知名的二次元文化社区,其社区用户中不乏内容创意高手,他们不断在 K 公司进行 UGC 或 PUGC 生产。K 公司应提升企业对互补性资源的捕捉能力，建立对价值共创网络中不同层次、不同来源的资源的选择性汲取机制。例如，K 公司可以加强对用户 UGC 的整合，孵化 IP，实现 UGC 的 PUGC 化，并努力让 PUGC 实现 IP 化，以此进一步拓展盈利途径、实现盈利收入的多元化。

（2）深化与价值共创网络中相关企业的合作。在企业顶层架构界面，K 公司需要与价值共创网络中的相关企业进一步建立密切的合作关系，K 公司可以通过深化交流、建立合理的利益分配机制，与合作伙伴开发共同的商业愿景。例如，K 公司可以优化目前的广告业务，为广告主搭建相关产品的导购窗口，实现与广告主分享销售收益，进一步推动社区用户流量的商业变现。

（二）新的参数设置及结果分析

借助 e^3-value 分析工具，绘制出改进后的 K 公司商业模式的结构模型（见图 6-5）：

对于改进后的商业模式，设置以下参数：

美柚、楚楚街、蘑菇街、折 800、宝宝树等电商的交易佣金在 8%—12%（西新闻网，2021），二次元青少年用户月均泛二次元购物消费 123.6 元。假设 K 公司的交易提成为 10%，K 公司活跃用户的月均泛二次元购物消费 123.6 元（中金国际，2020），其中 43% 为电商消费，活跃用户 20% 的电商消费经由 K 公司导流，则 K 公司人均年交易提成为 12.75552 元。

由于引入了 IP 的孵化与运营业务，K 公司平均每年授权 20 个 IP 给 ACG 视频、游戏、衍生品开发与运营商用于开发，其中 ACG 视频、游戏开发的授权费为 120 万/个，衍生品开发的授权费为 20 万/个。

由于价值活动的增多和复杂化，使得 K 公司的成本增加，基于此，在征求多方专家意见后，假设 K 公司的平台运营成本提高了 30%。

假设其他参数不变，将相关参数输入改进后的模型，模拟出改进后的相关主体收益如表 6-16、表 6-17、表 6-18、表 6-19、表 6-20 所示。

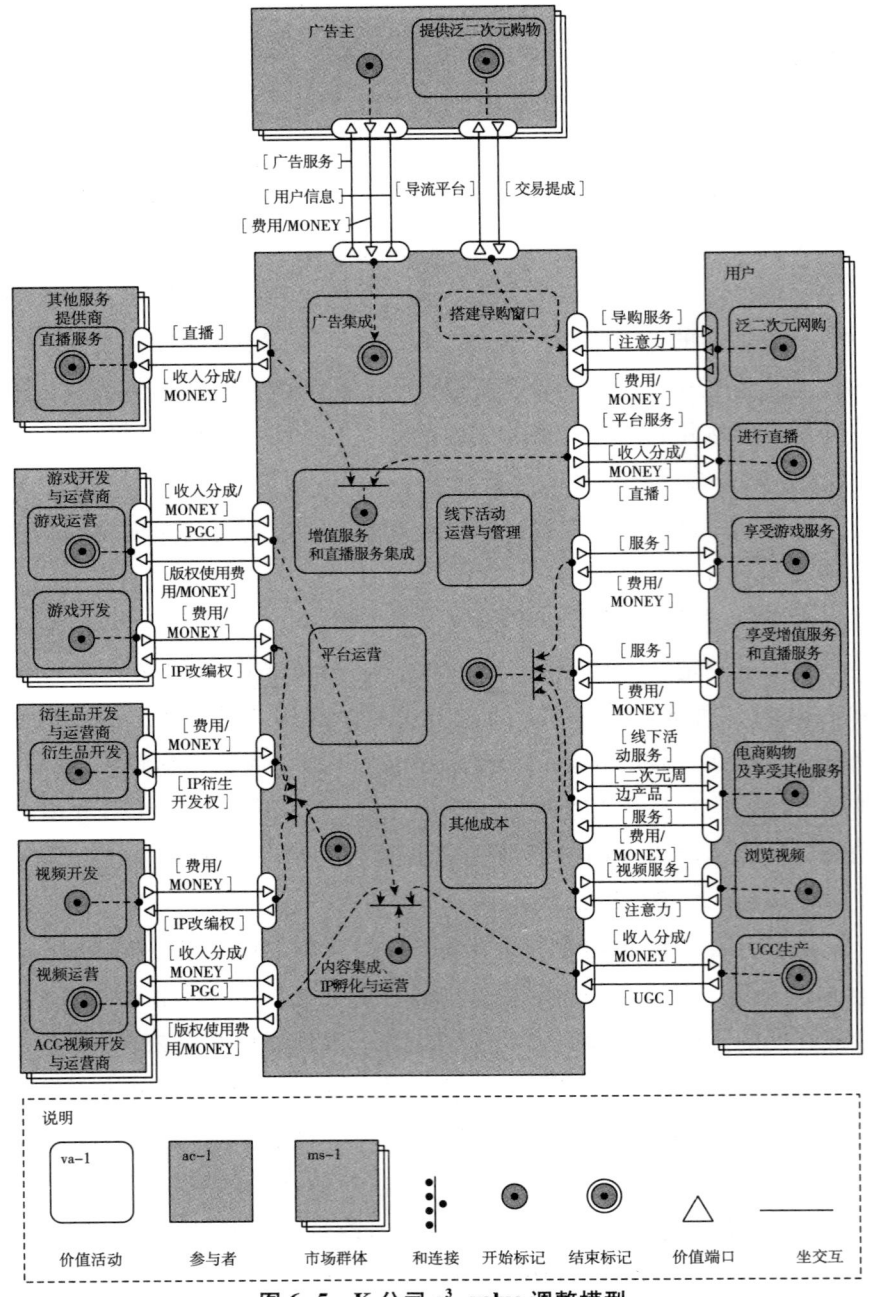

图 6-5　K 公司 e^3-value 调整模型

资料来源：笔者利用 e^3 editor 运算生成。

表 6-16　优化后 K 公司的收益模拟

Value Interface	Value Port	Value Transfer	Occurrences	Valuation	Economic Value	Total
K 公司-用户浏览网页：{视频服务，注意力}	in: 注意力	(all transfers)	87002450	0	0	
	out: 视频服务	(all transfers)	87002450	0	0	
K 公司-用户电商及其他服务：{费用/MONEY，服务，二次元周边产品}			87002450		1434669965	
	in: 费用/MONEY	(all transfers)	87002450	16489995	1434669965	
	out: 二次元周边产品	(all transfers)	87002450	0	0	
	out: 线下活动服务	(all transfers)	87002450	0	0	
	out: 服务	(all transfers)	87002450	0	0	
K 公司-泛二次元网购：{注意力，导购服务}	in: 注意力	(all transfers)	87002450	0	9987853419	
	in: 费用/MONEY	(all transfers)	87002450	11479968	9987853419	
	out: 导购服务	(all transfers)	87002450	0	0	
K 公司-用户享受游戏：{费用/MONEY，服务}	in: 费用/MONEY	(all transfers)	87002450	0	2936331000	

续表

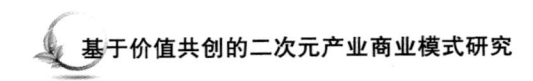

Value Interface	Value Port	Value Transfer	Occurrences	Valuation	Economic Value	Total
K公司-ACG 视频商： {PGC, 版权使用费用/MONEY, 收入分成/MONEY}	in: 费用/MONEY	(all transfers)	87002450	337499806	2936331000	
	out: 服务	(all transfers)	87002450	0	0	
	in: PGC	(all transfers)	1	0	-461835750	
	out: 版权使用费用/MONEY	(all transfers)	1	217203600	-217203600	
	out: 收入分成/MONEY	(all transfers)	1	244632150	-244632150	
K公司-UGC： {UGC, 收入分成/MONEY}	in: UGC	(all transfers)	1	0	-326176200	
	out: 收入分成/MONEY	(all transfers)	1	326176200	-326176200	
K公司-广告商（导流）： {交易提成，导流平台}	in: 交易提成	(all transfers)	87002450	1275552	-8878091928	
	out: 导流平台	(all transfers)	87002450	11479968	1109761491	
K公司-游戏商：{PGC, 收入分成/ MONEY 费用/MONEY, 版权使用}	in: PGC	(all transfers)	1	0	-9987853419	
		(all transfers)	1	0	-1059701850	

续表

Value Interface	Value Port	Value Transfer	Occurrences	Valuation	Economic Value	Total
K公司-其他服务提供商：{直播，收入分成/MONEY}	out: 版权使用费用/MONEY	(all transfers)	1	325805400	-325805400	
	out: 收入分成/MONEY	(all transfers)	1	733896450	-733896450	
	in: 直播	(all transfers)	1	0	0	
	out: 收入分成/MONEY	(all transfers)	1	244632150	-244632150	
K公司-衍生品开发与运营（IP授权）：{费用/MONEY，IP衍生开发权}	in: 费用/MONEY	(all transfers)	20	200000	4000000	
	out: IP衍生开发权	(all transfers)	20	0	0	
K公司-广告主（广告服务）：{费用/MONEY，用户信息，广告服务}	in: 费用/MONEY	(all transfers)	1	463490000	463490000	
	out: 用户信息	(all transfers)	1	0	0	
	out: 广告服务	(all transfers)	1	0	0	
K公司-用户直播：{直播，收入分成/MONEY，平台服务}	in: 直播	(all transfers)	1	0	-81544050	

续表

Value Interface	Value Port	Value Transfer	Occurrences	Valuation	Economic Value	Total
K公司-用户享受增值服务与直播：{费用/MONEY，服务}	out：收入分成/MONEY	(all transfers)	1	81544050	-81544050	
	out：平台服务	(all transfers)	1	0	0	
	in：费用/MONEY	(all transfers)	87002450	67313392	585643002.2	
	out：服务	(all transfers)	87002450	0	5856430022	
K公司-ACG视频商（IP授权）：{IP改编权，费用/MONEY}	out：IP改编权	(all transfers)	20	0	0	
	in：费用/MONEY	(all transfers)	20	1200000	24000000	
K公司-游戏商（IP授权）：{费用/MONEY，IP改编权}	in：费用/MONEY	(all transfers)	20	1200000	24000000	
	out：IP改编权	(all transfers)	20	0	0	
INVESTMENT					0	
EXPENSES					1356862000	
total for actor						1760330260

资料来源：笔者利用 e^3 editor 运算生成。

第六章 案例分析与优化仿真分析

表 6-17　优化后 ACG 视频开发与运营商收益模拟

Value Interface	Value Port	Value Transfer	Occurrences	Valuation	Economic Value	Total
ACG 商-K 公司： {IP 改编权, 费用/MONEY}	in: IP 改编权		20		-24000000	
	out: 费用/MONEY	(all transfers)	20	0	0	
		(all transfers)	20	1200000	-24000000	
ACG 商-K 公司： {版权使用费用/MONEY, 收入分成/MONEY, PGC}			1		461835750	
	in: 版权使用费用/MONEY	(all transfers)	1	217203600	217203600	
	in: 收入分成/MONEY	(all transfers)	1	244632150	244632150	
	out: PGC	(all transfers)	1	0	0	
COUNT			1		0	
INVESTMENT					0	
EXPENSES						
total for actor						437835750

资料来源：笔者利用 e³ editor 运算生成。

191

表6-18 优化后游戏开发与运营商收益模拟

Value Interface	Value Port	Value Transfer	Occurrences	Valuation	Economic Value	Total
游戏商-K公司：{PGC，收入分成/MONEY，版权使用费用/MONEY}						1059701850
	out: PGC	(all transfers)	1	0	0	
	in: 收入分成/MONEY	(all transfers)	1	733896450	733896450	
	in: 版权使用费用/MONEY	(all transfers)	1	325805400	325805400	
游戏商-k公司：{IP改编权，费用/MONEY}						-24000000
	in: IP改编权	(all transfers)	20	0	0	
	out: 费用/MONEY	(all transfers)	20	1200000	-24000000	
COUNT			1		0	
INVESTMENT					0	
EXPENSES					0	
total for actor						1035701850

资料来源：笔者利用 e³ editor 运算生成。

表6-19 优化后其他服务提供商收益模拟

Value Interface	Value Port	Value Transfer	Occurrences	Valuation	Economic Value	Total
其他服务商-K公司：{收入分成/MONEY，直播}			1		244632150	

第六章 案例分析与优化仿真分析

续表

Value Interface	Value Port	Value Transfer	Occurrences	Valuation	Economic Value	Total
	in：收入分成/MONEY	(all transfers)	1	244632150	244632150	
	out：直播	(all transfers)	1	0	0	
COUNT						
INVESTMENT					0	
EXPENSES					0	
total for actor						244632150

资料来源：笔者利用 e³editor 运算生成。

表 6-20 　优化后广告主收益模拟

Value Interface	Value Port	Value Transfer	Occurrences	Valuation	Economic Value	Total
广告主（泛二次元电商）-K公司： {用户信息，广告服务，费用/MONEY}	in：用户信息	(all transfers)	1	0	0	
	in：广告服务	(all transfers)	1	0	0	
	out：费用/MONEY	(all transfers)	1	463490000	-463490000	
广告主（泛二次元电商）-K公司： {导流平台，交易提成}	in：导流平台	(all transfers)	87002450	11479968	8878091928	
		(all transfers)	87002450		9987853419	

193

续表

Value Interface	Value Port	Value Transfer	Occurrences	Valuation	Economic Value	Total
	out: 交易提成	(all transfers)	87002450	12.75552	-1109761491	
COUNT	1					
INVESTMENT					0	
EXPENSES					0	
total for actor						8414601928

资料来源：笔者利用 e^3 editor 运算生成。

在参数设定过程中尽管咨询了专家的意见,但仍无法避免参数设定的主观性,尽管如此,这并不影响结果判断。由仿真结果可知,改进后 K 公司商业模式的运营收益有了明显提升。此时相比初始赋值状态,其他服务提供商从 K 公司获得的收益及用户参与 K 公司直播、UGC 所获得的平均收益保持不变。广告主(泛二次元电商)的收益为 8414601928 元,ACG 视频开发与运营商、游戏运营与开发商的收益分别为 437835750 元、1035701850 元。尽管相比初始赋值状态,ACG 视频开发与运营商、游戏运营与开发商从 K 公司获得的收益分别降低了 5.20%、2.26%,然而却获取了 K 公司优质的 IP,这些 IP 资源可以为它们带来更大的商业利润。因此,此时 K 公司商业模式原有参与者的价值共创热情并不会降低,价值共创网络仍然稳定,故改进方案具有可行性。

K 公司引入 IP 的孵化与运营业务,不仅让社区用户 UGC 的商业价值得到了进一步的拓展;而且让 K 公司从内容需求者,转变成了 ACG 视频开发与运营商、游戏开发与运营商、衍生品开发与运营商的 IP 提供者,K 公司与其商业伙伴的合作更加深入。由于嵌入了广告主的价值网络,K 公司进一步推动了活跃用户的流量变现。因此,在改进后的模型中,K 公司价值共创网络中各主体的"价值关联"更加紧密,用户参与的内容生产给 K 公司商业运营带来了更积极的作用。然而,我们也需要清醒地认识到,在 K 公司的实际商业运营过程中存在诸多不确定的因素,仿真结果可能会与现实状况出现一定的偏离。尽管如此,应用前文构建的理论,以 e^3-value 为工具开展优化仿真分析,对 K 公司商业模式的优化与发展仍具有积极的指导意义。

第三节 研究发现

本章应用前文理论成果,分析了 K 公司的商业模式,并借助 e^3-value 工具对 K 公司的商业模式进行优化仿真,研究发现。

第一,本书研究建构的"五界面""三机制"的要素体系能系统阐释 K 公司的商业模式。从五界面的维度能清晰描述 K 公司的企业顶层架构状况、中间活动的核心内容、产品的结构、顾客的参与形式及激励策略、渠道策略等信息。对其相关价值机制的分析可以揭示 K 公司的商业模式的"来""去",即 K 公司以满足价值主张为商业运营的总目标,通过价值创造及价值传递持续获利、实现运营绩效。

第二,本书研究在第五章第一节所提出的"价值主张是'共创'的主张"、二次元企业要提出契合市场需求的价值主张需要"做好政策功课、把握二次元消费文化、提升顾客选择先进价值主张时的收益"等理论观点,对二次元企业科学设置价值主张具有现实意义。在现实环境中,K 公司正是做好了"政策功课",前瞻性地将政府纳入价值主张的"共创"中与共青团中央、党媒开展合作不断提出先进的价值主张,从而收获了主流媒体的关注和主流社会的认可,这有利于其影响力的提升与市场的拓展。

第三,本书研究在第五章第二节所提出的二次元企业需要重视价值创造的"联动性与共振性",对二次元企业实现价值的高效协同具有启示意义。在现实市场环境中,K 公司将用户转化成黏度极高的"可操纵性资源",并不断整合价值共创网络中新番提供商、游戏提供商、线下提供商、直播提供者、衍生品提供商所带来的价值,建构了共创共享的社区生态圈模式,由此推动了价值的协同共创。

第四,本书研究在第五章第三节所提出的二次元企业"要拥有全局性的视野、要引导各主体合理参与价值活动"的观点,可以指导 K 公司科学调整收入分享比例、有利于 K 公司维护其价值共创网络的稳定性。仿真模型分析发现,K 公司调整收入分享比例的行为会对价值共创网络相关节点的运营绩效产生不同程度的影响。二次元企业需要建立"网络性"的商业模式思维,在追求自我商业利益的同时,必须兼顾价值共创网络中企业、顾客利益,共同成长与发展,以维护价值共创网络的组织稳定性。

通过案例分析与优化仿真分析同时发现,尽管基于价值共创的二次元产业商业模式理论能促进二次元企业的资源互补、价值共振和组织形式优化,并帮助企业更好地适应了二次元细分行业的融合发展,但在现实商业运营实践中受制于企业内外部要素的局限,其仍有进一步发展的空间。至于如何进一步优化发展这一商业模式,第七章将进一步讨论。

第四节 本章小结

本章以中国 K 公司为案例,借助第六章的理论成果,从定性与定量两个方面分析了这家二次元领域企业的商业模式,让本书所建立的商业模式理论体系得以应用。为了定量描述 K 公司商业模式、探寻其提升策略,本章还引入计算仿真工具 e^3-value,对 K 公司商业模式进行了仿真与优化。研究发现,K 公司建立了一套基于用户共创共享的社区生态圈模式,社区用户位于价值共创网络的重要位置,他们扮演着社区内容的生产者、会员准入的把关人、新番的承包者、违规行为的仲裁者、社区黏度的维系者、产品的营销者等多重角色。K 公司围绕社区用户建立了良好的社区生态,通过将合作伙伴的产品方案引入社区,实现价值共创绩效的变现。尽管 K 公司是国内二次元行业虚拟社区的翘首,然而其商业模式仍有优化的空间。K 公司应加强对互补性资源的整合、多元化业务形态,此外,还应深化与价值共创网络的企业主体的合作。

第七章

基于价值共创的二次元产业商业模式的优化建议

优化中国现有二次元企业的运营和价值创造机制,帮助它们建构起基于价值共创的二次元产业商业模式是本书研究的重要目的。然而,基于价值共创的二次元产业商业模式理论并非能"开盖即食",在现实市场环境中,它也有其局限。二次元市场主体受制于自身有限的认知和能力,在建设、运行基于价值共创的二次元产业商业模式时很容易因忽视这些局限陷入困局。本章结合前文的研究发现,针对基于价值共创的二次元产业商业模式的局限,从"五界面"的管理维度出发,探索优化基于价值共创的二次元产业商业模式的策略,为中国二次元企业的商业模式的建设与发展提供意见参考。

第一节 二次元产业商业模式的局限

笔者在考察基于价值共创的二次元产业商业模式时发现,企业认知的差异性、顾客参与的风险性、中间活动协同的不确定性、产品体验的双向性、渠道管理的困难性是二次元产业商业模式的局限。

一 企业认知的差异性

二次元产业链上下游企业在商业模式价值共创网络中所处的位置不同,它们资源状况、市场经验、管理层的能力有所差异,这会导致二次元企业管理层对价值共创中的权利、义务关系的认知不一致。这些不一致不仅会制约企业顶层架构界面，使企业难以形成共同愿景，限制企业从价值共创网络中其他节点获取异质性的资源，而且会让企业存在机会主义心态，使企业价值共创的参与能动性不足、贡献率不高。为了实现各自的目标，一些二次元企业对本应该共享的信息和市场资源却不进行共享，例如，在二次元IP运营中，位于产业链上游的二次元IP所有方精心运营的IP，可能会在下游动画、游戏改编方管理层急功近利的主导思想下，面临IP价值被榨干的风险。随着越来越多的企业与顾客嵌入价值共创网络中来，这种认知的差异性还可能会进一步扩大，这会对商业模式运行绩效产生负面影响。

二 中间活动协同的不确定性

在基于价值共创的二次元产业商业模式中，价值共创网络是一个多主体参与、组织形式松散的系统，各参与企业可能是独立的法人，它们之间可能没有权级上的隶属关系，因此，在二次元产业商业模式价值共创过程中，各参与主体它们不一定会按照"共同利益"的最大化的标准来组织价值活动。即便二次元领域的企业间可能就产品的生产与运营的某些环节达成一定程度的"共识"，但这并不意味着价值网络上所有企业都会以协议来规范彼此的活动，正如Olson（1971）指出的那样，追求利益的企业可能不会为公共的或集体的利益付出努力。此外，由于商业模式的参与主体间未能形成让彼此满意的分配机制，当价值共创的收益较少时，一些主体可能存在机会主义行为，它们会在价值共创活动中有所保留，甚至不惜为了使自身利益最大化而损害其他主体的利益。因此，在二次元产业商业模式中，多主体参与的价值活动的协同存在一定的不确定性。

三 渠道管理的复杂性

随着数字化时代的到来，二次元产品及信息的分发渠道呈现出由实体渠道向虚拟渠道延伸的现象，渠道逐渐趋于多元化、网络化，这给二次元企业与顾客的价值共创提供更多通路、给二次产品分销带来更多方式，使顾客更容易获得产品、拥有了更多的表达意见和被人倾听的机会，同时也增加了渠道管理的复杂性。渠道是顾客与企业之间的接触点（Neslin and Shankar，2009），二次元企业在基于价值共创的商业模式中需要对多个渠道同时进行管理，这意味着它们需要面对技术和管理操作层面的复杂性及多渠道恶性竞争的负面效应。由于不少企业的渠道是一个基于多企业参与的"庞大组织"，渠道的效率需要多个参与者的协作（Heid，1994），若二次元企业在渠道通路界面不加强管理，多渠道下容易产生渠道目标的不兼容、不同渠道间的信息不对称及资源的无谓消耗。

四 产品体验的双向性

二次元爱好者会直接介入基于价值共创的二次元产业商业模式的产品流及共创绩效变现界面，他们通过发布产品的体验感悟，参与二次元产品的营销宣传。二次元企业可以通过为顾客创造更好的产品体验形成正面的口碑效应。顾客发布的产品使用及体验信息和他们针对产品的互动交流行为会对二次元企业的产品营销产生影响。在不同的二次元细分行业中，顾客参与产品体验的意愿是不一样的，体验中的口碑传播具有无形性且很难被企业完全掌控。产品口碑传播是一把"双刃剑"，已体验过产品和服务的顾客所发布的口碑，可能会引起其他顾客从众行为，并能让产品在较短的时间中吸引大量人的眼球，而当顾客进行负面信息传播时，会产生负面口碑的"放大器效应"（王财玉等，2013）。在网络环境下，这些负面口碑更难控制，负面口碑的传播可能会对企业的产品、服务甚至声誉造成不可估量的负面影响。因此，产品体验的双向性给基于价值共创的商业模式带来了诸多的不稳定性，二次元企业应该优化产品流及共创绩效变现界面，提高顾客的消费体验和他们对产品的满意度。

五 顾客参与的风险性

对于大多顾客而言，他们参与二次元产业商业模式的主要诉求是为了创造体验感、满足感，或获得企业的物质或金钱激励。由于顾客并非二次元企业的"正式员工"，他们缺乏对自身角色的理解、缺乏对二次元商业模式流程的认知和责任感，有些时候企业无法像对正式员工一样去规范顾客（Bowen and Schneider，1985）。而二次元企业过于依赖于顾客的价值创造活动可能会给企业的商业运营带来诸多风险。随着顾客参与商业模式的程度变高，企业在运营中对顾客越来越依赖，企业原本的运营机制和生产流程可能因此被打乱，企业先前稳定的运营绩效有可能无法保障。而不合适的参与者及不合理的参与方式可能增加二次元产品生产及服务提供的不确定性，这甚至可能对商业模式的运行绩效产生负面效应。例如，顾客提供的二次元产品的创意可能从市场、技术角度而言并不具备可操作性，然而企业却为了获取这些无价值的信息耗费了大量的时间、人力和资金。

第二节 二次元产业商业模式的界面优化

基于价值共创的二次元产业商业模式是企业顶层架构、中间活动支持、渠道通路、产品流及共创绩效变现、顾客情景参与这"五个结构界面"共同构成的整体，二次元产业商业模式的优化应从这五个维度出发。

一 优化企业顶层架构界面

在企业顶层架构界面，二次元企业认知存在差异性，因此，优化基于价值共创的二次元产业商业模式需要从提升企业管理层的认知入手。同时，通过对 K 公司商业模式仿真模型的调整与优化分析可知，嵌入优质、高效的价值共创网络中能让企业获得更多的资源，有利于商业模式价值共创绩效的提升。因此，优化现有的价值共创网络或嵌入优质的价值共创网络，是优化企业顶层架构界面的可行之道。

（一）建立企业管理层的认知提升机制

二次元企业要重视统一管理层的思想，建立管理层的认知提升机制。二次元企业可以根据企业管理层对价值共创的认知情况，针对性地举办交流会，化解部分管理人员对企业优化商业模式行为的误解，提高管理层对价值共创的重要性的认知，此外，二次元企业可以不定期地开展相关培训活动，帮助企业管理人员突破思维的局限，扭转部分管理人员的错误认识，在尽量短的时间内克服来自企业各级管理层的阻力。二次元企业管理者应该认识到，相对于单一企业的单打独斗，价值共创网络使商业模式中各企业在顾客的参与下可以更好地实现资源、价值的整合。价值共创网络赋予了各企业调动更多用户的资源和品牌资源的能力。充分发挥协作优势有利于企业避免"单打独斗"中所需要面对的风险。

（二）建立价值共创网络的优化机制，嵌入新的价值共创网络"借势"

对于二次元企业而言，要想提高企业绩效、充分发挥商业模式的价值共创的效应，就需要在企业顶层架构中重视价值共创网络的建设与优化。首先，二次元企业需要与参与主体建立信任机制。信任是一种能形成"自然垄断"的稀缺资源。信任有利于价值协同的实现，而价值协同又能强化各主体间的信任，因而能形成一种良性循环。二次元企业应加强与价值共创网络参与主体的信息沟通交流，增进彼此的了解，同时应加强对相关成员机会主义行为的规范，强化对违约行为的惩戒。其次，二次元企业需要与价值共创伙伴建立共同的商业愿景。价值共创网络中的各主体的认知能力不同，核心企业应提升各主体对自身权利、义务关系的认知。

K公司的运营管理实践说明价值共创网络的不同连接形式、组织机制下，企业所获得资源状况是不一样的。嵌入新的价值共创网络能给二次元企业带来新的资源和价值共创机会。嵌入一定的网络能帮助企业形成"战略关系构建、内外部协调、获取分享网络资源、整合内外部资源、关系管理和协同创新"六大网络能力（宋铁波和孔令才，2008）。因此，嵌入新的价值共创网络"借势"是二次元企业优化商业模式的途径之一。二次元企业应寻找与自身资源水平、商业愿景相匹配的潜在合作伙伴，同时适当地保持商业模式的灵活性和弹性，择优嵌入"优质"的价值共创网络，这样企业可以寻找到相匹配的资源，并获得更多的价值共创的机会。

二 优化中间活动支持界面

通过对价值创造机制的分析可知，价值共创的理想状态是，各主体在内部价值整合维度上能够实现对价值共创网络中不同来源、不同类型、不同层次资源的高效整合，在外部价值活动维度上能实现与其

第七章　基于价值共创的二次元产业商业模式的优化建议

他主体价值活动的"共振"。因此，优化中间活动支持界面可以从提高网络资源整合能力和建构价值共创的调控机制着手。

（一）提高网络资源整合能力

资源整合的前提是对价值共创网络中资源的识别。首先，应建立学习机制，通过消化吸收其他二次元企业的经验，提升资源识别能力和信息感知能力，及时、快速地发现有价值的资源。其次，建立资源识别机制，提升组织内的资源整合效率。准确识别价值共创网络中的资源并不能确保资源整合的实现，资源整合受到组织内资源整合效率的影响。二次元企业应提升内部各组织的协调能力，加强部门间的合作，打造一支适应资源整合要求的更加轻型的组织和团队。此外二次元企业还需要适应价值共创网络的变化，提升企业对动态资源的捕捉能力，完善团队的行动机制，以实现对企业内外部关键、有价值和稀缺的资源的快速识别与整合。例如，二次元内容企业需要对价值共创网络中不同层次、不同来源的创意资源进行选择性汲取，企业需要摒弃与原 IP 核心价值观不匹配的创意，最终将那些能提升 IP 价值、内涵的资源进行融合，从而形成新的 IP 价值资源。最后，二次元企业还要建立关系资源的整合机制。关系资源能在各主体间产生溢出和扩散效应，商业模式的参与主体通过建立关系资源的整合机制，可以更低的成本、更快捷的方式获取与共享合作伙伴的关系资源。二次元企业应加强与利益相关者的价值网络的关系建设，重视关系的协调，加强与顾客、政府、社区、金融机构、供应商、合作伙伴、竞争对手等个人或组织的多边关系的管理，提升自身对关系资源的调度能力和管理能力，从而更好地利用和整合价值共创网络中的资源。

（二）建立价值共创的调控机制，形成良性价值共创生态

在中间活动支持界面优化中，还需要二次元企业建构调控机制，以应对商业模式参与主体的机会主义行为，引导价值共创活动的走向，进而实现"共振"。首先，建立知识产权风险防范机制。互联网的匿名性让不少二次元顾客在参与价值共创时候，将知识产权的侵权风险转嫁给二次元企业。通过 K 公司的案例分析不难发现，二次元企业特别是平台企业应建立风险防范机制及时察觉知识产权侵权行为。

企业要建立知识产权侵权的筛查系统和风险预警机制，一旦发现顾客存在侵权行为，应立即处理。其次，建立价值共创的协调机制。企业、特别是核心企业应该建立价值共创的协调机制，通过畅通交流渠道、加强互动、签订合作协议等方式规避影响价值共创绩效的活动。如在二次元IP的孵化中，拥有IP的企业可以根据二次元IP的性质，结合实际情况与动漫、影视、游戏的改编方合作，签订合作协议，明确各成员的权利义务，规范改编方的改编行为，避免发生破坏原IP价值观、核心人物形象的改编行为。

三 优化渠道通路界面

随着二次元企业渠道的多样化，针对多渠道管理的复杂性，制定多渠道的管理战略有利于破解这一问题。在基于扎根理论的案例分析中发现，二次元企业通过建立渠道通路实现与顾客的连接，优化顾客的渠道体验也是优化渠道通路界面的路径之一。

（一）制定多渠道的管理战略

多元化的参与方式赋予了顾客自由选择参与渠道的独特体验，二次元企业可以建立可供顾客选择的多元化交互渠道来促进顾客的参与。学者Payne和Frow（2004）认为，可以通过六个步骤实现多渠道的管理战略的制定。第一，确立多渠道的战略目标。第二，发现顾客和渠道的接触点以提升竞争优势。第三，优化产业结构和备选渠道。第四，关注渠道应用方式的转变。第五，考察渠道经济成本。第六，建立融合性的渠道管理政策。在信息渠道层面，信息渠道的通畅程度、服务质量的高低影响着顾客的参与意愿，二次元领域的企业需要重视顾客对渠道的便利性、稳定性等方面的诉求，针对顾客不同的参与目标、不同的参与方式，搭建和整合不同的渠道，否则企业将无法充分发挥多渠道的交互优势，无法将顾客的价值诉求付诸于市场实践。在产品渠道层面，企业需要在分析市场内外部因素的基础上，遵循"客户导向、最大效率、发挥企业优势、合理分配利益、协调及合作、覆盖适度、稳定可控、控制平衡"（张英奎等，2005）等原则，努力整合实体渠道和虚拟渠道，实现渠道效率的最优化。

第七章　基于价值共创的二次元产业商业模式的优化建议

（二）优化顾客的渠道体验

在制定多渠道的管理战略外，二次元领域的企业还应优化顾客的渠道体验。二次元企业要为顾客提供其所偏好的要素和模块，建设更友好的互动平台界面，给顾客创造操作便捷和轻松愉快的交互渠道，积极回应顾客关于渠道的优化意见。只有从沟通、顾客关系、顾客体验等方面建设好渠道通路界面，才能更好地实现企业与顾客的交互进而激励顾客参与价值共创。此外，二次元企业要重视渠道效率的提升。在交互渠道层面，企业要重视已有的渠道的优化，企业可以根据交互中隐私程度的不同选择匿名交流或不匿名渠道，根据场合的不同选择正式或非正式渠道，根据范围的不同选择广范围或小范围渠道。同时二次元企业还要拓展组织内外的顾企沟通渠道。由于价值共创依赖于企业与顾客的"对话"，二次元企业还应该以用户体验的优化为出发点，优化交互渠道的界面设计，实现交互渠道与用户之间良好的匹配。整合多渠道可以增加产品和服务与顾客的接触机会（Montoya et al.，2003），在产品分销渠道层面，二次元企业要重视分销渠道与产品特质、顾客状况的匹配，优化渠道通路，让产品能快速、便捷地传递给顾客。

四　优化产品流及共创绩效变现界面

基于价值共创的二次元产业商业模式面临产品体验双向性的局限，同时，通过对价值传递机制的分析可知，顾客的合理参与行为有利于价值共创网络的价值传递，能让价值在相关参与主体间汇聚，因此，优化产品流及共创绩效变现界面，一方面需要放大顾客参与的积极效应，另一方面需要加强对负面参与行为的规制。考虑到价值共创网络中存在价值效应上的协同，建立线上产品流与线下产品流的对接机制有利于优化产品流、推动共创绩效变现。

（一）建立产品口碑传播机制，加强负面口碑管理

通过对价值传递机制的分析可知，顾客合理的参与行为能给商业模式中的价值传递带来积极的影响。二次元企业通过建立基于顾客参与的口碑传播机制，可以实现对二次元爱好者的传播与分享行为的引导，从而达到"低成本营销"的目的。首先，建立意见领袖的培养机制。二次元企业可以建立、健全顾客资料数据库，从中发现"资深"用户并将其培养为意见领袖，然后有针对性地向他们提供自己新产品和服务的信息，并邀请他们亲身体验产品和服务，激励意见领袖在社群、论坛中分享产品的知识，如手办的玩法，Cosplay的化妆技巧等。借助这种方式，二次元企业可以将意见领袖转化成营销信息的传播者。其次，建立顾客口碑的引导机制。二次元企业可以设立相关部门，挖掘与分析互联网上的口碑信息，了解顾客对自己所提供的产品和服务的态度，引导顾客对产品及服务给予正面的评论，提高产品和服务的线上美誉度。此外，二次元企业可以设置"转发送积分""抽奖"等奖励措施，激发顾客在品牌社群中的口碑传播行为，激励产品粉丝的互动交流行为。良好的氛围能够让顾客更愿意与其他参与者分享产品和服务的信息。

二次元企业在商业模式中应该建立负面信息的管理机制，强化对负面信息传播的管理。首先，企业应建立有效的产品意见反馈机制。二次元企业需要完善产品信息沟通机制，及时发现并解决顾客在二次元文化消费过程中的问题，及时优化产品和服务，以减少产品的负面信息。其次，企业应建立产品投诉的快速处理机制。二次元企业应针对顾客投诉的问题，采取积极的补救措施，并通过"危机公关"及时消除顾客的负面口碑。此外，二次元企业还应强化对员工的培训，让员工并树立起包容心，使员工以更积极的态度回应顾客的投诉与抱怨。

（二）建立线上产品流与线下产品流的对接机制

二次元企业应该从组织机制、人员选拔这几个方面入手建立线上产品流与线下产品流的对接机制。应建立贯穿线上和线下产品与服务运营的组织机制。对于那些涵盖线上内容提供、线下服务与周边业务的大型二次元企业而言，应建立线上产品生产、营销部门与线下活动运营部门的沟通制度，将线上产品与线下服务的互动频次、互动质量作为考核部门工作绩效的一个标准，探索有利于线上产品与线下服务的耦合互动的方案。对于那些专注线上或线下某领域的二次元企业，应遵循耦合互动原则，选择合作伙伴，鼓励、引导线上线下的对接互动，在业务层面要改善业务流程，推动线上产品与线下产品与服务的对接的顺利开展。如线上产品的运营企业可以将自己二次元产品所产生的流量引入二次元线下产品或服务的提供企业，这既能提高线下产品或服务提供企业的效率，又能有利于推动线上产品的营销，同时还促进了顾客体验价值的共创。同时，线下服务的提供企业可以将自己在与顾客直接接触过程中所获得的第一手信息反馈给线上产品的运营企业，以便帮助线上运营企业更好地发现顾客喜好，实现精准营销。

五 优化顾客情景参与界面

在基于扎根理论的案例分析中发现，顾客对二次元产业的商业模式存在不同程度的参与，顾客的参与可以直接或间接地影响企业的运营，优化商业模式还需强化对顾客情景参与界面的管理。

（一）重视顾客情景参与界面的地位，优化顾客价值诉求的管理机制

二次元企业要开辟与顾客交互、共同创造价值的商业新思维。根据 K 公司商业模式仿真模型的运算分析可知，二次元企业在商业模式中不能聚焦于商业价值最大化，在围绕价值共创调整商业运营策略时，需要兼顾顾客、社会等多元主体的利益，以维护价值共创网络的稳定性。由于建立与维护与顾客价值共创关系是需要付出"成本"的，二次元企业应将顾客利益纳入企业优化商业模式的思考范围，重视顾客情景参与界面的地位，在商业运营中适当让渡自身利益，实现与顾客的价值共创与价值共赢。

通过多主体参与的价值主张的博弈分析可知，采纳顾客的价值诉求是让顾客参与价值主张共创的途径之一。然而，不少二次元企业在商业运营中，要么不够重视顾客的价值诉求，要么还停留在倾听顾客价值诉求的阶段，未将顾客的价值诉求引入价值主张中。将顾客的价值诉求转化为价值主张的过程中需要解决以下问题。一是认知问题，即准确识别并收集二次元顾客的价值诉求。二是转化问题，即如何在产品和服务中回应价值诉求。基于此，需要优化顾客价值诉求的管理机制。第一，应该重视顾客价值诉求，在商业模式中二次元企业应建立顾客价值诉求的挖掘机制，以清晰地掌握并理解顾客的价值诉求，规避因认知惯性而形成的认知障碍。第二，建立顾客价值诉求的多元化获取机制，缩短获取诉求信息的时间。鼓励产品开发和服务提供团队直接与顾客沟通、了解他们的价值诉求，以改进工作的方式，减少不必要的信息滞留时间。第三，建立顾客价值诉求的筛选机制。顾客参与价值主张设计可能会带来二次元企业信息过载的现象，因此要建立价值诉求筛选机制，对顾客特别是核心顾客的价值诉求进行合理的评价、过滤和筛选，发掘核心及关键诉求。第四，应在商业模式中建立引导顾客及合作伙伴参与价值主张的机制，努力提升生产和服务一线员工的素质，保证产品和服务质量的稳定性，尽力让产品和服务设计保持与顾客价值诉求的一致性。

（二）建立差异化的顾客管理机制和顾客黏性的提升机制

二次元企业应"有的放矢"，建立差异化的顾客管理机制。首先，应该根据市场状况、价值共创的参与意愿等因素对顾客群体进行细分，并制定和实施与之相适应的顾客管理机制，发现那些乐于参与、有能力参与价值共创的领先顾客，并重点引导这些顾客参与价值共创。其次，建立与价值共创伙伴的顾客信息共享机制。由于单一企业的资源有限，而顾客有时常缺乏主动阐释自我价值诉求的热情，二次元企业可以结合自身情况寻找到合适的伙伴，与它们共同发现顾客的特征、需求及其对产品和服务的综合印象和评价等信息，实现顾客信息的共享，从而帮助企业制定差异化的顾客管理机制。最后，以企业发展战略为依托建立长效机制。差异化的顾客管理能帮助企业寻找已经流失的顾客，二次元企业应避免将顾客管理视为一种短期行为。在顾客资源的管理中，企业应结合自身的市场战略，持续参与顾客沟通和互动，适时给予顾客关心、爱护、帮助和鼓励。

根据 K 公司商业模式的案例分析可知，提升顾客黏性使顾客对二次元企业的产品和服务产生更强的依赖感，这会维系二次元顾客的文化消费行为，因此，应该在顾客情景参与界面中建立顾客黏性的提升机制。一是建立顾客社群的引导机制，鼓励顾客社群的建立，引导顾客形成自组织结构，让企业与顾客之间及顾客与顾客之间建立起深厚的关系，增强顾客的归宿感。二是建立员工参与的机制。二次元企业应该鼓励员工帮助顾客解决价值共创过程中所遇到的问题，提升顾客

第七章　基于价值共创的二次元产业商业模式的优化建议

的参与体验，强化企业与顾客的关系链接。最后，寻找到产品、服务运营与顾客关系运营的结合点，二次元企业在日常运营中应赋予企业产品和平台更多的"社交性"，以此来增强用户黏性，提高顾客购买其他二次元产品和服务时的"转换成本"。

（三）建立顾客参与的激励、保障与补救机制

首先，要建立多元化的奖励机制，激发出顾客参与价值共创的意愿。二次元企业需要针对不同的顾客类型，建立不同的激励机制，以有效地激励顾客完成从产品或服务的消费者、接受者向产品和服务的共同生产者、共同创造者的角色转变。如对于渴望认同的社群顾客，二次元企业应为顾客获取自我表达机会及个人认同感创造条件，努力通过更好的服务提升顾客的心理收益和情感收益；又如对于希望获取经济回报的 UGC 内容制作者，二次元企业应给予顾客一定的经济回报、荣誉奖励、产品赠送；如对于忠爱二次元视频的顾客，二次元企业可以建立"视频承包"的参与机制；对于价格敏感的顾客，由于他们更倾向于自助和免费服务，企业可以通过建立免费开放式论坛促进顾客参与互动与价值共创。

其次，要建立顾客参与的保障与补救机制。负面因素会降低顾客参与价值共创的意愿，因此要重视对负面因素及突发情况的控制，保障顾客的价值共创。如虚拟社区平台运营者可以建立社群环境的管控机制，管理、删除不道德、破坏社区氛围的留言、帖子，进而净化用户互动的空间。此外，二次元企业还可以建立对顾客自制内容的保护机制，保障顾客的共创热情。如当顾客的自制的轻小说、ACG 相关小视频受到侵权时，企业可以帮助顾客向侵权者追责、维护顾客的知识产权。由于顾客参与过程中不可避免地要面对各种消极因素的影响，如企业对顾客诉求的不及时回应、顾客糟糕的互动体验等，这些都可能会挫伤顾客的参与热情。当顾客的参与热情受到挫伤时，二次元企业还应该制订针对性的干预方案、形成补救机制，及时发现自身的问题并改进或优化组织流程、消除消极因素，以挽留用户，让顾客继续参与价值共创。

第三节　本章小结

本章以五界面为分析维度，发现基于价值共创的二次元产业商业模式存在企业认知的差异性、中间活动协同的不确定性、渠道管理的复杂性、产品体验的双向性、顾客参与的风险性等局限。在此基础上，探讨了基于价值共创的二次元产业商业模式的发展建议，认为建立企业管理层的认知提升机制和价值共创网络的优化机制，嵌入新的价值共创网络"借势"可以优化企业顶层架构界面；认为提高网络资源整合能力，建立价值共创的调控机制，形成良性价值共创生态，可以优化中间活动支持界面；认为制定多渠道的管理战略，优化顾客的渠道体验可以优化渠道通路界面；认为建立产品口碑传播机制，加强负面口碑的管理，建立线上产品流与线下产品流的对接机制，可以优化产品流及共创绩效变现界面；认为重视顾客情景参与界面的地位，优化顾客价值诉求的管理机制，建立差异化的顾客管理机制和顾客黏性的提升机制，建立顾客参与的激励、保障与补救机制可以优化顾客情景参与界面。

第八章

研究结论与展望

第一节 研究结论

随着中国二次元产业市场规模突破2千亿元,二次元产业已成为涵盖动画、漫画、游戏、小说等文化领域,涉及动漫创意、出版、衍生、线下活动运营等多个市场环节,影响中国4.6亿用户文化消费的文化产业门类,其在中国经济发展及社会文化建设中扮演着越来越重要的角色。开展二次元产业的商业模式研究,为中国二次元企业探索一套行之有效的商业模式建设与治理体系以助力中国二次元产业的发展、提升二次元文化治理效率,具有丰富的意义。本书围绕"基于价值共创的二次元产业商业模式"这一核心话题,分别从形成与演化的历史分析、基于价值共创的商业模式体系构建、运行机制分析、案例分析与对策建议等方面对基于价值共创的二次元产业商业模式开展系统性研究,为我国二次元产业商业模式的建设、优化、引导与升级提供理论支撑。本书主要得出以下结论。

第一,基于价值共创的二次元产业商业模式是二次元产业经济发展到高级阶段的产物。一方面,二次元消费文化和二次元产业的发展让商业模式的形成变得必要,二次元企业在市场竞争中需要形成一套能让企业在一定时间内维持相对稳定收益的商业运营体系;另一方面,政府的政策行为指明了二次元企业发展方向,企业只有顺应政府的政策、建立与此相适应的商业模式才能得到长远发展；而技术在商业模式形成过程中扮演着隐形推手的角色。在市场、政策、技术多重因素作用下，全球二次元产业商业模式从基于零碎化需求的商业模式阶段向基于细分行业单一价值链的商业模式阶段再向基于网络化价值共创的商业模式阶段演变，因此，基于价值共创的二次元产业商业模式是互联网的兴起、社会化媒介的普及和顾客参与热情提高的背景下，二次元经济领域的企业市场选择的结果。

第二，基于价值共创的二次元产业商业模式是一个包含"五个结构界面""三个核心机制"的系统。基于扎根分析发现基于价值共创的二次元产业商业模式可以从结构维度和功能维度进行解读，在结构维度上，其由企业顶层架构界面、中间活动支持界面、产品流及共创绩效变现界面、顾客情景参与界面和渠道通路界面五个结构层次构成，在功能维度上，其围绕价值共创这个核心逻辑，隐藏着价值主张、价值创造、价值传递三个核心机制。优化基于价值共创的二次元产业商业模式可以从五界面的维度出发。本书发现基于价值共创的二次元产业商业模式需要通过建立企业管理层的认知提升机制和价值共创网络的优化机制，嵌入新的价值共创网络"借势"等措施优化企业顶层架构界面；需要通过提高网络资源整合能力，建立价值共创的调控机制，形成良性价值共创生态，来优化中间活动支持界面；需要通过建立产品口碑传播机制，加强负面口碑管理，建立线上产品流与线下产品流的对接机制来优化产品流及共创绩效变现界面；需要通过制定多渠道的管理战略，优化顾客的渠道体验等措施优化渠道通路界面。

第三，基于价值共创的二次元产业商业模式中的价值主张是一种多边博弈下"共创"的价值主张。由于二次元文化产品具有文化教育与市场的双向属性，二次元产业商业模式中的价值主张无法随意设置，它受到二次元企业自身状况及市场策略、政府的政策行为及二次元顾客的消费品好、购买能力、审美取向等诸多因素的影响。商业模式中的政府、二次元企业、顾客扮演着价值主张的预设者、博弈者。在二次元产业商业模式价值主张机制中，多主体相互影响、制衡与博弈，共同设定了二次元市场中最后的价值主张。对于政府而言，要促进企业在商业模式中提出先进的价值主张，实现对二次元市场主体的引导，一要以激励企业在基于价值共创的商业模式中"常态化"的提出先进价值主张为着力点，建立完备的政策补贴体系，把握好补贴政策力度；二要将政策补贴与二次元消费风尚引导相结合，引导多元主体共同参与积极消费风尚的培育，利用积极的消费文化倒逼市场主体在商业模式中设置先进的价值主张；三要将政策补贴与对优秀二次元作品的扶持、推介相结合，打消受众接受先进价值主张时的顾虑，发挥提出先进价值主张企业的示范效应。对于二次元领域的企业而言，需要做好政策功课，对二次元产业相关政策保持敏感性，及时根据相关政策调整价值主张的设置；同时，也要了解顾客状况、把握二次元消费文化的走向，努力提升顾客在选择先进价值主张时的收益，让顾客在消费先进二次元文化产品时获得更多的文化知识、愉悦感、快感体验等收益。

第四，基于价值共创的二次元产业商业模式的价值传递具有多主体参与、网络化的特点，并具有系统性。基于价值共创的二次元产业商业模式中的价值传递机制是一种跨企业组织、柔性化、网络化的流动机制。在二次元产业商业模式下，价值传递在空间上和逻辑上趋向于复杂化、网络化，在这个系统化、集成化的组织体系中，各主体能不断接受其他节点的"互补性"的价值，这种"互联""互动"让各主体的价值活动能实现空间上的并存和价值效应上的协同。顾客合理地参与价值共创可以给这个组织系统的价值传递带来积极的效应。由于基于价值共创的二次元产业商业模式具有系统性，在充分引导顾客进行合理参与价值共创的同时，还需要政府建立积极、良性的引导政策，并对二次元市场主体的违规行为规制。政府需要通过加强对知识产权的保护、加大对文化市场侵权盗版行为的打击力度，畅通机制、精简审批流程、解决资金问题，有助于优化基于价值共创的二次元产业商业模式的价值传递效率。

第五，借助"五个结构界面"的结构要素观和"三个核心机制"的功能要素观可以剖析 K 公司的商业模式。从五界面的维度能清晰描述 K 公司的商业模式的企业顶层架构状况、中间活动的核心内容、产品的结构、顾客的参与形式及激励策略、渠道策略等信息，发现其最大的特点在于打造出一个基于用户共创共享的社区生态圈模式。对其价值机制的分析可以揭示 K 公司商业模式的"来"与"去"，K 公司以构建一个积极健康、青少年用户共创共享在此二次元文化社区，为二次元用户提供健康的二次元文化服务为价值主张，通过 K 公司、顾客、合作企业共同参与的价值创造及价值传递持续为自身带来商业价值。利用 e^3-value 工具对 K 公司商业模式进行可视化描述和动态仿真，发现优化其商业模式要从深化与价值共创网络的企业主体的合作，加强对互补性资源的整合、多元化业务形态两个方面入手。

第二节　研究的创新点

本书基于中国二次元产业理论，尝试揭示基于价值共创的二次元产业商业模式要素体系、运行机制之间的关系，在理论创新方面具有一定的贡献。

第一，建构了基于价值共创的二次元产业商业模式的体系。尽管二次元产业商业模式的概念在业界不断被炒作，但国内学界对这个话题还缺乏研究。本书基于价值共创的视角将二次元产业商业模式的业务策略划分为内容、平台、线下活动、周边衍生四个大类，并基于扎根理论分析方法，对这四个类别中的典型案例企业进行分析和归纳，建构了基于价值共创的二次元产业商业模式的体系。本书首次提出，在结构维度，基于价值共创的二次元产业商业模式由企业顶层架构、中间活动的支持、渠道通路、产品流及共创绩效变现、顾客的情景参与的五个结构界面构成；在功能维度，其由价值主张、价值传递、价值流动三个价值共创机制构成。"五界面"的结构要素观及"三机制"的功能要素观的提出，不仅丰富了商业模式理论，同时也为分析、管理、优化基于价值共创的二次元产业商业模式提供了理论支撑。

第八章 研究结论与展望

第二，创新性地建立多边博弈模型，在凸显文化效益与经济效益的双重目标情境下阐释价值主张共创机制。在探讨企业如何设置商业模式中价值主张的问题时，曾有文献对顾客与文化企业的"二元"关系进行了探讨，然而对政府、文化企业、顾客在价值主张中的"多元"竞合机制，现有文献尚缺乏有力阐释。本书研究在凸显文化效益与经济效益的双重目标情境下，将政府纳入二次元产业商业模式价值主张的共创主体当中，创新性地构建了价值主张的多边博弈模型，由此发现二次元产业商业模式中的价值主张是一种"共创"的价值主张，在多边博弈下，如果政府通过优化引导策略组合，可以更高效地激励二次元市场主体在商业模式中提出先进价值主张，进而更高效地实现文化治理。二次元企业若持续关注政府的政策及二次元顾客的消费动向，并以此调整自身商业模式中的价值主张，是可以实现价值共创绩效最大化的。通过多边博弈模型的构建与分析，发现政府引导政策与二次元市场主体的价值主张及二次元消费者行为决策之间的相关性，为政府及二次元企业的行为决策提供了理论参考。

第三，提出了具有实务操作意义的基于价值共创的二次元产业商业模式的分析范式。本书将"价值共创"理论与二次元产业商业模式研究相结合，尝试借助理论与模型研究提炼相关机制的运行模型，并基于这些成果定性分析了 K 公司的商业模式，然后借助 e^3-value 工具对案例进行定量研究，实现理论的拓展。本书研究将定性分析与定量分析相结合，建立了一个贯穿基于价值共创的二次元产业商业模式的要素构成、运行机制、管理与优化的系统性分析范式。

第四，对中国当代二次元消费文化的发展脉络、二次元产业的相关概念进行系统梳理。二次元产业是近年在中国涌现的新的文化产业概念，也是国内资本重点布局的文化领域。国内学术界面对纷至沓来的新概念及其背后的消费文化还缺乏清晰的认识，这严重制约了二次元产业相关理论研究的开展，不利于我国二次元产业的发展实践。本书从文化社会学的角度，对孕育中国二次元产业的消费文化进行了研究，并在广泛梳理媒体界、企业界及学术界观点的基础上，对国外产业发展实践中与之相近的概念进行了对比分析，实现对二次元、二次元消费文化、二次元产业这些模糊概念的系统、深度的梳理与清晰的界定。这无疑具有一定的创新价值，对当前国内的二次元产业研究具有积极的推进作用。

第三节 研究的局限

本书基于价值共创理论，对二次元产业商业模式开展了较为系统、深入的研究，本书的预期目标已基本达到，但受到客观的研究条件、研究时间、研究者能力等多方面因素的制约，本书研究尚有不尽如人意之处。主要局限体现在以下两个方面。

第一，客观数据的不足。本书研究最大的困难在于相关统计数据的可获得性差。尽管笔者走访了统计部门，查阅了大量智库报告、行业报告、重要论文等，但依然无法获得充足的数据。由于目前二次元产业的理论体系还在完善中，相关部门还缺乏对二次元产业相关门类的统计，此外，由于中国的二次元产业还在发展中，行业内的竞争压力较大，不少二次元文化企业将相关数据视为私密，不愿公开。这一定程度上制约了笔者的研究，让部分论述难以找到极具说服力的数据证明。

第二，缺乏跨时间的案例比较研究。二次元产业是一个前沿的研究课题，本书研究跟踪了解了国内先进的二次元企业，并咨询了大量专家和从业者，但由于研究时间所限，本书研究缺乏对案例企业的跨时间研究。

第四节 研究的展望

二次元产业是近年来国内企业界、学术界开始关注的一个概念。随着二次元产业爆发式增长，未来二次元产业将吸引官、产、学、研等更多主流视线的关注，二次元产业商业模式的研究前景十分广阔。

第八章 研究结论与展望

尽管本书开展了较为系统、深入的研究，但二次元产业商业模式仍存在着许多值得进一步探讨的问题。未来有关基于价值共创的二次元产业商业模式的研究可以从以下几个方面拓展。

第一，对基于价值共创的二次元产业商业模式的评价方法的研究。随着研究的深化，未来可以对市场上具有影响力的二次元企业进行实地调研、收集相关信息。借助这些信息，通过设定评价指标对基于价值共创的二次元产业商业模式中的相关因素，如相关企业的投入产出效率、价值共创效率、网络稳定性等进行量化，探索基于价值共创的二次元产业商业模式的评价方法。

第二，对基于价值共创的二次元产业商业模式进行多案例的分析。受限于篇幅，本书以 K 公司为案例进行了案例分析。未来可以选取二次元领域更多的企业，利用本书关于商业模式的研究成果及分析框架去剖析其商业模式，以此完善和优化基于价值共创的二次元产业商业模式的理论体系，并为其他同类型企业提供更丰富的管理启示。

附录

调研保密承诺书

您好！

感谢您于百忙之中接受本次访谈，本访谈是为了完成《基于价值共创的二次元产业商业模式研究》项目，本项目以国内二次元市场领域成功的企业为研究对象，研究其商业模式，据此发展基于价值共创的二次元产业商业模式的要素构成体系，以指导我国二次元企业的商业模式实践，为二次元企业建设、优化、发展商业模式提供理论参考。访谈是该研究的重要环节，期待能够在访谈中获取您公司真实、具体的情况。由于访谈内容会涉及您公司商业运营的信息，基于本次调研，本人做出以下承诺：

一、本人承诺恪守学术研究的道德规范，不将本访谈录音泄露给第三方或用于本项目研究外的任何用途。

二、本人承诺不将受访者不愿意公开披露的信息披露给任何机构与组织。

三、本人承诺对受访者的具体信息予以保密，包括不对外公开受访人具体姓名，在相关学术著作、公开出版物中隐去受访者的具体身份信息。

四、本人承诺依据访谈进行学术研究过程中，客观真实地反映受访者叙述的情况，不歪曲事实。

五、一旦违背以上条款情形，本人愿承担法律责任。

承诺人姓名：

承诺人身份证号码：

年　　月　　日

访谈提纲 1

在研究基于价值共创的二次元产业商业模式要素体系构建问题时，围绕研究问题于 2018 年 5 月至 11 月对案例企业进行了调研，并对一些管理人员和员工以面谈或电话的形式进行了访谈，以录音的方式记录访谈内容。对于受访者内容不便录音的情况，采取了速记的方式，记录核心要点。为了让访谈更高效的进行，访谈前，准备了访谈提纲。访谈提纲的内容如下。

1. 能否介绍一下贵公司的基本状况（创立时间、发展情况、组织结构、人员构成、国内排名）？
2. 能否介绍一下贵公司的优势与劣势？
3. 能否介绍一下贵公司的主营产品和市场细分？
4. 能否介绍一下贵公司是如何让自己的产品（服务）吸引顾客（用户）？
5. 贵公司如何看待企业和顾客（用户）的关系？顾客（用户）是否是贵公司（部门）商业运营活动的建议者、参与者？
6. 贵公司为何能在二次元市场获得成功？哪些要素与细节助力贵公司的成功？
7. 贵公司与市场上其他同类型企业相比有哪些优势？
8. 贵公司如何处理企业和顾客（用户）的关系？顾客（用户）是否是贵公司（部门）商业运营活动的建议者、参与者？
9. 贵公司顾客（用户）的参与活动是否对商业模式的运营绩效产生影响？请介绍一下顾客（用户）给贵公司带来的绩效，顾客（用户）给贵公司（部门）商业运营带来最大的益处是什么？贵公司（部门）如何激励这种绩效的产生？
10. 贵（部门）公司的（商业）合作伙伴主要集中于二次元产业链哪个环节？如何看待本公司与合作伙伴的（竞合、互利、共创）关系？请介绍一下贵公司（部门）与合作伙伴是如何实现共同的商业愿景的。

11. 在二次元产业高速发展的中国市场，贵公司进行了哪些战略设计？

12. 对于本次讨论，您还有什么需要补充吗？

访谈提纲 2

在研究基于价值共创的二次元产业商业模式要素体系构建问题时，围绕研究问题，对相关案例企业的合作企业进行访谈，访谈通过线上和线下的方式进行。为了让访谈更高效地进行，访谈前，准备了访谈提纲。访谈提纲的内容如下。

1. 能否介绍一下贵公司与××企业间的上下游关系？

2. 能否介绍一下贵公司所做的有益于与××企业间进行交流对话的行为？

3. 贵公司是否有做出有利于××企业获取商业竞争优势的行为？能否介绍一下这些行为？

4. 贵公司如何看待企业和顾客（用户）的关系？贵公司的商业行为是否有利于改善××企业与顾客（用户）的关系？

5. 贵公司是否使用各种渠道向其他用户传递××企业的口碑？

6. 您认为××合作企业与市场上其他同类型企业相比有哪些优势？贵公司何为选择与××企业开展合作？

7. 贵公司是否在合作中做出了降低××企业使用您公司产品或服务所承担的潜在风险的行为？能否列举相关行为？

8. 贵公司是否通过增加透明度来改善××企业的合作效率？能否列举相关行为？

9. 在二次元产业高速发展的中国市场，贵公司为巩固与××企业的合作进行了哪些战略设计？

10. 对于本次讨论，您还有什么需要补充吗？

访谈提纲 3

在研究基于价值共创的二次元产业商业模式要素体系构建问题时，围绕研究问题，对相关案例企业的消费者进行访谈，访谈通过线上和线下的方式进行。首先，通过网络论坛、微博、微信联系到相关消费者；其次，在获取被访者同意后，以电话或面谈的形式进行了访谈，以录音的方式记录访谈内容。为了让访谈更高效地进行，访谈前，准备了访谈提纲。访谈提纲的内容如下：

1. 您经常参加××企业的价值共创活动吗？主要借助哪些渠道参与这些活动？能否具体详细介绍一下这些活动情况？

2. 您参加这些价值共创活动主要是为了满足哪些方面的诉求？

3. 您认为××企业发起的价值共创活动，有改善××企业商业决策、提高商业运营绩效和品牌知名度吗？

4. 您参与了××企业发起的价值共创活动后，是否愿意在论坛、微博、朋友圈转发××企业的产品信息，并向其他二次元消费者推荐该公司的产品和服务吗？能否具体详细介绍一下？

5. 能否分享一下您在××企业的品牌社区、微博、微信公众号主动发帖、留言与其他二次元爱好者互动后的感受？是否会因此而更加愿意为该企业的产品或服务付费？

6. 您认为××企业是否积极采纳相关顾客所提出的关于产品改进、品牌运营方面的意见？

7. 您认为××企业的顾客愿意（或不愿）参与××企业相关活动的原因是什么？

8. 对于本次讨论，您还有什么需要补充的？

参考文献

199IT：《2017年中国二次元产业链解读》，http：//www.199it.com/archives/592047.html？weixin_user_id=26o6ETQjjHWYLXpf PEP-Dnv7V9jftr8.

《2017年中国二次元产业链解读》，载199it网，http：//www.199it.com/archives/592047.html？weixin_user_id=26o6ETQjjHWYLXpfPEPDnv7V9jftr8，2021年11月1日。

《2021年中国二次元产业研究报告》，载艾瑞网，http：//www.199it.com/archives/1328233.html，2022年1月4日。

《bilibili用户能够接受多少秒广告的投票》，载bilibili官网，https：//www.bilibili.com/html/2014_anime_i_want_you_html5.html，2018年6月24日。

艾瑞咨询：《2007年中国新媒体动漫研究报告》，载艾瑞网，http：//www.iresearch.com.cn/Report/1037.html，2021年1月24日。

艾瑞咨询：《2015年中国二次元用户报告》，载艾瑞网，http：//www.iresearch.com.cn/report/2480.html，2018年11月2日。

艾瑞咨询：《2015年中国二次元用户报告》，载艾瑞网，http：//www.iresearch.com.cn/report/2480.html，2021年1月26日。

艾瑞咨询：《2015中国二次元用户报告》，载艾瑞网，http：//www.iresearch.com.cn/report/2480.html，2021年8月3日。

艾瑞咨询：《2016年度数据发布集合报告》，载艾瑞网，http：//www.iresearch.com.cn/report/2889.html，2021年1月24日。

艾瑞咨询：《2021年中国二次元产业研究报告》，载艾瑞网，http：//www.199it.com/archives/1328233.html，2022年1月4日。

参考文献

艾瑞咨询：《2015 中国二次元行业报告》，http：//www. iresearch. com. cn/report/2412. html.

艾瑞咨询：《2016 年度数据发布集合报告》，http：//www. iresearch. com. cn/report/2889. html.

艾瑞咨询：《2016 中国二次元手游报告》，http：//www. iresearch. com. cn/report/2526. html.

白晓煌：《日本动漫》，海洋出版社 2006 年版。

白晓晴：《漫画改编电影的 IP 多场域开发策略——以漫威超级英雄系列电影为例》，《当代电影》2016 年第 8 期。

比达咨询（BDR）数据中心：《2017 年第一季度中国动漫 APP 产品市场研究报告》，载比达网，http：//www. bigdata-research. cn/content/201705/448. html，2021 年 1 月 25 日查询。

蔡骐：《百度动漫吧中御宅族的文化传播解析》，《求索》2016 年第 10 期。

蔡易伽：《国内 Cosplay 发展状况研究》，硕士学位论文，东北师范大学，2016 年。

陈标宏：《国外商业模式研究综述》，《经济论坛》2014 年第 2 期。

陈强、腾莺莺：《日本动漫在中国大陆传播分析》，《现代传播》2006 年第 4 期。

陈强、腾莺莺：《日本动漫在中国大陆传播分析》，《现代传播（中国传媒大学学报）》2006 年第 4 期。

陈少峰：《以动漫产业链为视角的 ACGMN 互动研究》，硕士学位论文，山东大学，2009 年。

陈文基等：《基于经典扎根理论的商业模式研究》，《北京邮电大学学报》（社会科学版）2011 年第 3 期。

陈文敏：《当下国内 ACG 文化进路解析》，《吉首大学学报》（社会科学版）2012 年第 2 期。

陈晓萌、陈一愚：《泛二次元：中国动画电影发展新趋势》，《当代电影》2016 年第 10 期。

陈晓萌、陈一愚：《国产动画电影对传统文化的二次元重构》，《电影艺术》2016年第6期。

陈衍泰等：《产业创新生态系统的价值创造和获取机制分析——基于中国电动汽车的跨案例分析》，《科研管理》2015年第S1期。

陈一：《和青少年一起穿越"次元墙"》，《中国青年报》2017年6月19日第2版。

陈一愚：《网络群体传播引发的二次元文化现象剖析》，《青年记者》2016年第18期。

陈应龙：《双边市场中平台企业的商业模式研究》，博士学位论文，武汉大学，2014年。

陈元志、陈劲：《移动支付产业的商业模式研究》，《企业经济》2012年第8期。

陈子萍：《日本动漫产业现状分析》，载前瞻网研究员栏目，https://www.qianzhan.com/analyst/detail/220/160415-78cd4b62.html，2021年2月17日。

程愚、孙建国：《商业模式的理论模型：要素及其关系》，《中国工业经济》，2013年第1期。

德瑞克·约翰逊、曹怡平：《电影的命运：产业融合中的漫威制片厂和交易故事》，《世界电影》2015年第3期。

邓祯：《用户参与价值共创下我国二次元出版企业的机遇与策略选择》，《中国编辑》2020年第9期。

丁爱平：《二次元：传统电视发展的下一个风口》，《视听界》2016年第2期。

杜兰英、钱玲：《基于价值共创的商业模式创新研究》，《科技进步与对策》2014年第23期。

方志远：《我国商业模式构成要素探析》，《中山大学学报》（社会科学版）2012年第3期。

冯雪飞等：《企业商业模式创新中的顾客价值主张测度模型——基于华录集团的探索性研究》，《管理案例研究与评论》2015年第1期。

冯允成等：《随机网络及其应用》，北京航空航天大学出版社1987年版。

伽马数据（CNG）：《2018年1—6月中国游戏产业报告》，http：//wemedia.ifeng.com/71851162/wemedia.shtml.

伽马数据：《中国游戏产业报告（2016）》，http：//www.199it.com/archives/572681.html，2021年3月4日。

高越：《从二次元手游火爆看"二次元文化"的抵抗与收编》，《视听》2017年第2期。

邰小平：《B站将赴美上市，二次元文化商业化变现》，《南方日报》2018年1月18日第B2版

韩若冰、韩英：《日本"御宅族"的行为方式及其消费特征》，《山东社会科学》2012年第6期。

韩若冰：《论日本"轻小说"的发展及社会影响》，《宁夏社会科学》2013年第6期。

韩若冰：《日本"动画御宅"对动画产业发展的影响》，《浙江艺术职业学院学报》2013年第1期。

郝新军等：《服务型制造模式下价值共创网络研究》，《科技进步与对策》2015年第9期。

何威：《从御宅到二次元：关于一种青少年亚文化的学术图景和知识考古》，《新闻与传播》2018年第10期。

何威：《从御宅到二次元：关于一种青少年亚文化的学术图景和知识考古》，《新闻与传播研究》2018年第10期。

贺红英、邢文倩：《异托邦的享乐与狂欢——从二次元分析网生代受众行为心理》，《编辑之友》2017年第6期。

［美］赫伯特·马尔库塞：《单向度的人》，刘继译，上海译文出版社2006年版。

华谊兄弟研究院：《"二次元"变现之路》，载搜狐网，https：//www.sohu.com/a/136623435_555689，2021年9月28日。

黄锦宗、陈少峰：《互联网文化产业商业模式创新》，《福建论坛》（人文社会科学版）2016年第2期。

纪富贵、张征：《动漫期刊粉丝营销对策分析》，《出版发行研究》2015 年第 1 期。

纪慧生等：《商业模式与企业运营系统》，《企业管理》2010 年第 4 期。

贾旭东、谭新辉：《经典扎根理论及其精神对中国管理研究的现实价值》，《管理学报》2010 年第 5 期。

贾旭东：《虚拟企业的战略结构研究》，《中国工业经济》2007 年第 9 期。

简兆权等：《价值共创研究的演进与展望——从"顾客体验"到"服务生态系统"视角》，《外国经济与管理》2016 年第 9 期。

简兆权、肖霄：《网络环境下的服务创新与价值共创：携程案例研究》，《管理工程学报》2015 年第 1 期。

江积海、李琴：《平台型商业模式创新中连接属性影响价值共创的内在机理——Airbnb 的案例研究》，《管理评论》2016 年第 7 期。

江积海、沈艳：《服务型商业模式中价值主张创新对价值共创的影响机理》，《科学进步与对策》2016 年第 13 期。

姜尚荣等：《价值共创研究前沿：生态系统和商业模式创新》，《管理评论》2020 年第 2 期。

靳梦薇：《浅析网络二次元 IP 的品牌创建——以星座动漫类网红"同道大叔"为例》，《传播与版权》2017 年第 4 期。

景宏：《日本动漫产业的发展及其对世界的影响》，《日本学刊》2006 年第 4 期。

孔栋等：《"上门"型 O2O 模式构成要素及其关系：一个探索性研究》，《管理评论》2016 年第 12 期。

李彬、熊文靓：《基于耗散结构理论的日本"二次元"动漫产业系统》，《日本问题研究》2015 年第 3 期。

李朝辉：《基于顾客参与视角的虚拟品牌社区价值共创研究》，博士学位论文，北京邮电大学，2013 年。

李涛：《美、日百年动画形象研究》，博士学位论文，四川大学，2007 年。

李文莲、夏健明：《基于"大数据"的商业模式创新》，《中国工业经济》2013年第5期。

李文秀等：《基于服务主导逻辑的商业模式创新》，《广东行政学院学报》2016年第3期。

李艳华：《日本二次元文化在中国的传播与影响》，《新闻战线》2016年第12期。

李一峰：《传媒即体验——以ACG与传媒产业的融合为例》，硕士学位论文，浙江大学，2006年。

林品：《青年亚文化与官方意识形态的"双向破壁"——"二次元民族主义"的兴起》，《探索与争鸣》2016年第2期。

刘博文：《网络环境下不同类型顾客导向及其影响因素对销售绩效的作用研究》，博士学位论文，江苏大学，2017年版。

刘家国等：《基于扎根理论方法的中俄跨境电子商务发展研究》，《中国软科学》2015年第9期。

刘妮丽：《抓住二次元产业的"脉动"》，《中国文化报》2018年8月25日第3版。

刘跃等：《基于虚拟社区网络结构解析的品牌价值发现——以小米社区为例》，《企业经济》2017年第3期。

刘志则等：《爆款IP新风口：移动互联网下的二次元经济》，北京联合出版社2017年版。

柳俊等：《基于内容分析法的电子商务模式分类研究》，《管理工程学报》2011年第3期。

罗峰：《企业孵化器商业模式价值创造分析》，《管理世界》2014年第8期。

罗珉、李亮宇：《互联网时代的商业模式创新：价值创造视角》，《中国工业经济》2015年第1期。

[德]马克斯·霍克海默等：《启蒙辩证法》，渠敬东、曹卫东译，上海人民出版社2003年版。

马中红：《Cosplay：戏剧化的青春》，苏州大学出版社2012年版。

马中红：《商业逻辑与青年亚文化》，《青年研究》2010年第

2 期。

欧阳峰、陈胜鹏：《基于价值创造的科技型小微企业商业模式设计研究》，《科技进步与对策》2013 年第 18 期。

潘妮妮：《"保守御宅族"的炼成：亚文化、政治策略与互联网的交互——一个"民意"分析的中观视角》，《日本学刊》2016 年第 5 期。

彭艳君：《企业—顾客价值共创过程中顾客参与管理研究的理论框架》，《中国流通经济》2014 年第 8 期。

齐骥：《动画文化学》，中国传媒大学出版社 2009 年版。

齐伟、李佳营：《论华语电影的二次元审美文化现象》，《电影艺术》2016 年第 5 期。

齐伟：《"臆想"式编码与融合式文本：论二次元粉丝的批评实践》，《现代传播：中国传媒大学学报》2018 年第 10 期。

齐莹、郭学文：《从"二次元 IP"阅读热看媒体"反议程设置"的衍生》，《出版广角》2017 年第 15 期。

［日］千野拓政：《东亚诸城市的亚文化与青少年的心理——动漫、轻小说、cosplay 以及村上春树》，《东吴学术》2014 年第 4 期。

前瞻研究院：《2019 年二次元产业全景图谱》，https：//www.qianzhan.com/analyst/detail/220/190409-9187bb29.html.

［日］清谷信一：《法国御宅族的情况（ル・オタクフランスおたく事情）》，讲谈社 2009 年版。

邱国栋、白景坤：《价值生成分析：一个协同效应的理论框架》，《中国工业经济》2007 年第 6 期。

任国强、靳卫杰：《我国动漫产业链发展模式研究》，《长春理工大学学报》（社会科学版）2010 年第 1 期。

任小勋等：《商业模式钻石模型——平安金融旗舰店案例研究》，《管理评论》2015 年第 11 期。

尚航标等：《企业管理认知变革的微观过程：两大国有森工集团的跟踪性案例分析》，《管理世界》2014 年第 6 期。

沈蕾、何佳婧：《平台品牌价值共创：概念框架与研究展望》，

《经济管理》2018年第7期。

［日］矢野经济研究所：《酷日本市场：御宅族市场的全面研究（クール·ジャパンマーケット：オタク市場の徹底研究）》，东洋经济新报社2014年版．

斯特劳斯、卡宾：《质性研究概论》，徐宗国译，巨流图书公司1997年版。

宋立丰等：《冗余价值共享视角下企业平台化商业模式分析——以海尔、小米和韩都衣舍为例》，《管理学报》2019年第4期。

宋铁波、孔令才：《企业网络能力与不连续性技术创新战略选择关系研究》，《科学学研究》2008年第1期。

速途研究院：《2018年Q1中国二次元产业研究报告》，http://www.sootoo.com/content/675421.shtml.

孙楚、曾剑秋：《共享经济时代商业模式创新的动因与路径——价值共创的视角》，《江海学刊》2019年第2期。

孙璐等：《信息交互能力、价值共创与竞争优势——小米公司案例研究》，《研究与发展管理》2016年第6期。

孙艳霞：《基于不同视角的企业价值创造研究综述》，《南开经济研究》2012年第1期。

唐东方、冉斌：《商业模式：企业竞争的最高形态》，《企业管理》2009年第11期。

陶东风：《粉丝文化读本》，北京大学出版社2009年版。

陶良彦等：《GERT网络的矩阵式表达及求解模型》，《系统工程与电子技术》2017年第6期。

陶冶：《物联网产业商业模式的探索与创新》，《南京理工大学学报》（社会科学版）2010年第4期。

《天猫交易额、活跃用户数量及各电商平台的货币化率对比》，载定西新闻网，http://www.qhmoney.cn/pets/135277_all.html，2021年7月20日。

庹祖海：《中国网络游戏商业模式的发展和变革》，《华中师范大学学报》（人文社会科学版）2010年第4期。

万骁乐：《共创视角下供应链互动增值研究》，博士学位论文，山东大学，2017年。

汪寿阳等：《基于知识管理的商业模式冰山理论》，《管理评论》2015年第6期。

王邦兆等：《区域知识创新价值流动GERT网络模型》，《科技进步与对策》2015年第2期。

王财玉、雷雳：《电子口碑影响力产生机制与市场应用研究前沿探析》，《外国经济与管理》2013年第10期。

王关义、刘希：《中国文化创意产业商业模式创新的路径选择》，《首都经济贸易大学学报》2014年第3期。

王玖河、孙丹阳：《价值共创视角下短视频平台商业模式研究——基于抖音短视频的案例研究》，《出版发行研究》2018年第10期。

王丽平、褚文倩：《领先优势状态、价值共创与用户创新绩效：心理授权的调节作用》，《中国科技论坛》2018年第3期。

王丽：《虚拟社群传播生态特征与消费心理似真性》，《新闻界》2005年第5期。

王水莲、常联伟：《商业模式概念演进及创新途径研究综述》，《科技进步与对策》2014年第7期。

王潇等：《从"产品主导逻辑"到"顾客参与的价值共创"——看西方服务范式四十年来的理论演进》，《商业经济与管理》2014年第11期。

王雪冬等：《"价值主张"概念解析与未来展望》，《当代经济管理》2014年第1期。

魏梦雪：《我国青年对二次元文化产品的消费现象解读》，《文化艺术研究》，2018年第3期。

温潇：《文化研究视域下的日本"御宅产业"内容分析——从现象到本质的解读》，硕士学位论文，复旦大学，2012年。

翁君奕：《介观商务模式：管理领域的"纳米"研究》，《中国经济问题》2004年第1期。

翁君奕：《商务模式创新》，经济管理出版社 2004 年版。

吴群：《通过资源整合提升中小微企业的竞争力》，《经济纵横》2013 年第 9 期。

吴心怡：《我国动漫期刊成长之路与〈漫友〉经营策略探析》，《中国出版》2009 年第 Z1 期。

吴应宇、丁胜红：《企业关系资本：价值引擎及其价值管理研究——基于利益相关者理论视角》，《东南大学学报》（哲学社会科学版）2011 年第 5 期。

武柏宇等：《中国制造业科技创新能力的影响因素》，《中国科技论坛》2016 年第 8 期。

武柏宇、彭本红：《服务主导逻辑、网络嵌入与网络平台的价值共创——动态能力的中介作用》，《研究与发展管理》2018 年第 1 期。

武文珍、陈启杰：《价值共创理论形成路径探析与未来研究展望》，《外国经济与管理》2012 年第 6 期。

夏清华、娄汇阳：《商业模式刚性：组成结构及其演化机制》，《中国工业经济》2014 年第 8 期。

向勇、白晓晴：《场域共振：网络文学 IP 价值的跨界开发策略》，《现代传播》2016 年第 8 期。

肖远飞：《网络嵌入、关系资源与知识获取机制》，《情报杂志》2012 年第 3 期。

谢佩洪、成立：《中国 PC 网络游戏行业商业模式创新的演化研究》，《科研管理》2016 年第 10 期。

新浪网动漫频道：《〈动漫会展调研报告（2016 年度）〉发布》，载新浪动漫频道，http://comic.sina.com.cn/guonei/2017-07-06/doc-ifyhwefp0154352.shtml，2021 年 11 月 1 日。

徐爱等：《家电绿色供应链中政府、企业、消费者三方博弈分析》，《科技管理研究》2012 年第 23 期。

徐哲等：《基于 GERT 仿真的武器装备技术风险量化评估模型》，《系统仿真学报》2008 年第 7 期。

许爱林：《基于扎根理论方法的商业模式结构整合模型研究》，

《南大商学评论》2012年第3期。

［日］押野武志，靳丽芳：《御宅族文化与日本趣味》，《电影艺术》2008年第5期。

杨魁、董雅丽：《消费文化：从现代到后现代》，中国社会科学出版社2003年版。

杨淑萍：《消费文化对青少年道德观的影响研究》，《教育研究》2012年第10期。

杨学成、陶晓波：《从实体价值链、价值矩阵到柔性价值网——以小米公司的社会化价值共创为例》，《管理评论》2015年第7期。

杨学成、涂科：《共享经济背景下的动态价值共创研究——以出行平台为例》，《管理评论》2016年第12期。

［日］野村综合研究所：《御宅市场研究（オタク市场の研究）》，东洋经济新报社2005年版．

叶凯：《御宅文化的经济空间》，《同济大学学报：社会科学版》2012年第5期。

易观国际：《二次元产业专题研究报告》，http：//www.useit.com.cn/thread-12101-1-1.html.

易观智库：《中国二次元产业及二次元内容消费专题研究报告（2015）》，载useit知识库网，http：//www.useit.com.cn/thread-12101-1-1.html，2021年11月21日。

易前良、王凌菲：《御宅：二次元世界的迷狂》，苏州大学出版社2012年版。

于菁竹：《二次元的迷因——日本动漫标志性视觉的启示》，硕士学位论文，中央民族大学，2016年。

俞斌等：《一种新的价值流动GERT网络模型及其应用》，《系统工程》2009年第7期。

《御宅产业白皮书》，载Media Create株式会社网，https：//www.m-create.com/publishing/otaku.html，2021年12月2日。

原磊：《商业模式分类问题研究》，《中国软科学》2008年第5期。

原磊：《商业模式体系重构》，《中国工业经济》2007 年第 6 期。

曾密：《漫画在日本 ACG 产业中的主导性研究》，硕士学位论文，南京艺术学院，2013 年。

翟运开等：《远程医疗背景下政府、医院和患者三方博弈分析》，《中国卫生经济》2018 年第 7 期。

张抱朴：《国内原创轻小说的数字出版营销》，《出版发行研究》2013 年第 1 期。

张根强：《"御宅族"的三重身份》，《中国青年研究》2009 年第 3 期。

张鸿飞、李宁：《自媒体的六种商业模式》，《编辑之友》2015 年第 12 期。

张进良、何高大：《虚拟学习社区知识供应链的协同框架与运行机制》，《现代教育技术》2014 年第 3 期。

张敬伟、王迎军：《商业模式与战略关系辨析——兼论商业模式研究的意义》，《外国经济与管理》2011 年第 4 期。

张娟：《论政策导向下的新时期国产动画电影发展概况》，《当代电影》2015 年第 12 期。

张力等：《新兴的文化现象：二次元文化与精品 IP》，《新闻与写作》2016 年第 6 期。

张立波、陈少峰：《文化产业的全产业链商业模式何以可能？》，《文化产业导刊》2011 年第 11 期。

张梅青等：《创意产业链的价值与知识整合研究》，《科学学与科学技术管理》2008 年第 11 期。

张培、刘晓南：《价值共创视角下顾企互动机理：一个整合分析框架》，《管理现代化》2017 年第 6 期。

张舒：《我国弹幕视频分享网站用户研究》，硕士学位论文，西南师范大学，2016 年。

张双文：《商务模式的价值主张设计研究》，《科技进步与对策》2007 年第 6 期。

张文倩：《互联网语境下 IP 之于动漫产业商业模式的意义》，《电视研究》2016 年第 1 期。

张新民、陈德球：《移动互联网时代企业商业模式，价值共创与治理风险——基于瑞幸咖啡财务造假的案例分析》，《管理世界》2020 年第 5 期。

张秀宁：《"轻小说"出版的现状及其发展战略》，《中国出版》2009 年第 16 期。

张燚等：《网络环境下顾客参与品牌价值共创模式与机制研究——以小米手机为例》，《北京工商大学学报》（社会科学版）2017 年第 1 期。

张英奎等：《产品分销渠道设计原则》，《企业研究》2005 年第 7 期。

张瑜等：《基于创新主体知识流动 GERT 网络的产学研协作模式研究》，《工业技术经济》2012 年第 2 期。

赵馨智：《面向定位策略的工业产品服务系统商业模式研究》，《科技进步与对策》2016 年第 9 期。

赵宇翔等：《顾客生成内容（UGC）概念解析及研究进展》，《中国图书馆学报》2012 年第 5 期。

［美］珍妮特·瓦斯科（Janet Wasko）：《理解迪士尼．梦工厂》，杨席珍译，中国传媒大学出版社 2015 年版。

中国文化娱乐行业协会：《中国泛娱乐产业发展白皮书 2015—2016》，http：//gameonline. yesky. com/393/101036393. shtml.

中国知网论文数据库，http：//kns. cnki. net/kns/Visualization/VisualCenter. aspx，2021 年 7 月 21 日。

中金国际：《二次元风起：新生代的审美与消费变迁》，http：//www. 199it. com/archives/630058. html.

周文辉等：《创业平台、创业者与消费者价值共创过程模型：以小米为例》，《管理评论》2019 年第 4 期。

周文辉等：《电商平台与双边市场价值共创对网络效应的作用机制——基于淘宝网案例分析》，《软科学》2015 年第 4 期。

周文辉等：《价值共创视角下的互联网+大规模定制演化——基于

尚品宅配的纵向案例研究》,《管理案例研究与评论》2016 年第 4 期。

周宪:《读图、身体、意识形态. 文化研究》(第三辑),天津社会科学出版社 2002 年版。

朱珊:《手机漫画劲推日本电子书业急速增长》,《中国新闻出版报》2010 年 2 月 4 日第 3 版。

朱翊敏、于洪彦:《顾客融入行为与共创价值研究述评》,《管理评论》2014 年第 5 期。

宗利永、李元旭:《文化创意产业众包模式运行机制研究综述》,《商业经济研究》2015 年第 22 期。

Adrian Payne and P. Frow, "The Role of Multichannel Integration in Customer Relationship Management", *Industrial Marketing Management*, Vol. 33, No. 6, 2004, pp. 527-538.

Anssi Smedlund, "Value Co-creation in Service Platform Business Models", Service Science, Vol. 4, No. 1, 2012, pp. 79-88.

A. F. Payne, et al., "Managing the Co-Creation of Value", *Journal of the Academy of Marketing Science*, Vol. 36, No. 1, 2008, 83-96.

A. Sommer, *Managing Green Business Model Transformations*, Berlin and Heidelberg: Springer-Verlag and GmbH & Co. K, 2012.

B. Jaworski and A. K. Kohli, *Co-creating the Voice of the Customer the Service-dominant Logic of Marketing: Dialog, Cebate, and Directions*, New York: M. E. Sharpe, Inc., 2006, pp. 109-117.

B. Mahadevan, "Business Models for Internet-based E-commerce: An Anatomy", *California Management Review*, Vol. 42, No. 4, 2000, pp. 55-69.

B. Uzzi. "Social Structure and Competition in Interfirm Networks: The Paradox of Embeddedness", *Administrative Science Quarterly*, Vol. 42, No. 1, 1997, pp. 34-45.

Casero-Ripollés Andreu and J. Izquierdo-Castillo, "Between Decline and a New Online Business Model: The Case of the Spanish Newspaper Industry", *Journal of Media Business Studies*, Vol. 10, No. 1, 2013, pp.

66-73.

Casey E. Brienza, "Books, Not Comics: Publishing Fields, Globalization, and Japanese Manga in the United States", *Publishing Research Quarterly*, No. 2, 2009, pp. 101-117.

Casey E. Brienza, *Manga in America. Transnational Book Publishing and the Domestication of Japanese Comics*, London: Bloomsbury, 2016.

Christian Grönroos, "Adopting a Service Business Logic in Relational Business-to-business Marketing: Value Creation, Interaction and Joint Value Co-creation", Paper Delivered to Otago Forum 2, Otago, April 2-3, 2008.

Christian Grönroos, "Service-dominant Logic Revisited: Who Creates Value and Who Co-creates?", *European Business Review*, Vol. 20, No. 4, 2008, pp. 298-314.

C. Barnes, et al., *Creating & Delivering Your Value Proposition*, London: Kogan Page Ltd, 2009.

C. J. Norris, Manga, *Anime and Visual Art Culture*, Cambridge: Cambridge University Press, 2009.

C. K. Prahalad and V. Ramaswamy, "Co-creating Unique Value with Customers", *Strategy and Leadership*, Vol. 32, No. 3, 2004, pp: 4-9.

C. K. Prahalad and V. Ramaswamy, "Co-creation Experience: The Next Practice in Value Creation", *Journal of Interactive Marketing*, Vol. 18, No. 3, 2004, pp. 5-14.

C. K. Prahalad and V. Ramaswamy, "Coopting Customer Competence", *Harvard Business Review*, Vol. 78. No. 1, 2000, pp. 79-87.

C. K. Prahalad and V. Ramaswamy, "The Co-creation Connection", *Strategy and Business*, Vol. 27, 2002, pp. 50-61.

C. K. Prahalad and V. Ramaswamy, *The Future of Competition: Co-creating Unique Value with Customers*, Boston: Harvard Business School Press, 2004.

C. Lanier and R. Hampton, "Consumer Participation and Experiential

Marketing: Understanding the Relationship Between Co-creation and the Fantasy Life Cycle", Paper Delivered to Advances in Consumer Research, January 1, 2008.

Daniel Archambaulta and H. C. Purchase, "Can Animation Support the Visualisation of Dynamic Graphs?", *Information Sciences*, Vol. 330, No. 3, 2015, pp. 495-50.

David Walters, "Business Model for the New Economy", *International Journal of Physical Distribution & Logistics Management*, Vol. 34, No. 3, 2004, pp. 346-357.

Derek Johnson, "Cinematic Destiny: Marvel Studios and the Trade Stories of Industrial Convergence", *Cinema Journal*, Vol. 52, No. 1, 2012 Fall.

Douglas M. Lamberta and G. Enzb Matias, "Managing and Measuring Value Co-creation in Business to Business Relationships", *Journal of Marketing Management*, Vol 28, No. 13, 2012, pp. 13-14.

D. Galuszak, et al., *Global Leisure and the Struggles for a Better World*, New York: Palgrave Macmillan, 2018.

D. J. Teece, et al., "Dynaminc Capabilities and Strategic Mangement", *Strategic Management Journal*, Vol. 18, No. 7, 1997, pp. 509-533.

Er Fang, "Creating Customer Value through Customer Participation in B2B Markets: A Value Creation Value Sha ring Perspective", Ph. D. dissertation, University of Missouri-Columbia, 2004.

Evert Gummesson and Cristina Mele. "Marketing as Value Co-creation Through Network Interaction and Resource Integration", *Journal of Business Marketing Management*, Vol. 4, No. 1, 2010, pp. 181-198.

Evert Gummesson, et al., "Business Model Design: Conceptualizing Networked Value Co-creation", *International Journal of Quality and Service Sciences*, Vol. 2, No 1, 2010, pp. 43-59.

F. E. Webster, "Defining the New Marketing Concept", *Marketing Management*, Vol. 2, No. 4, 1994, pp. 23-31.

F. E. Webster, *Market Driven Management: How to Define, Develop and Deliver Customer Value*, NewYork: John Wiley & Sons, Inc, 2002.

F. L. Schodt and T. Osamu, *MANGA! MANGA! The World of Japanese Comics*, New York: Kodansha International, 1986.

F. L. Schodt, *Manga! Manga! Dreamland Japan: Writings on Modern Manga*, Berkeley: Stone Bridge Press, 1996.

F. Ogi, et al., *Women's Manga in Asia and Beyond*, New York: Palgrave Macmillan, 2019.

Gary Hamel, *Leading the Revolution*, M. A. dissertation, Harvard Business School, 2000.

Girish Ramani and V. Kumar, "Interaction Orientation and Firm Performance", *Journal of Marketing*, Vol. 72, No. 1, 2008, pp. 27-45.

G. Tumba and D. Horowitz, "Culture Creators: Co-Production in Second Life", *Advances in Consumer Research*, Vol. 35, No. 1, 2008.

Hakan Hkansson and Ivan Snehota, "No Business is an Island: The Network Concept of Business Strategy", *Scandinavian Journal of Management*, Vol. 22, No. 3, 2006, pp. 256-270.

Hiro Izushi and Yuko Aoyama, "Industry Evolution and Cross-sectoral Skill Transfers: A Comparative Analysis of the Video Game Industry in Japan, the United States, and the United Kingdom", *Environment & Planning A*, Vol. 38, No. 10, 2008, pp. 1843-1861.

H. Tikkanen, et al., "Managerial Cognition, Action and the Business Model of the Firm", *Management Decision*, Vol. 43, No. 6, 2005, pp. 789-809.

H. W. Chesbrough, *Open Business Models: How to Thrive in the New Innovation Landscape*, London: Oversea Publishing House, 2006.

Iman Junid and Eriko Yamato, "Manga Influences and Local Narratives: Ambiguous Identification in Comics Production", *Creative Industries Journal*, Vol. 11, No. 1, 2018, pp. 1-20.

I. Thirunarayanan, et al., "Creating Segments and Effects on Comics by Clustering Gaze Data", *ACM Transactions on Multimedia Computing Communications and Applications*, Vol. 13, No. 3, 2017, pp. 1-23.

Jaap Gordijn and H. Akkermans, "Designing and Evaluating E-business Models", *IEEE Intelligent Systems*, Vol. 16, No. 4, 2001, pp. 11-17.

Jaap Gordijn and H. Akkermans, "Value-based Requirements Engineering: Exploring Innovative E-commerce Ideas", *Requirements Engineering*, Vol. 8, No. 2, 2002, pp. 114-134.

James C. Anderson, et al., "Customer Value Propositions in Business Markets", *Harvard Business Review*, Vol. 84, No. 3 2006, pp. 91-99.

Jan B. Heide, "Interorganazational Governance in Marketing Channels", *Journal of Marketing*, Vol. 58, No. 1, 1994, pp. 71-85.

Joan Magretta, "Why Business Models Matter", *Harvard Business Review*, Vol. 80, No. 5, 2002, pp. 86-92.

Jonas Hedman and T. Kalling, "The Business Model Concept: Theoretical Underpinnings and Empirical Illustration", *European Journal of Information Systems*, Vol. 12, No. 1, 2003, pp. 49-59.

J. C Linder and Sharla Cantrell, "Changing Business Models: Surveying the Landscape", *Accenture Institute for Strategic Change*, Cambridge, May 24, 2000.

J. D. Thompson and I. C. Macmillan, "Business Models: Creating New Markets and Social Wealth", *Long Range Planning*, Vol. 43, No. 2, 2010, pp. 291-307.

J. H. McAlexander, et al. "Building Brand Community", *Journal of Marketing*, Vol. 66, No. 1, 2002, pp. 38-54.

J. Fuller, "Refining Virtual Co-creation from a Consumer Perspective", *California Management Review*, Vol. 52, n. 2, Winter, pp. 98-122.

J. Ulhøi, et al., "Business Model Dynamics and Innovation: (re) Establishing the Missing Linkages", *Management Decision*, Vol. 49, No. 8, 2011 pp. 1327-1342.

K. Chang, *The Companies We Keep: Formation and Consequences of Relational Embeddedness*, Chicago: University of Chicago, 2002.

K. M. Eisenhardt and M. E. Graebner, "Theory Building from Cases: Opportunities and Challenges", *Academy of Management Journal*, Vol. 50, No. 1, 2007, pp. 25-32.

K. Storbacka and S. Nenonen, "Customer Relationships and the Heterogeneity of Firm Performance", *Journal of Business &Industrial Marketing*, Vol. 24, No. 5, 2009, pp. 360-372.

Marc Steinberg, *Anime's Media Mix: Franchising Toys and Characters in Japan*, Ph. D. dissertation, University of Minnesota Press, 2012.

Mark Jancovich, et al., *Film and Comic Books*, Mississippi: University Press of Mississippi, 2007.

Michael. Morris, et al., "The Entrepreneur's Business Model: Toward a Unified Perspective", *Journal of Business Research*, Vol. 58, No. 6, 2005, pp. 726-735.

Mychal Langenus and M. Dooms, "Creating an Industry-level Business Model for Sustainability: The Case of the European Ports Industry", *Journal of Cleaner Production*, Vol. 195, No. 10, 2018, pp. 949-962.

M. B. Miles and A. M. Huberman, *Qualitative Data Analysis: An Expanded Sourcebook*, NewYork: Sage, 1994.

M. Montoya-Weiss, et al., "Determinants of Online Channel Use and Overall Satisfaction with a Relational", *Academy of Marketing Science Journal*, Vol. 31, No. 4, 2003, pp. 448-458.

M. Oóhagan, "Manga, Anime and Video Games: Globalization Japanese Cultural Production", *Studies in Translatology*, Vol. 14, No. 4, 2007, pp. 242-247.

M. Q. Patton, *How to Use Qualitative Methods in Evaluation*, London: Sage Publications, 1987.

M. Wolf, *The Entertainment Economy: How Mega-Media Forces are Transforming Our Lives*, New York: Times Books, 1999.

M. W. Johnson, et al., "Reinventing Your Business Model", *Harvard Business Review*, No. 9, 2008, pp. 51-59.

Nan Lin, "Social Networks and Status Attainment", *Review of Sociology*, Vol. 25 No. 1, 1999, pp. 467-487.

Neringa Langvinien and Ingrida Daunoravičiūtė, "Factors Influencing the Success of Business Model in the Hospitality Services Industry", *Procedia - Social and Behavioral Sciences*, Vol. 213, No. 12, 2015, pp. 902-910.

Nick Gehrke and Markus Andig, "A Peer-to-Peer Business Model for the Music Industry", *Towards the Knowledge Society*, Vol. 105, No. 1, 2002, pp. 243-257.

Otto Petrovic, et al., "Developing Business Models for E-business", *Social Science Electronic Publishing*, Vol. 31, No. 2, 2001. p. 6.

Petra Andries, et al., "Simultaneous Experimentation as a Learning Strategy: Business Model Development Under Uncertainty", *Strategic Entrepreneurship Journal*, No. 4, 2013.

P. M. Fitz, et al. "Relationality in the Service Logic of Value Creation". *Special Issue Journal of Services Marketing*, Vol. 29, No. 6, 2015, pp. 463-471.

P. Weill and M. R. Vitale, "Place to Space: Migrating to E-business Models", MA dissertation, Harvard Business School, 2001.

Q. Chan, "Comics-Prose: Evolving Manga in the Twenty-First Century", in John A. Lent, eds. *Women's Manga in Asia and Beyond*, London: Palgrave Macmillan, 2019.

Raphael Amit and C. Zott, "Business Model Design: An Activity System Perspective", *Long Range Planning*, Vol. 42, No2. 2010, pp. 216-226.

Raphael Amit and C. Zott, "Value Creation in E-Business", *Strategic Management Journal*, No. 22, 2001, pp. 493-520.

Raphael Amit and P. Schoemaker, "Strategic Assets and Organizational Rent", *Strategic Management Journal*, Vol. 14, No. 1 1993, pp. 33-46.

R. Casadesus-Masanell and J. E. Ricart, "From Strategy to Business Models and onto Tactics", *Long Range Planning*, Vol. 43, No. 2-3, 2010, pp. 195-215.

Robert F. Lusch and Stephen L. Vargo, *The Service-dominant Logic of Marketing: Dialog, Debate and Directions*, NewYork: M. E. Sharpe, 2006.

R. K. Yin, *Case Study Research: Design and Methods*, London: Sage Publication, Beverly Hill, 2013.

R. L. Priem, et al. "Demand-side Strategy and Business Models: Putting Value Creation for Consumers Center Stage", *Long Range Planning*, Vol. 51, No. 1, 2018, pp, 22-31.

R. Normann and R. Ramirez, "From Value Chain to Value Constellation: Designing Interactive Strategy", *Harvard Business Review*, Vol. 71, No. 4, 1993, pp. 65-77.

Sayantani Mukherjee and A. Venkatesh, "Co-Creating Fun: Insights from Young Adults' Engagement with Video Games", *Advances in Consumer Research*, Vol. 35, No. 1, 2008, pp. 35-49.

Scott A. Neslin and V. Shankar, "Key Issues in Multichannel Customer Management: Current Knowledge and Future Directions", *Journal of Interactive Marketing*, Vol. 23, No. 1, 2009, pp. 70-81.

Seigyoung Auh, et al., "Co-production and Customer Loyalty in Financial Services", *Journal of Retailing*, Vol. 83, No. 3, 2007 pp. 359-370.

Shi Xianglan, Choi eunkyoung, "Barrage Phenomenon in Chinese Two-Dimensional Cultural Environment", *Catoon & Animation Studies*, Vol. 11, No. 3, 2018, pp. 23-42.

Simone Schroff, "An Alternative Universe? Authors as Copyright Owners-the Case of the Japanese Manga Industry", *Creative Industries*

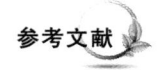

Journal, Vol. 12, No. 1, 2019, pp. 125-150.

Sim Zhi Ya, *Another Fan Perspective: The Japanese ACG (Anime, Comics, Games) Popular Cultural Products: 50 Years of Singapore-Japan Relations*, Singapore: World Scientific Publishing Company, 2016.

Solveig. Wikstrom, "The Customer as Co-producer", *European Journal of Marketing*, Vol. 30, No. 4, 1996, pp. 6-19.

Stephen L. Vargo, and Robert F. Lusch, "Institutions and Axioms: An Extension and Update of Service-dominant Logic", *Journal of the Academy of Marketing Science*, Vol. 44, No. 1, 2016, pp. 5-23.

Stephen L. Vargo, and Robert F. Lusch, "Evolving to a New Dominant Logic for Marketing", *Journal of Marketing*, Vol. 68, No. 1, 2004, pp. 1-17.

Stephen L. Vargo, and Robert F. Lusch, "Service-Dominant Logic: Continuing the Evolution", *Journal of the Academy of Marketing Science*, Vol. 36, No. 1, 2008, pp. 1-10.

Stephen L. Vargo, et al., "Institutions in Innovation: A Service Ecosystems Perspective", *Industrial Marketing Management*, Vol. 44, No. 1, 2015, pp. 63-72.

Stephen L. Vargo, et al., "On Value and Value Co-Creation: A Service Systems and Service Logic Perspective", *European Management Journal*, Vol. 26, No. 3, 2008, pp. 145-152.

S. Mcphillips and O. Merlo, "Media Convergence and the Evolving Media Business Model: An Overview and Strategic Opportunities", *Marketing Review*, Vol. 8, No. 3, 2008, pp. 237-253.

Thomas Lamarre, *The Anime Ecology: A Genealogy of Television, Animation, and Game Media*, London: University of Minnesota Press, 2018.

T. M. Dubosson, et al., "Business Model Design, Classification, and Measurements", *Thunderbird International Business Review*, Vol. 44, No. 1, 2002, pp. 5-23.

T. Weaver, *Comics for Film, Games, and Animation: Using Comics* to Construct Your Transmedia Storyworld, Oxford: Focal Press, 2012.

U. Andersson, et al., "The Strategic Impact of External Networks: Subsidiary Performance and Competence Development in the Multinational Corporation", *Strategic Management Journal*, Vol. 23, No. 11, 2002, pp. 979-996.

V. Ramaswamy and K. Ozcan, "Brand Value Co-Creation in a Digitalized World: An Integrative Framework and Research Implications", *International Journal of Research in Marketing*, Vol. 33, No. 1, 2016, pp. 93-106.

V. Ramaswamy, "Leading the Transformation to Co-creation of Value", *Strategey and Leadership*, Vol. 37, No. 2, 2009, pp. 32-37.

Yamato E., "Growing as a Person: Experiences at Anime, Comics, and Games Fan Events in Malaysia", *Journal of Youth Studies*, No. 6, 2015, pp. 743-759.

后　记

　　2016年8月19日，在历经了落榜和再战后，我从竹城再次来到星城，开启了四年的博士生生涯。在那，我认识了现在的妻子。我心无旁骛求知问学之余，最大的乐趣是和她在一起做饭。一个周末，我去她那改善伙食，一同在那的还有她的表妹，凑巧的是她们都是泛二次元爱好者。那天，她俩宅在客厅有说有笑地看了一整天国漫，将我冷落在一旁。什么媒介产品能让二十多岁的青年如此着迷？后来，她们告诉我那是"二次元"。2017年，博士论文开题时，我将"二次元产业"作为选题。我知道这不是一个轻松的选题，二次元、二次元产业、二次元产业商业模式，这一串关键词还很新，开展研究的难度很大。当时，学术界对它们还很不了解，一些人甚至对它充满偏见。后来，我到二次元行业、高校开展调研，发现二次元文化产品已经对中国文化市场产生了巨大的影响，从业者和二次元用户对我的研究既好奇又充满着期待。这坚定了我探索这一议题的决心。

　　在实际写作中碰到的困难远超我的预料，在这短短三年时间里，既要完成资料收集，又要搭建起理论框架绝非易事。在撰写过程中，我背着那台老式手提电脑顶着风雨四处奔波，求师问道，数易其稿。虽然这段日子不堪回首，但我有幸能够深入这一领域，并目睹了中国二次元产业从默默无闻到发展壮大。尽管数年来我一直试图回答二次元产业是什么、二次元产业商业模式有什么特征等问题，并在成稿后数次修改、更新，但由于二次元产业是成长中的产业，二次元产业商业模式每时每刻都在变化之中，加之学术界对这一问题的前期积累有限、很多数据的可获性差，这些制约了本书研究的发展。可能本书对一些回答并不尽理想，但对于还在成长中的二次元产业研究而言，也算积跬步之功。

  当然与我而言，这个研究议题具有特别的意义，它伴我走过了三十多年人生经历中最拮据、最艰辛的一段旅程，并伴我跌跌撞撞地跨过了人生链条中最悲壮、最重要的节点。犹记得2019年，我陪妻子进入待产室。妻子经历了十余个小时撕心裂肺的强烈镇痛，直至脸色苍白。次日凌晨，在催产失败后，慌乱的护士长让我签下了一堆"手术风险知情书"，之后几个护士手忙脚乱地将妻子推走。我赶忙收拾物品跟上，一名护士却将我拦住，让我乘电梯上十二楼等待。子夜一点，十二楼的产房大门紧闭。我站在漆黑的手术室外，魂不守舍，从大厅的一个尽头走到另一个尽头，像个野鬼。在一个小时的漫长等待后，一个护士将一婴儿推出手术室，我一个箭步冲上前去。那是我第一次和我女儿相见，她没有哭，瞪着眼睛好奇地打量着这个世界，我吊在嗓子眼儿上的心终于落了下来。那个凌晨，我激动又喜悦，多想守在妻女身旁，多给她们一些呵护。可在天亮后不久，我匆匆离开了医院回到住所修改这份急需要送审的文稿。

  在这本书付梓前夕，全国哲学社会科学工作办公室公布了2022年度国家社科基金立项的名单，我申报的"二次元媒介场域下我国优秀军事文化传播研究"获立，这标志着"二次元"在成为博士论文研究对象之后，又登上了国家级社科项目的大雅之堂。此刻，回忆那段磨炼灵魂的岁月及书稿背后的那些人、那些事，算是一个纪念！

邓　祯
2022年5月27日于长沙岳麓山下